Reisetipps von A bis Z

Stadt und Bewohner

Stadttouren

Ausflüge

Anhang

Frank Strzyzewski
Budapest und Umgebung

Ihre Hauptstadt, in deren leicht phantastischer Atmosphäre
dem westlichen Europäer ein Hauch von Orient zu schimmern scheint,
bietet eines der herrlichsten Städtebilder unseres Erdteils.
(Thomas Mann)

Impressum

Frank Strzyzewski
Budapest und Umgebung

erschienen im
REISE KNOW-HOW Verlag Peter Rump GmbH
Osnabrücker Str. 79
33649 Bielefeld

© Peter Rump 1994, 1998, 2000, 2002
5., komplett aktualisierte Auflage 2004

Alle Rechte vorbehalten.

Gestaltung
Umschlag: M. Schömann, P. Rump (Layout);
Günter Pawlak (Realisierung)
Inhalt: Günter Pawlak (Layout und Realisierung)
Fotos: Stefan Koch (sk), sonst der Autor
Titelfoto: Klaus Werner
Karten: der Autor, Bernhard Spachmüller

Druck und Bindung:
Ebner & Spiegel, Ulm

ISBN 3-8317-1300-6
Printed in Germany

Dieses Buch ist erhältlich in jeder Buchhandlung
Deutschlands, der Schweiz, Österreichs, Belgiens
und der Niederlande.
Bitte informieren Sie Ihren Buchhändler
über folgende Bezugsadressen:
Deutschland
Prolit GmbH, Postfach 9,
35461 D-Fernwald (Annerod)
sowie alle Barsortimente
Schweiz
AVA-buch 2000, Postfach, CH-8910 Affoltern
Österreich
Mohr Morawa Buchvertrieb GmbH,
Sulzengasse 2, A-1230 Wien
Niederlande, Belgien
Willems Adventure, Postbus 403,
NL-3140 AK Maassluis

Wer im Buchhandel trotzdem kein Glück hat,
bekommt unsere Bücher auch direkt
über den Verlag oder unseren
Büchershop im Internet:
www.reise-know-how.de

*Wir freuen uns über Kritik, Kommentare
und Verbesserungsvorschläge.*

*Alle Informationen in diesem Buch sind vom
Autor mit größter Sorgfalt gesammelt
und vom Lektorat des Verlages gewissenhaft
bearbeitet und überprüft worden.*

*Da inhaltliche und sachliche Fehler nicht ausgeschlossen
werden können, erklärt der Verlag,
dass alle Angaben im Sinne der Produkthaftung
ohne Garantie erfolgen und dass Verlag
wie Autor keinerlei Verantwortung und
Haftung für inhaltliche und sachliche Fehler
übernehmen.*

*Die Nennung von Firmen und ihren Produkten und
ihre Reihenfolge sind als Beispiele ohne Wertung
gegenüber anderen anzusehen.
Qualitäts- und Quantitätsangaben sind rein subjektive
Einschätzungen des Autors und dienen keinesfalls
der Bewerbung von Firmen oder Produkten.*

Frank Strzyzewski

Budapest und Umgebung

REISE KNOW-HOW im Internet

Aktuelle Reisetipps und Neuigkeiten
Ergänzungen nach Redaktionsschluss
Büchershop und Sonderangebote
Weiterführende Links zu über 100 Ländern

www.reise-know-how.de
info@reise-know-how.de

Wir freuen uns über Anregung und Kritik.

Vorwort

Budapest hat viele Gesichter. Da ich fast zehn Jahre hier gelebt habe, kenne ich einige davon, und über die habe ich – zugegebenermaßen subjektiv – geschrieben. Subjektiv aus zwei Gründen. Erstens deshalb, weil mir die klassisch-seriösen Reiseführer à la „dieses Haus wurde siebzehnhundertsoundso von demunddem in diesemundjenem Stil gebaut und vor soundundsoviel Jahren restauriert ..." zu leblos und trocken sind. Zweitens, weil die Stadt nicht nur aus Häusern besteht, sondern genauso aus Menschen, Witzen, Gerüch(t)en und Konflikten, aus der Art, Auto zu fahren und auf die Regierung zu schimpfen, zu essen, sich zu kleiden, Politik zu machen oder Weihnachten zu feiern. Und viele dieser Eindrücke sind einfach nicht objektiv messbar und doch akut wichtig für das Verstehen und Kennenlernen. Deshalb wollte ich auch die anderen, verborgenen Seiten dieser Stadt aufzeigen.

Bei *Bruno Beger* habe ich den Satz „Macht doch die Fremde bescheiden und lehrt die Lebensart anderer achten" gefunden. Leider hat dieser Satz viel von seiner Bedeutung eingebüßt, denn zu oft geht die Achtung vor der Lebensart anderer heutzutage verloren. Nicht nur allein deshalb, weil Reisen beängstigend zum Durchpeitschen des eigenen Erlebnisanspruches degeneriert, sondern auch, weil man die Lebensart anderer gar nicht erst kennen lernen kann oder will, da man sich kaum die Mühe macht, den Menschen näher zu kommen. Diese Mühe kann ich Ihnen nicht abnehmen, aber ich kann vielleicht helfen, Ihnen das Verstehen zu erleichtern. Darum habe ich über viele Dinge geschrieben, die ich für wichtig und interessant halte. In diesem Sinne ist dieses Buch also auch eine Art Ungarn-Lesebuch.

Gleichzeitig möchte ich aber auch eine Entscheidungshilfe für möglichst viele Situationen geben und ganz konkrete Informationen für Budapest-Besucher bringen. Deshalb findet man eine Vielzahl aktueller Angaben, Fakten, Adressen, Tipps und Hinweise. Manche dieser Angaben sind wegen der schnelllebigen Zeit zwar ohne Gewähr, aber mit Sicherheit kritisch recherchiert. Ich möchte auch betonen, dass ich von sämtlichen aufgeführten Einrichtungen, Restaurants, Dienstleistern usw. unabhängig bin.

Die Stadt als Ganzes zu kennen ist unmöglich. Und das ist eigentlich auch gut so, denn wer hierher kommt, soll neue Eindrücke und Erfahrungen gewinnen und keine vorgefertigten Muster suchen. Trotzdem hoffe ich, dass meine Sicht auf die Stadt und ihre Bewohner für andere interessant und nützlich ist, auch wenn Sie nicht das erste Mal hier sind.

Frank Strzyzewski

Inhalt

Reisetipps A–Z

Anreise und Reisedokumente	12
Auskunft	13
Autofahren	14
Babysitter	16
Bäder	16
Behinderte	20
Bräuche und Nichtbräuche	21
Cafés	23
Diplomatische Vertretungen	28
Essen und Trinken	29
Feiertage	38
Freizeit und Sport	38
Fundbüros	43
Geld und Banken	43
Gottesdienste	44
Information und Reisebüros	44
Kriminalität	45
Medien	46
Museen und Galerien	46
Nachtservice	53
Netzspannung	55
Notrufe und ärztliche Hilfe	55
Post und Telefon	56
Shopping	57
Sommeruniversitäten	62
Sprachhilfe	63
Tiere	67
Trinkgeld	67
Umweltschutz	67
Unterhaltung	69
Unterkunft	77
Veranstaltungskalender	82
Verkehrsmittel	87
Wetter	92
Zeit	92
Zollbestimmungen	92

Die Stadt und ihre Bewohner

Alles auf einen Blick	96
Architektur	97
Geschichte	101
Tagebuch des Aufstands von 1956 (Exkurs)	121
Politik	125
Die Stephanskrone (Exkurs)	126
Geld, das man suchen muss	133
Wer oder was sind die Ungarn?	136
Das jüdische Budapest	142
Die Roma	145
Kleine und große Skandale	146
Typisch ungarisch!	149
Ungarisch – ein Annäherungs...	156
Ungarische Küche	163
Trinken ist Pflicht	167
Ungarische Weine – mehr als ...	170
Ungarische Badekultur	177
Sport in Ungarn	180
Erfindungen und Entdeckungen	183
Literatur	188
Bildende Kunst	195
E-Musik	198
U-Musik	202
Film	203

Stadttouren

Budapest entdecken	210
Buda und die Burg	214
Pest	241
Die Donau, Brücken, Inseln	269

Ausflüge

Überblick	280
Richtung Norden	281
Richtung Südosten	283

INHALT

Richtung Nordosten	283
Richtung Süden	285
Richtung Westen	286

Anhang

Karten- und Literaturhinweise	290
Register	295
Der Autor, Kartenverzeichnis	303

Hinweise zur Benutzung

Die **Adressen** im Buch entsprechen dem Budapester System. Die römische Zahl bezeichnet den Stadtbezirk (I bis XXII). **Utca** (Abk. u.) bedeutet Straße oder Gasse; **út** oder **útja** ist eine besonders große oder lange Straße. **Körút** (Abk. krt.) bedeutet Ringstraße und **tér** oder **tere** Platz. Seltener sind **rakpart** (Kai, Ufer, Abk. rkp.), **fasor** (Allee), **körönd** (Rondell) und **köz** (Durchgang).

Um die Orientierung zu erleichtern, sind die **Adressenlisten** der Hotels, Cafés, Restaurants usw. nach Stadtbezirken geordnet, wobei die Bezirke I bis XIII die wesentlichen sind.

REISETIPPS A–Z

Praktische Reisetipps A–Z

Anreise und Reisedokumente

Es besteht für Deutsche, Österreicher und Schweizer **keine Visumpflicht.** Mit gültigem Reisepass oder Personalausweis kann man sich bis zu drei Monate im Land aufhalten. Die Abfertigung an den Grenzen erfolgt schneller, wenn man den Personalausweis und nicht den Reisepass vorlegt.

Nach Budapest kommt man per Auto, Bahn, Bus, Rad, eigenem Boot (auf der Donau), Flugzeug, Passagierschiff oder Tragflächenboot (Fahrzeit von Wien etwa 5 Std., Verkehr Mai–Sept). Interrail-Tickets u. Ä. sind gültig.

Bei **Anreise mit dem Auto** führen die Autobahnstrecken über Frankfurt – Wien oder Prag – Bratislava (siehe Kapitel „Autofahren").

Täglich verkehren mehrere Züge zwischen deutschen, österreichischen und Schweizer Großstädten und Budapest. Die Fahrtzeit von Frankfurt beträgt etwa 12 Std. (München 9 Std.). Infos im Internet unter www.bahn.de, www.oebb.at und www.sbb.ch.

Die **Flugverbindung** ist am bequemsten. Von allen großen Flughäfen wird Budapest täglich angeflogen, inzwischen auch von einer Reihe Billig-Airlines (siehe Auswahl weiter unten). Über die Büros der ungarischen Fluggesellschaft MALÉV oder die Vertretungen des staatlichen ungarischen Reisebüros IBUSZ (s. Kap. „Information und Reisebüros") erhält man in der Regel schnell und sachkundig Auskunft. Die Flugzeit beträgt z. B. 1 Stunde und 40 Minuten ab Hamburg. Last-Minute-Angebote findet man im Internet z. B. unter www.ltur.com.

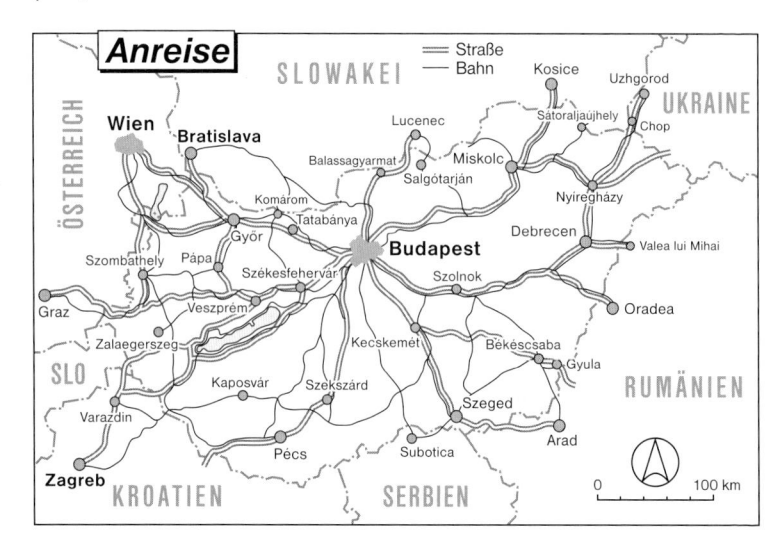

Malév-Büros
Tel. (kostenlos) 0800-1821820
www.malev.de

- **Berlin:** Budapester Straße 10,
Tel. 030-2649545, Fax 2619126,
E-Mail: berlin@malev.hu
- **Düsseldorf:** Flughafen, Terminal A,
Tel. 0211-4217130, Fax 4217132,
E-Mail: dusseldorf@malev.hu
- **Frankfurt:** Düsseldorfer Str. 19–23,
Tel. 069-2385800, Fax 23858010,
E-Mail: frankfurt@malev.hu
- **Hamburg:** Flughafen, Terminal 4,
Tel. 040-50753650, Fax 50752036,
E-Mail: hamburg@malev.hu
- **München:** Flughafen, Terminal 1,
Tel. 089-97592189, Fax 97592196,
E-Mail: munich@malev.hu
- **Stuttgart:** Flughafen, Terminal 3,
Tel. 0711-222245, Fax 2222460,
E-Mail: stuttgart@malev.hu
- **Wien:** Opernring 1,
Tel. 01-5873318, Fax 5875065,
E-Mail: vienna@malev.hu
- **Zürich:** Militärstr. 76,
Tel. 01-2459090, Fax 2459099,
E-Mail: zurich@malev.hu

Ungarn-Reiseanbieter

- **Berlin:** Karl-Liebknecht-Straße 9,
Tel. 030-2478296;
Helmstraße 8, Tel. 030-7877970
- **Düsseldorf:** Stratenweg 50,
Tel. 0211-2408100, Fax 2408102
- **Hamburg:** Hellkamp 17, Tel. 040-4919056
- **München:** Sonnenstr. 25,
Tel. 089-553467, Fax 594307

Ungarische Touristenämter
www.ungarn-tourismus.de
www.hungary.com

- **Berlin:** Neue Promenade 5,
Tel. 030-2431460, Fax 24314613,
E-Mail: ungarn.info.berlin@t-online.de
- **Frankfurt:** Lyoner Str. 44–48,
Tel. 069-9288460, Fax 92884613
- **München:** Dom-Pedro-Str. 17,
Tel. 089-12115230, Fax 12115251

- **Wien:** Opernring 5/2,
Tel. 01-585201210, Fax 585201221,
E-Mail: ungarninfo@ungarn-tourismus.at
- **Zürich:** Stampfenbachstraße 78,
Tel. 01-3611414, Fax 3613939

Preiswerte Airlines

- **Air Berlin,** Internet: www.airberlin.com. Ab allen großen deutschen Flughäfen sowie ab Zürich und Salzburg.
- **Easy Jet,** Internet: www.easyjet.com. Ab Berlin Schönefeld, Dortmund und Genf.
- **Germanwings,** Internet: www.germanwings.com. Ab Köln und Stuttgart.
- **SkyEurope Airlines,** Internet: www.skyeurope.com. Ab Amsterdam und Zürich.

Auskunft

- **Tourinform Hauptbüro:** V. Deák tér Süto utca 2, Tel. 4388080, Fax 4888661, Internet: www.tourinform.hu, E-Mail: hungary@tourinform.hu, 8–20 Uhr; weitere Büros:

  I. Szentháromság tér (Budaer Burg), Tel. 4880475, Fax 4880474, E-Mail: var@budapestinfo.hu;

  VI. Liszt Ferenc tér 11, Tel. 3224098, Fax 3429390, E-Mail: liszt@budapestinfo.hu;

  VI. Westbahnhof *(nyugati pályaudvar)*, Tel. 3028580, Fax 3028580, E-Mail: nyugati@budapestinfo.hu;

  Flughafen Terminal 2A, 2B, Tel. 4388080, Fax 4888661, E-Mail: hungary@tourinform.hu
- **Bahnauskunft und Fahrkarten:** West-, Ost-, Südbahnhof, VI. Andrássy út 35, Tel. 1228056, 9–18 Uhr
- **Fernbusse:** Tel. 1172966
- **Flüge:** Tel. 1572122, 06-80212121 oder 2969696
- **Flughafen:** Tel. 2968000, 2955055
- **Züge:** Tel. 2102802 (25–30 % Ermäßigung)
- **Schiffe:** Tel. 1181743
- Brauchbare kostenlose **Stadtpläne** liegen in den meisten Hotels aus.

Autofahren

Information

- **Útinform** – Informationsdienst für den Straßenverkehr: Tel. 3227052, 3227643, Internet: www.kozut.hu (englischsprachig)

Verkehrsvorschriften

Autofahren in Ungarn hat einige besondere Seiten. Zwar gelten die international üblichen Zeichen, aber folgende Dinge sollte man beachten:

- **Höchstgeschwindigkeiten:**
  Ortschaften: 50 km/h
  Landstraßen: 90/70 km/h (Caravan, Reisemobile über 3,5 t)
  Fernverkehrsstraßen: 110 km/h
  Autobahnen: 130/80 km/h (Caravan, Reisemobile über 3,5 t)
- **Geschwindigkeitskontrollen** sind selten, finden aber dann oft Touristen als Opfer. Die Polizeiwagen *(rendőrség)* sind blau-weiß gekennzeichnet.
- Außerhalb von Ortschaften ist **Abblendlicht** tagsüber vorgeschrieben.
- Zur **Einreise** benötigen Autofahrer Ausweis, Führerschein, Fahrzeugpapiere, Haftpflichtversicherung und das Landeskennzeichen. Für eine Reihe an Ländern, darunter Deutschland, Österreich, Schweiz und Luxemburg, gilt das polizeiliche Kennzeichen in Verbindung mit dem Landeskennzeichen als **Versicherungsnachweis.** Für alle anderen Länder wird eine **grüne Versicherungskarte** verlangt. Fahrzeuge müssen nach Ablauf der Aufenthaltsgenehmigung ausgeführt werden.
- In Ungarn gilt seit dem 6. Juli 1941 **Rechtsverkehr,** in Budapest seit dem 9. November 1941, 3 Uhr morgens. (Sie haben richtig gelesen. Während man im ganzen Land schon rechts fuhr, herrschte in Budapest noch vier Monate lang Linksverkehr. So lange dauerte es nämlich, bis man alle Haltestellen, Weichen, Verkehrsschilder, Ampeln usw. umstellen konnte. Der Zeitpunkt der Abkehr vom einst kraft päpstlicher Bulle angeordneten Linksverkehr hing nicht zuletzt auch mit deutschen Kriegsinteressen zusammen. Ein ungeahntes Problem bereiteten allerdings die Pferdefuhrwerke. Quellen zufolge waren die Pferde so an den Linksverkehr gewöhnt, dass die Kutscher ihre Tiere keinen Moment allein lassen durften, um zu verhindern, dass sie die Straßenseite wechselten.)
- Vor allem in Dörfern trifft man noch auf unbeleuchtete **Pferdefuhrwerke;** auch Radfahrer sind oft ohne Licht unterwegs.
- Die Schilder für **Hauptstraßen** stehen grundsätzlich hinter der Kreuzung. In Ungarn wird bei abbiegenden Hauptstraßen nicht geblinkt. Dafür blinkt man dann z. B. links, wenn man an einer Kreuzung mit rechts abbiegender Hauptstraße geradeaus fahren will. Bei gleichrangigen Straßen gilt wie üblich: Rechts vor links.
- Das **Hupen** ist offiziell nur bei unmittelbarer Gefahr gestattet – das nimmt aber offenbar niemand ernst.
- Es gilt absolutes **Alkoholverbot** – 0.00 Promille!
- **Gurtpflicht** gilt für alle Insassen; Kinder unter 12 Jahren dürfen nicht vorn sitzen.
- Für **Moped- und Motorradfahrer und Sozius** gilt Helmpflicht.
- **Erste-Hilfe-Kasten, Warndreieck** und ein Satz **Ersatzglühlampen** gehören zur Pflichtausstattung.
- **Überholen** in Kurven, auf Kreuzungen und an Bahnübergängen ist verboten.
- Das **Autobahnnetz** besteht aus den Strecken:
  M1: Budapest – Hegyeshalom
  M15: Hegyeshalom – Rajka
  M3: Budapest – Polgár
  M5: Budapest – Kiskunfélegyháza
  M7: Budapest – Siófok
  Es gilt das **Vignettensystem.** Die Preise für einen PKW betragen aktuell 1270 Ft für vier Tage, 2000 Ft für zehn Tage, 3400 Ft für einen Monat und 30.500 Ft für ein Jahr. Die Vignetten sind an Grenzübergängen, Tankstellen, Raststätten und den Mautstellen einiger Autobahnen erhältlich. In Grenznähe werden Euro akzeptiert.
- **Anfänger** haben den Großbuchstaben „T" am Auto.

Autofahren

- **Taxis** und **Fußgänger** sind unberechenbar. Es ist normal, als Fußgänger bei Rot die Ampel zu überqueren. Fußgängerampeln haben die angenehme Eigenschaft, zu blinken, bevor sie auf Rot schalten. Es ist lebensgefährlich, als Fußgänger auf die Schutzwirkung eines Zebrastreifens zu vertrauen!
- Die Benutzung von **Mobiltelefonen** während der Fahrt ist nur mit einer Freisprecheinrichtung erlaubt.

Sicherheit

Autoeinbrüche und -diebstahl sind leider alltäglich. Die Fakten: 30 bis 40 Diebstähle pro Tag allein in Budapest bei einer Aufklärungsquote von 40 Prozent. Vereinzelt hört man von „Carjacking" durch falsche Polizisten. Bei Langfingern besonders beliebt sind deutsche Fabrikate und Geländewagen. Außerdem Dieselfahrzeuge, da zahlreiche Ungarn verbotenerweise mit billigem Heizöl fahren.

Um sicherzugehen, sollte man auf keinen Fall **Wertgegenstände** im Auto lassen und wenn möglich, bewachte Parkplätze nutzen.

Bei Diebstählen empfiehlt es sich, die Botschaft zu kontaktieren, um eine beglaubigte Übersetzung der polizeilichen Formulare zu erhalten. Das hilft zu Hause bei der Klärung der Versicherungsangelegenheiten.

Verkehr in Budapest

In Budapest herrscht dichter Autoverkehr – eine Mio. Fahrzeuge sind täglich unterwegs. Das Burgviertel und die Margareteninsel sind größtenteils für den **Verkehr gesperrt**.

Die **Luftverschmutzung** in Budapest ist wegen der immer noch relativ häufigen Zweitaktfahrzeuge teilweise hoch. Seit den 1980er Jahren hat sich der Autoverkehr hier verdoppelt.

Das Netz **öffentlicher Verkehrsmittel** ist gut ausgebaut; hier kommt man schnell, sicher und preiswert voran.

Fast jede **Brücke** hat ein anderes Auffahrtsystem.

Vom Frühling bis zum Herbst herrscht freitags **Richtung Balaton** und sonntags Richtung Budapest vor allem am Abend hohes Verkehrsaufkommen.

Parken ist, wie in jeder Großstadt, problematisch. Parkhäuser findet man unter folgenden Adressen:

- I. Kosciusco Tádé u.
- V. Aranykéz u. 4–6
- V. Szervita tér 8
- V. Roosevelt tér
- V. Erzsébet tér
- V. Szent István tér
- VIII. Futó u. 52
- VII. Osvát u. 5
- VIII. Kálvin tér

Tanken

Ständig geöffnete **Tankstellen** *(benzinkút)* in Budapest:

- I. Alkotás u. 20–24
- II. Szilágyi Erzsébet fasor 53
- V. Szervita tér 8
(Parkhaus, Autowaschanlage)
- V. Aranykéz u. 4–8
(Parkhaus, Autowaschanlage)
- VIII. Ostbahnhof (Keleti pályaudvar)
- IX. Könyves Kálmán krt. 24
- X. Kőbányai út 55
- XI. Irinyi József u.
(400 m vor der Petőfibrücke)
- XIII. Kárpát u. 21

Reisetipps A–Z

Bei Problemen

Der **Pannenhilfsdienst,** genannt „Gelbe Engel" *(sárga angyal),* ist unter der Rufnummer 188 erreichbar. Außerdem betreibt der **Ungarische Automobilklub** (II. Römer Flóris utca 4a) einen internationalen Pannendienst (Tel. 3451680, 3451755, Fax 3451801, E-Mail: autoklub@euroweb.hu, Internet: www.autoklub.hu). **ADAC- und ÖAMTC-Mitglieder** erreichen ihren Pannenhilfsdienst unter Tel. 3451717; außerhalb der Sprechzeiten gibt eine Bandansage die 24-Stunden-Rufnummer des ADAC in München und des ÖAMTC in Wien durch. TCS-Mitglieder mit ETi-Schutzbrief müssen sich direkt bei der Notrufzentrale in Genf melden: Tel. 0041-22-4172220.

Die bekannteren Autofirmen unterhalten **Werkstätten** in Budapest, allerdings kann es Sprachprobleme geben, und die Ersatzteilbeschaffung könnte einige Zeit in Anspruch nehmen.

Bei **Unfällen** mit Personenschaden sind der Rettungsdienst *(mentők,* Tel. 104) und die Polizei *(rendőrség,* Tel. 107) zu benachrichtigen.

Bei Sachschäden wird man gewöhnlich an die **Hungária-Versicherung,** Direktion für internationale Fahrzeugversicherung, verwiesen (XI. Galvani út 44, Tel. 4638500, Mo–Fr 8–16 Uhr). Die Erfahrungen mit dieser „Behörde" sind jedoch teilweise recht niederschmetternd.

Falschparker werden häufig abgeschleppt oder mit Radkrallen blockiert. Informationen über abgeschleppte Fahrzeuge erteilt die Polizeihauptwache, XIV. Írottko park 1, Tel. 3830700. Die Kosten betragen etwa 8000 Forint. Radkrallen werden erst nach Zahlung einer Geldstrafe (gleicher Tag: 15.000 Ft, drei Tage: 20.000 Ft, länger als drei Tage: 25.000 Ft) entfernt. Die Telefonnummer finden Sie auf der Parkkralle oder unter der Windschutzscheibe. Die Adresse des Büros, in dem direkt gezahlt werden kann: V. Gerlóczy u. 2, 9–20 Uhr (danach Nachtdienst).

Babysitter

Babysitter mit Fremdsprachenkenntnissen vermitteln die großen Hotels sowie folgende Dienstleister:

- **Ficuka Baby Hotel,** V. Váci u. 11b, I em. 9, Tel. 3382836 oder 4830713
- **Korompay Family Day Care,** XI. Menesi út 19, Tel. 4665740 oder 06-30-9217820, Fax 4665095

Bäder

Thermalbäder

Die bekanntesten Bäder liegen in Buda. Parallel zur Donau verläuft in Buda nördlich der Margaretenbrücke die Frankel Leó út, die man „Straße der Heilbäder" nennt, denn schon Römer und Türken hatten hier Bäder. 24 Quellen zwischen 21 und 50 °C speisen das Lukacs- und das benachbarte Császár-Bad.

Auf der heißen Quelle: Széchenyi-Bad

In einigen Freibädern wie im Palatinus-Strandbad, im Römischen Bad oder im Szabadság-Bad gibt es ebenfalls Thermalbecken. Manche dieser Bäder sind auch im Winter geöffnet.

In den Heilbädern braucht man zumeist weder Badekappe (außer im Schwimmbad) noch Badesachen oder Handtücher. Dafür bekommt man eine Art leinenen Lendenschurz. Badeschuhe sind aber zu empfehlen.

Noch ein Wort zum **„Sicherheitssystem"** mancher Bäder. Da gibt es häufig keine Schlüssel, sondern einen Kabinenwart, der einen Generalschlüssel für sämtliche Kabinen hat. Man muss ihn also beim Auf- und Zuschließen rufen. Beim Zuschließen bekommt man eine Blechmarke mit einer Nummer, die jedoch nichts mit der Kabinennummer zu tun hat. Also gut die Kabinennummer merken! Die Nummer der Blechmarke wird mit Kreide auf der Innenseite der Kabinentür notiert und beim Öffnen überprüft. In Bädern mit Zeitbegrenzung wird auch die Uhrzeit notiert. Außerdem wird schon mal verlangt, dass man ein selbst ausgedachtes „Codewort" beim Verschließen auf die Innenseite der Kabinentür schreibt. Dieses muss man dann vor dem Öffnen ebenfalls angeben. Weitere Informationen im Internet unter www.spa.hu.

Lukács-Bad

Das Lukács-Bad wurde 1893/94 gebaut, nachdem das alte türkische Badegebäude 1699 abgebrannt war. Die Dankestafeln an den Wänden zum inneren Hof verkünden den Dank der hier geheilten Kranken. 17 Quellen speisen ein Thermaldampfbad, Heißluftkammern und Dampfkammern sowie einen vielbesuchten Trinkbrunnen. Das bei Budapestern sehr beliebte Schwimmbad ist ganzjährig geöffnet.

●**Lukács**, II. Frankel Leó út 25, Tel. 3261695. Thermalbäder Mo-Fr 6.30-19 Uhr, Sa 6.30-14 Uhr, So 6.30-13 Uhr; Bewegungsbad Mo-Sa 6-20 Uhr, So 6-17 Uhr; Trinkbrunnen Mo-Sa 6-19 Uhr, So 6-12 Uhr

Gellért-Jugendstilbad

Die heiligen Hallen des berühmten Gellért-Jugendstilbades sollte man sich nicht entgehen lassen. Man erreicht es über einen Seiteneingang des gleichnamigen, 1918 eröffneten Nobelhotels. Schon in der Eingangshalle glitzert dem Eintretenden ein riesiges Bodenmosaik entgegen, und weiter hinten gewahrt man auf den Säulenköpfen sich herzende und küssende Putten – Jugendstil-Spätphase.

Das eigentliche Thermalwasser ist ein Wassergemisch aus 13 Quellen, die 27-48 °C warmes und radiumhaltiges Wasser liefern. Hier findet man neben einem Thermaldampfbad in doppelter Ausführung für Männer und Frauen auch Heißluft- und Dampfkammern, Thermalwannenbäder sowie Kohlensäure- und Salzbäder. Es gibt auch ein Freibad mit Wellenbecken (allerdings nur im Sommer geöffnet) und ein Hallensprudelbad, in dem gemischt gebadet werden darf. Auf dem Weg zu den Umkleidekabinen kann man durch die unter der Wasseroberfläche des Sprudelbades befindlichen Bullaugen die stummen Beinbewegungen der Menschen beobachten. Faszinierend erscheint die Halle des Sprudelbades mit Säulen, Balkonen und einem Open-Air-fähigen Dach. Das Thermaldampfbad in leuchtendem Türkis ist ein Traum.

Das Gellért-Bad spielt eine Rolle im Film „Trotta" von *Johannes Schaaf*.

●**Gellért**, XI. Kelenhegyi út 4-6., Tel. 4666166, Internet: www.gellertfurdo.hu, 7-19 Uhr

Rác-Bad (Imre-Bad)

Das Rác- oder Imre-Bad befindet sich im Tabáner Park. Das Bad, dessen Becken ebenfalls aus der Türkenzeit stammt, wurde 1860 nach Plänen von *Ybl* erweitert. Man findet hier zwei Quellen, die Große Quelle (42 °C) und die Matthias-Quelle (40 °C), es wird jedoch nur das Wasser der Großen Quelle genutzt. Weiterhin enthält es ein Thermaldampfbad, Heißluft- und Dampfkammern sowie Thermalwannenbäder.

●**Rác**, I. Hadnagy u. 8-10, Tel. 3561322, Mo-Sa 6.30-19 Uhr. Männer: Di, Do, Sa; Frauen: Mo, Mi, Fr

Király-Bad

In einem kleinen Park steht der patinabesetzte, halbmondgekrönte Kuppelbau des Király-Bades (Königsbad), das zu den ältesten Bädern gehört und unter dem Pascha *Arslan* und seinem Nachfolger *Sokollu Mustafa* zwischen 1565 und 1570 erbaut wurde. Ersterer fiel vor der Fertigstellung in Ungnade und musste den Weg alles Irdischen gehen. (Als hoher Würdenträger genoss er das Privileg, mit einer vom Sultan übersandten Seidenschnur erdrosselt zu werden.)

Das Königsbad leitet seinen Namen nicht von einem König ab, sondern heißt so, weil es im 19. Jh. vorübergehend im Besitz einer jüdischen Familie namens *König* war, die im Zuge der Zwangsmagyarisierung den Namen *Király* bekam. Unter der größten Kuppel des Bades schimmert in farbigen Lichtbündeln das unversehrt erhalten gebliebene türkische Ritualbad mit achteckigem Becken. Außerdem gibt es Thermalwannen- und Dampfbäder. Das Wasser stammt von der in der Nähe des Lukács-Bades entspringenden 41 °C warmen Király-Quelle.

● **Király**, II. Fő u. 84, Tel. 2023688. Männer: Mo, Mi, Fr 9–21 Uhr; Frauen: Di, Do 6.30–19 Uhr, Sa 6.30–13 Uhr

Rudas-Bad

Am Budaer Brückenkopf der Elisabethbrücke liegt das bereits 1483 erwähnte Rudas-Bad. Das Wasser der acht Quellen ist 42 °C warm, schwefel- und kalkhaltig. Die radiumreichste Quelle Ungarns (Diana-Hygieia-Quelle) befindet sich ebenfalls hier. 1566 ließ es *Pascha Sokollu Mustafa* (s. o.) neu erbauen; die Türken nannten es „Bad mit den grünen Säulen". Es beherbergt einen türkischen Kuppelraum mit sehenswerten Lichteffekten, ein Schwimmbecken, Thermaldampfbäder, Heißluft- und Dampfkammern sowie radioaktive Wannenbäder.

Im Kuppelraum findet man wieder ein achteckiges Becken, das fast 100 m² groß und von vier kleineren Becken unterschiedlicher Wassertemperatur umgeben ist. Ein reines Männerbad, für Frauen gibt es nur Wannenbäder und das gemischte Schwimmbecken. Das Wasser der Quellen „Attila", „Juventus" und „Hungaria" wird für Trinkkuren verwendet. Der begehrteste Platz im Kuppelraum ist unter der Riesenblüte aus Marmor, weil man sich hier unter den Strom des frischen heißen Wassers stellen kann.

● **Rudas**, I. Döbrentei tér 9, Tel. 3561322. Nur Männer! Thermalbad Mo–Fr 6–19 Uhr, Sa/So 6–13 Uhr; Bewegungsbad Mo–Fr 6–18 Uhr, Sa 6–13 Uhr

Széchenyi-Bad

Das pompöse, aber vernachlässigte Széchenyi-Bad im Stadtwäldchen wurde 1909–13 erbaut. Damals kam das Wasser noch aus dem 1868–78 gebohrten und mit 970 Metern tiefsten Brunnen Europas. Das 75 °C heiße Heilwasser liefert heute ein 1256 Meter tiefer artesischer Brunnen, dessen 4500 Liter Wasser pro Minute ein Thermaldampfbad, Heißluft- und Dampfkammern, Thermalwannenbäder sowie Kohlensäure- und Salzbäder speisen. Freibad und Kinderbecken sind Sommer wie Winter geöffnet.

● **Széchenyi**, XIV. Állatkérti krt. 11, Tel. 3633210. 1.5.–30.9. 6–19 Uhr, 1.10.–30.4. Mo–Fr 6–19 Uhr, Sa/So 6–17 Uhr

Thermal-Hotel

Das Fünf-Sterne-Hotel Thermal auf der Margareteninsel verfügt über ein eigenes Thermalbad, zu dem auch Normalsterbliche Zutritt haben. Allerdings ist es ziemlich teuer und zudem architektonisch reizlos. Das daneben stehende **Danubius Grand Hotel** ist durch einen unterirdischen Gang mit dem Heilbad verbunden.

- **Thermal,** Margareteninsel, im Hotel Thermal, Tel. 3111000, täglich 7–21 Uhr

Schwimmhallen und Freiluftbäder

- **Béla-Komjádi-Schwimmhalle,** II. Árpád fejedelem útja 8, Tel. 2122750, Mo–Sa 6–21 Uhr, So 6–19 Uhr. Hallenbad mit einem großen 50-Meter-Becken und einem kleinen Schulbecken. Zugang nur außerhalb von Trainings- und Sportveranstaltungen möglich.
- **Csillaghegy-Freibad,** III. Pusztakúti út 3, Tel. 2501533; mit der HÉV erreichbar. Ein großer Park am Hang mit zwei Becken und Wasser verschiedener Temperatur sowie einem Kinderbassin. Neben dem Bad befinden sich ein Touristenhotel und ein Motel mit Restaurant.
- **Romai fürdő,** III. Rozgonyi Piroska u. 2, Tel. 3889740; mit der HÉV zu erreichen. Kaltwasserfreibad mit Park und großer Rasenfläche. Daneben ein Motel mit Restaurant sowie ein internationaler Campingplatz. Mai–August 8–19 Uhr.
- **Pünkösd-Bad,** III. Királyok útja 272, Tel. 1886665. Erreichbar mit der Fähre von der Donau aus oder mit dem Bus von Óbuda. In dem großen Park liegen ein 50 Meter-Schwimmbecken und ein Kinderbassin.
- **Hyéki Imre uszoda,** XI. Kondorosi út 14, Tel. 2084025. Hallenbad mit Sauna.
- **Alfred-Hajós-Sportschwimmbad,** XIII. Margareteninsel, Tel. 1114046, Mo–Fr 6–16 Uhr, Sa/So 6–18 Uhr. Architekt *Hajós* gewann bei der Olympiade 1896 in Athen im Freistil über 100 und 1200 Meter Gold. 1924 erhielt er während der Olympischen Spiele in Paris eine Silbermedaille – für den Plan des Schwimmstadions. Eine Marmortafel in der Vorhalle verewigt die Namen der ungarischen Olympiasieger im Schwimmen und Wasserball. Wenn nicht gerade nationale und internationale Wettkämpfe stattfinden, steht es auch der Öffentlichkeit und weniger guten Schwimmern zur Verfügung.
- **Dagály-Bad,** XIII. Népfürdő u. 36 (am Pester Brückenkopf der Árpádbrücke), Tel. 4524500. Das Wasser der Friedensquelle (42 °C) speist ein 50-Meter-Schwimmbecken und die Thermalwasserbecken. Mai–Sept. 6–19 Uhr, Okt.–April Mo–Fr 6–19 Uhr, Sa/So 6–17 Uhr.
- **Palatinus-Freibad,** XIII. Margareteninsel, Tel. 3404505, Mai–Aug. 8–19 Uhr. Fasst mehr als 20.000 Personen; 120-Meter-Becken, Wellenbecken, Kaltwasserbecken mit Springbrunnen, Wasserrutsche, Kinderbecken, Thermalbecken.

Freikörperkultur

Nacktbaden ist erlaubt, und zwar ...
- im oberen Teil des **Csillaghegy-Bades,**
- am **Baggersee Omszki tó,** einige Kilometer nördlich von Budapest Richtung Szentendre an der Fernverkehrsstraße 11 am Abzweig Budakalász,
- am **Baggersee in Délegyháza,** ca. 30 Kilometer südlich von Budapest.

Behinderte

Die Einrichtungen in Ungarn sind insgesamt wenig behindertengerecht.

Infos und Hilfe bietet der **Landesverband der Behindertenvereinigungen** (H-1032 Budapest, San Marco u. 76, Tel. 1888951).

Das Büro **Picknick-Tours** organisiert Reisen für Körperbehinderte (H-1028 Budapest, Pinceszer u. 14–16).

Das internationale **Pető Institut** hat einen guten Ruf und schon viele ausländische körperbehinderte Kinder erfolgreich behandelt (Ungarische Ges. für die Rehabilitation von Behinderten, PF 1, H-1528 Budapest 123 oder Kútvölgyi út 6, H-1125, Budapest XII, Tel. 2241596, Internet: www.peto.hu).

Bräuche und Nichtbräuche

Verhaltenstipps

Die sprichwörtliche Gastfreundschaft der Ungarn ist durch Massentourismus und Armut leider schon oft verblasst, aber trotzdem noch zu finden. Als ich einmal an den Balaton trampte, nahm mich ein Taxifahrer (richtig: ein Taxifahrer, umsonst!) mit.
- Gute Manieren sterben zwar aus, trotzdem gilt auf jeden Fall immer: **Frauen** öffnet man die Tür und lässt ihnen stets den Vortritt. Die Gleichberechtigung der Frau steckt in Ungarn leider noch in den Kinderschuhen.
- Frauen **begrüßt** und verabschiedet man mit *Csókolom* (Küss die Hand). Bleibt man förmlich oder grüßt man Männer, sagt man *Jó napot* (Guten Tag). Wenn man sich duzt oder bei jüngeren Leuten heißt es grundsätzlich *Szia* bei einer Person bzw. *Sziasztok*, wenn man mehr als eine Person meint. *Szia* ist die magyarisierte Form von „See you". Sie wurde nach dem Zweiten Weltkrieg von ungarischen Soldaten eingebürgert, die aus amerikanischer Kriegsgefangenschaft heimkehrten. Gute Bekannte sagen auch *Szervusz* bzw. *Szervusztok*, aber das klingt schon etwas angestaubt. Handschlag ist nicht „in". Außerdem begrüßt man bei jüngeren Leuten oder Bekannten Mädchen/Frauen mit Küsschen links und rechts *(Puszi)*.
- Man sagt *Egészségére* (Gesundheit), wenn man das **Essen** beendet, außerdem wenn man anstößt oder wenn jemand niest. Wer Weißbrot mit der Hand bricht, bevor er es zum Mund führt, gilt als fortgeschritten in puncto Esskultur. Wer Kaffeesahne zum Espresso verlangt, ist diesen Bonus in der Regel wieder los.

Einladungen

- **Nicht** um jeden Preis **pünktlich** kommen und das auch nicht von anderen erwarten. Sehen Sie es einfach etwas lockerer.
- **Geschenke** mit Ideen weiß man zu schätzen.
- Wer einige Worte **Ungarisch** sprechen kann, dem liegt man zu Füßen.
- **Fragen** nach der Höhe des Gehalts oder dem Alter der Gattin sind weder unnormal noch unhöflich – fragt jemand nicht, kennt er westliche Gepflogenheiten. Strategie: noch Intimeres fragen!
- **Selbstgemachter Wein** oder selbstgebrannter Schnaps sollte nie abgelehnt werden, nicht einmal zum Frühstück.
- Das Loben des **Essens** ist überflüssig, es sei denn, man kann es in Ungarisch. Ansonsten ist Aufessen die einzig akzeptierte Ausdrucksform der Zufriedenheit.

Bräuche und Nichtbräuche

- Achtung! Zu allen Tageszeiten (vor allem nach ausgiebigen Mahlzeiten) wird oft noch *süti (sütemény)* serviert, ein zumeist gelungenes und schmackhaftes **Backwerk** der Hausfrau. Deshalb vorausschauend immer noch etwas Platz im Magen lassen und die Worte *finom* und *nagyon finom* (es schmeckt bzw. es schmeckt sehr gut) regelmäßig verlauten lassen.
- Die meisten Ungarn **reden** gerne und ausdauernd. Um sich Gehör zu verschaffen, muss man manchmal konsequent um seine Gesprächsanteile kämpfen.

Bräuche

- Am 15. März, dem ungarischen **Nationalfeiertag,** tragen viele Menschen **Kokarden** in den Nationalfarben Rot-Weiß-Grün.
- Am **Ostermontag** ist es Volksbrauch, Mädchen und Frauen – unabhängig von ihrem Alter – zu „begießen", damit sie nicht verwelken. Heute wird das nicht mehr wie früher auf dem Dorf mit wassergefüllten Eimern bewerkstelligt, sondern mit Parfüm. Der Dank besteht dann theoretisch aus selbst bemalten und verzierten Ostereiern, die von den Mädchen überreicht werden.
- *Majális* ist eigentlich ein Picknick im Grünen. Heute werden am **1. Mai** allerlei Buden aufgestellt, und das Volk vergnügt sich.
- Im Juni sind in Ungarn die **Prüfungen** an den verschiedensten Bildungseinrichtungen. Bei Abschlussprüfungen werden Tafeln mit den Fotos der Schulabgänger und Lehrer in den Schaufenstern aufgestellt.
- Am 6. Dezember kommt der **Nikolaus** *(mikulás)* und füllt die in die Fenster gestellten Schuhe der Kinder – und nicht nur der Kinder – mit Süßigkeiten und kleinen Geschenken.
- Der **Weihnachtsbaum** wird in Ungarn reichlich mit *szaloncukor* (eine Art Gelee- oder Marzipankonfekt mit Schokoladenhülle) behängt, der von den Kindern genascht werden darf. Natürlich gibt es auch einen **Weihnachtsmann,** der hier *télapó* heißt.
- Üblich ist auch, den **Namenstag** ausgiebiger als den Geburtstag zu feiern. Wer bei Ungarn zu Gast ist, sollte sich nach den Namenstagen erkundigen. Man findet sie auch auf Kalendern.
- Der **Polterabend** ist eine interessante Angelegenheit. Vor der Hochzeit (nicht unbedingt am vorherigen Tag) gibt es das *legénybúcsú*, eine reine Männerveranstaltung, die letztendlich ein Kollektivbesäufnis zum Ziel hat. Das Gegenstück dazu ist das *leánybúcsú*, eine Frauenrunde, die früher angeblich finalen Aufklärungszwecken diente – inzwischen ist dies weitgehend überflüssig geworden, und so ist auch das *leánybúcsú* ausgestorben.
- Wenn man bei Prüfungen **Viel Glück wünschen** will, wünscht man „*egy nagy kalapot …*" (Einen großen Hut voll Scheiße); Alles Gute zu wünschen bringt Unglück.
- Für manche Ausländer ist das **Schweineschlachten** in Ungarn ein barbarischer Brauch. Wenn auf dem Dorf ein Schwein geschlachtet wird, dann geschieht das fachmännisch

durch Anstechen der Halsschlagader des lebenden Tieres, das dazu von mehreren Leuten festgehalten wird.
- **Schwarze Fahnen** an öffentlichen Einrichtungen bedeuten, dass jemand von den Angestellten verstorben ist.

Nichtbräuche

- Ungarn stoßen in der Regel nicht mit **Bier** an, da man auf die Niederschlagung der ungarischen Revolution von 1849 in Wien angeblich mit diesem Gebräu angestoßen hat.
- **Aprilscherze** sind nicht üblich, aber bekannt. Am ehesten wird an Schulen irgendwelcher Unsinn realisiert.
- **Weihnachten** ist in Ungarn anders. Dinge wie Weihnachtsmarkt, Stollen, Adventsfeiern oder Räuchermännchen sind unbekannt. Glühwein ist kaum populär, und wenn überhaupt, bekommt man heißen Weißwein.
- **Silvester** ist ebenfalls ein Kapitel für sich. Es gibt kein (legales) Silvesterfeuerwerk, denn Feuerwerkskörper sind verboten. Dafür verursacht man mit Papptrompeten einen Höllenlärm. Gefeiert wird ausgiebig, laut und feucht. Um Mitternacht jedoch wird es plötzlich still, denn dann erklingt in Radio und Fernsehen die Nationalhymne, und der patriotische Mahnruf (*Szózat*) von *Vörösmarty* wird verlesen. Er beginnt mit den Worten: „Von Lieb und Treu zum Vaterland bleib, Ungar, stets erfüllt ...". Danach wird angestoßen, man wünscht sich *Buék* (siehe Kapitel „Ungarisch – ein Annäherungsversuch"), und erst dann geht das Feiern wieder seinen gewohnten Gang.
- Vom **Fasching** ist in Budapest kaum etwas zu spüren. Zwar gibt es die Bälle einiger Berufsstände und der deutschstämmigen Schwaben, doch allgemeine Faschingsstimmung gibt es allenfalls in Mohács und Debrecen.

Cafés

„Allgemein bekannt sind ...die Budapester Kaffeehäuser, in denen frohe Stimmung und Leben pulsiert ..."
Emil Jannings

Ungarische Kaffeehauskultur

Dem edlen nationalen Laster des Kaffeetrinkens wird in Ungarn schon lange und hauptsächlich in den Kaffeehäusern gefrönt. Der englische Naturforscher *Townson* schrieb schon 1793: „Meiner Meinung nach hält kein Café in Europa den Vergleich mit demjenigen aus, welches sich der Schiffsbrücke gegenüber befindet." Leider ist nicht nur dieses Café inzwischen verschwunden, sondern insgesamt der nostalgische Glanz der alten Zeit verblasst. Dort, wo man heute die eindrucksvolle Inneneinrichtung bewundert und andächtig kunstvolle Leckereien nascht, wurde früher nämlich nicht selten Geschichte geschrieben, und große Literatur.

Über 500 Kaffeehäuser gab es während der Wende vom 19. zum 20. Jh. in der Stadt, immerhin pro Kopf mehr als in Paris. In dem Buch „Das vergnügte Budapest" von 1896 heißt es „Eine der merkwürdigsten und auffallensten Sehenswürdigkeiten von Budapest ist es für Freunde und Provinzleute, dass sie nach keiner Richtung der Windrose hin hundert Schritte machen können, ohne auf ein Kaffeehaus zu stoßen."

Das **Kaffeehausleben** war organischer Teil der aufstrebenden Metropole. Hier trafen sich Theaterkritiker, Bohemiens, Redakteure, Schach-, Karten- und Billardspieler und vor allem Literaten. Und so wurde vielleicht in einem solchen Kaffeehaus die heute noch gern erwähnte Behauptung geboren, in Budapest gäbe es mehr Leute, die schreiben können, als solche, die des Lesens mächtig seien.

Der Dichter *Sándor Petőfi* trug sein Nationallied einen Tag vor dem Ausbruch der 1848er Revolution im Café **Pilvax,** dem Treffpunkt der revolutionären Jugend, vor. Dort wurden auch die zwölf Punkte der Märzrevolution verfasst.

Heute muss man lächeln, wenn man die **Vorschriften** liest, die für ein Kaffeehaus **vor 150 Jahren** galten. So mussten Kaffeehäuser mindestens 50 Meter von Kirchen, Schulen und Krankenhäusern entfernt liegen. Die Lizenz bekamen nur solche Personen, die nicht gleichzeitig ein Bordell betrieben. Dafür kannten die Cafés keine Sperrstunde. Auch gab es hier nie Rückschläge wie jene bischöfliche Hildesheimer Verordnung des Jahres 1780, in der es hieß: „Eure Väter, deutsche Männer, tranken Branntwein und wurden bey Bier, wie Friedrich der Große, aufgezogen, waren fröhlich und guten Muthes. Dies wollen wir auch; Wer sich untersteht, Bohnen zu verkaufen, dem wird der ganze Vorrath confiscirt; und wer sich wieder Saufgeschirre dazu anschafft, kommt in Karren."

Zur restriktiven Politik gegenüber den zahlreichen **Bordellen** muss man vielleicht noch etwas über den Ruf Budapests als „Bangkok Europas" sagen. Die Situation ist heute nicht anders als in westeuropäischen Großstädten. Sicher ist jedoch, dass Budapest in der zweiten Hälfte des 19. Jh. einen gewissen Ruf hatte. In der Stadt durften offiziell 40 Institutionen betrieben werden, doch allein im VI., VII. und VIII. Stadtbezirk gab es 48 einschlägige Adressen. Die berühmtesten Häuser standen in der Magyar utca (besonders Nr. 50) und der Henszlmann utca, nicht weit von der Múzeum körút. Eine eindeutige Rolle spielten in diesem Geschäft auch die Nachtcafés. Die berüchtigtsten waren das „Singer" und das „Herzl". Budapest war zu dieser Zeit auch das europäische Zentrum des internationalen Mädchenhandels. Die „Ausbildung" des Nachwuchses fiel den so genannten **„Tanzschulen"** zu. Diese waren eine Pester Spezialität und gehörten zu den beliebtesten Vergnügungsorten der Stadt. Berühmt waren das früher an der Stelle des heutigen Astoria stehende „Zrínyi", das „Laudon" in der Káldy Gyula utca 8 und das „Lulu" in der Dob utca.

Heute gibt es wieder um die 600 **Cafés in Budapest.** Man trifft sich hier, liest die Abendzeitung, diskutiert und macht Geschäfte. Ich sehe mir am

Essen und Trinken

„Ein Kellner, der nicht lächeln kann, hätte besser daran getan, als Gast zur Welt zu kommen."

Károly Gundel

Überblick

In Budapest findet man über 7500 gastronomische Einrichtungen. Trotz beängstigend niedriger Einkommen gehen die Ungarn im Vergleich zu den Deutschen verhältnismäßig häufig essen und trinken. Eine Mahlzeit kann hier leicht in ein Halbtagsprogramm ausarten. Es gibt viele preiswerte Gaststätten, die dann zwar bezüglich Service, Sauberkeit, WC etc. zum Teil keinesfalls westlichen Ansprüchen genügen, aber eben lebenswichtige Treffpunkte und Orte öffentlicher Kommunikation sind. Und wer vielleicht wegen nicht einzeln verpackter Zahnstocher über die Kulturlosigkeit der Ungarn die Nase rümpft, wird seinerseits von den Ungarn als Kulturbarbar enttarnt, sobald er sich auf die freien Plätze eines ansonsten besetzten Tisches niederlässt. Das ist in Ungarn nämlich nicht nur ungewöhnlich, sondern gilt als oberfrech. Ungarn wollen bei Tisch von niemandem gestört werden und sich Zeit lassen. Das gilt für Restaurants, Kaffeehäuser, Weinstuben etc. Das respektieren Kellner, die selten zum pausenlosen Bestellen drängen – oft hat man Mühe, überhaupt einen

Kellner zu Gesicht zu bekommen –, ebenso wie geduldig auf einen Tisch wartende Gäste.

Natürlich gibt es auch in Budapest **Spitzenrestaurants,** wobei sich westliches Niveau auch auf die Preise bezieht. Neben dem bekannten Gundel und den Einrichtungen der Nobelhotels sind das Alabárdos und der Matthiaskeller (Mátyás Pince) zu nennen. Im Haute-Cuisine-Bereich haben sich noch die Restaurants Légrádi, Marco Polo und Vadrózsa etabliert.

Etabliert hat sich auch **Fastfood.** Amerikanische Ketten sind seit einigen Jahren mit geradezu inflationärer Geschäftigkeit dabei, der Hauptstadt die segensreiche Esskultur der Neuen Welt nahe zu bringen. Die oberflächlichen Lifestyle-Kampagnen hatten Erfolg, denn bei vielen ungarischen Jugendlichen gilt es als schick, dort zu verkehren. Ergebnis: Branchenprimus und Budapester Fastfood-Pionier **McDonald's** hat schon 1988, am Eröffnungstag seiner ersten Filiale in Ungarn in der Régiposta utca, einer Seitenstraße der Váci utca, einen neuen Besucherrekord aufgestellt. Am Oktogon ist mit 350 Sitzplätzen sogar das weltgrößte **Burger King-**„Restaurant" entstanden. Inzwischen zählt man mehrere Dutzend Fastfood-Adressen in Budapest, Tendenz steigend. Der einzige Trost ist das McDonald's neben dem Westbahnhof, wo man wenigstens die alte Architektur des Bahnhofsrestaurants kreativ genutzt hat.

Inzwischen gibt es in Budapest viele **Nationalitätenrestaurants,** die oft auch ungarische Gerichte anbieten.

Als Ausländer sollte man bei der Nahrungssuche im Budapester Gastro-Dschungel einige Verhaltenshinweise beachten. Viele Ess- und Trinkhallen in der Innenstadt oder im Burgviertel haben sich auf Touristen spezialisiert, was man an davor haltenden Reisebussen, vielsprachigen Speisekarten, fast immer ertönender Folkloremusik und am Preisniveau erkennt. Wegen leider durchaus vorhandener schwarzer Schafe (es werden teilweise sogar Restaurants mit überzogenen Preisen geschlossen bzw. auf eine „schwarze Liste" gesetzt) sollte man vorsichtig sein, wenn eine Speisekarte keine Preise enthält oder der Kellner nicht aufgeführte Spezialitäten empfiehlt. Es gibt mehrere Restaurants, in denen lediglich auf der ungarischen Karte Preise angegeben sind. Es empfiehlt sich immer, die Rechnung wenigstens zu überschlagen und bei verdächtigen Summen auch genauer zu prüfen. Bei weniger bekannten Restaurants ist in der Regel keine deutsche Karte verfügbar. Bisweilen ist die deutschsprachige Karte auch extrem frei übersetzt wie im „Piszkos Fred" (VI. Osváth utca 9), während es in „Wichmanns Kneipe" (VII. Kazinczy utca 55) zum Image gehört, keine Karte zu haben.

Essen am Sonntag und nach Mitternacht gestaltete sich einst schwierig; mittlerweile haben aber die meisten Restaurants sonntags geöffnet.

Folkloremusik (meist als Zigeunermusik bezeichnet), nicht zu verwechseln mit der Musik der Roma und Sinti, strahlt für viele Besucher Ungarns einen exotischen Reiz aus. Diese Art der Unterhaltung hat Tradition, und es gibt berühmte Musikerdynastien. Wer will, kann diese hervorragenden Virtuosen testen. Sie kennen fast alles, und selbst eine vorgesummte Melodie improvisieren sie aus dem Stegreif. Der Altbundeskanzler *Schmidt* beschrieb das so: „Der wesentliche Unterschied zu entsprechenden Kneipen in Wien bestand darin, dass die Musik in Budapest besser war: ungarische Zigeunermusik, die leicht und süß ins Ohr ging. Wir wurden gefragt, was wir gerne hören wollten; was auch immer an Liedern aus Ost und West wir wünschten, es wurde sofort gespielt – einschließlich einer einfallsreichen Begleitung." Ein bekanntes Folkloreorchester spielt zum Beispiel im **Matthiaskeller**.

Der außergewöhnlichste **Primás** eines solchen Orchesters dürfte *Jancsi Rigó* (ca. 1858–1916) gewesen sein, der die Gattin des belgischen Fürsten *Chimay*, Tochter eines amerikanischen Millionärs, entführte und heiratete. Ein köstliches Dessert ist nach ihm benannt. Leider kenne ich bis heute kein probates Mittel, sich eines Nahdistanzüberfalls des Primás zu erwehren. Ein Engländer hat einmal empfohlen, ausdauernd hartnäckig und teilnahmslos auf seinen Teller zu starren. Wie viel man den Musikern zukommen lässt, ist dem Ermessen des Gastes überlassen, wobei man den Grad der Angemessenheit durchaus hört. Früher war es üblich, den Geigern die Geldscheine auf die feuchte Stirn zu drücken.

Trinkgeld bis etwa zehn Prozent des Rechnungsbetrages ist in Ungarn ebenso freiwillig wie selbstverständlich. Bedauerlicherweise hat sich in der letzten Zeit die Unsitte breitgemacht, bei Ausländern Servicekosten (meist 15 Prozent) auf den Rechnungsbetrag aufzuschlagen. Trotz *Gundels* Gebot (s. Kapitelbeginn) hat man es auch in Ungarn hier und da mit unfreundlicher Bedienung zu tun.

Die gastronomische Situation ist seit der politischen Wende sehr dynamisch. Ständig verschwinden Lokale, und neue tauchen auf. Allgemein kann jedoch bis auf wenige Ausnahmen gelten: Je höher die Preise, umso weniger Ungarn verkehren dort, umso häufiger gibt es Folkloremusik, umso internationaler wird die Küche und umso zentraler liegt das Etablissement.

Restaurants

Bedauernswerterweise hat die **Qualität** selbst teurer Innenstadtrestaurants dem touristischen Massenansturm nicht standgehalten. Im Gegenteil, da dort ohnehin kaum Stammgäste verkehren, könnte sie sogar noch mehr bröckeln. Die im Folgenden aufgeführten Einrichtungen sind eine subjektive Auswahl, wobei Gesichtspunkte wie Originalität, Qualität, Atmosphäre, Neuigkeitswert und Preis maßgeblich waren. Deshalb habe ich die internationalen oder „typisch ungarischen" und deshalb beliebig austauschbaren Etablissements der Hotels weitgehend weggelassen. Die gastronomischen Einrichtungen sind nach Stadtbezirken geordnet, um die Auswahl vor Ort zu erleichtern. Weitere

Essen und Trinken

Restaurants sowie Bars und Nachtklubs findet man im Kapitel „Unterhaltung", je nachdem, welches Merkmal mehr im Vordergrund steht.

In den aufgeführten **Kategorien** muss man pro Person etwa mit folgenden Preisen ohne Getränke rechnen:

*****	exklusiv	(25-50 Euro)
****	gehoben bis anspruchsvoll	(15-30 Euro)
***	gediegen	(10-20 Euro)
**	preiswert und gut	(5-10 Euro)
*	alternativ	(3-5 Euro)

●**Alabárdos (Hellebardier)** *****, I. Országház u. 2, Tel. 1560851. Altertümliche Atmosphäre in gotischen Räumen. Gitarrenmusik, Herender Porzellan, und ein göttliches, mit Rumkirschen flambiertes Haselnuss-Soufflé.

●**Fortuna** ****, I. Hess András tér 4, Tel. 1756857, 12-15, 19-1 Uhr. Gegenüber vom Hilton Hotel im bekannten Burgviertel. In gotischen Gewölberäumen eines unter Denkmalschutz stehenden Hauses wird fettarme ungarische Küche serviert. Besonders zu erwähnen ist der zum Höhlensystem unter dem Burgberg gehörende Weinkeller. Folkloremusik.

●**Fortuna-Mensa** *, I. Hess András tér 4. Gemeint ist nicht das vornehme Restaurant Fortuna im Erdgeschoss, sondern die skurrile Einrichtung, in die man gelangt, wenn man durch die letzte linke Tür des Tordurchgangs hinein und einige Stufen hinaufgeht. Das Ganze ist eigentlich eine Diskothek, dient aber tagsüber als preiswerte Mensa. Hier essen viele Rentner und Studenten.

●**Horgásztanya (Anglerhütte)** **, I. Fő u. 29, Tel. 2127357, 12-24 Uhr. Gute Fisch- und Wildgerichte in einem Raum, der trotz eines von der Decke baumelnden Bootes und anderen Zubehörs nicht die Spur von Anglerflair verbreitet. Doch manche gehen gerade deshalb lieber hierher als in das gleich benachbarte Restaurant.

●**Tabáni Kakas (Tabaner Hahn)** ***, I. Attila út 27, Tel. 3757165. Geflügelspezialitäten auf Ungarisch am Burgberg-Südhang. „Wildgans mit Semmelknödeln" oder „Hühnersuppe nach Újházi-Art" haben noch nie enttäuscht.

●**Garvics** *****, II. Ürömi köz 2, Tel. 3263878, Mo-Sa 17-24 Uhr. Ein kleines (45 Plätze), nobles Restaurant mit leichter (sofern das möglich ist) und außerordentlich vielfältiger ungarischer Küche.

●**Kacsa (Ente)** ****, II. Fő u. 75, Tel. 2019992, 18-1 Uhr. Das unscheinbare Äußere dieses Restaurants in der Wasserstadt steht in deutlichem Kontrast zu seinem ausgezeichneten und nicht weniger verpflichtenden Ruf, den es sich ob der abwechslungsreichen ungarischen Küche, des breiten Angebotes an Fisch, Krabben, Kaviar und Muscheln und der Möglichkeit, Gerichte nach eigenem Wunsch zubereiten zu lassen, und nicht zuletzt wegen seines guten Pianisten verschafft hat. Dass man diesem Ruf nach wie vor gerecht wird, beweist die Tatsache, dass es hier immer voll ist und man besser in Voraus Plätze reserviert. Das relativ kleine Restaurant (70 Plätze) ist eine gute Adresse für ein Dinner bei Kerzenlicht und dezenter Musik.

●**Les Amis** ***, II. Római Flóris u. 12, Tel. 2123173. Sehr kleines und intimes Restaurant mit gemütlich-vornehmer Einrichtung.

●**Margitkert** ****, II. Margit u. 15, Tel. 3260860. Gartenlokal am Fuße des Rosenhügels, in das man gern Staatsgäste führt, das aber nicht teurer ist als vergleichbare Restaurants. Gästefotos zeigen u. a. *Brandt, Schmidt* und *Kohl.* Siebenbürgische Küche und über 100 Fleischgerichte.

●**Náncsi Néni Vendéglője** ***, II. Ördögárok út 80, Tel. 3972742, 12-23 Uhr. Gediegene Wirtschaft in den Budaer Bergen, deren 22 Gerichte seit Jahren ein qualitativ verlässlicher Fixpunkt der Hauptstadt sind. Seit langem kein absoluter Geheimtipp mehr, wie die CD-Kennzeichen auf den dunklen Limousinen beweisen. Preiswert.

●**Szent Jupát** *, II. Dékán u. 3, Tel. 3211897, 0-24 Uhr. Eine Restaurant-Kneipe, auf die man sich zu jeder Tages- und Nachtzeit ver-

ESSEN UND TRINKEN

lassen kann. Trotz der hoffnungslos unterdimensioniert scheinenden Küche wartet man hier nicht länger als anderswo. Teller wie Portionen sind größer als jeder Bauch – manche nennen das Lokal auch „Meating Point". Im Sommer kann man draußen sitzen.
- **Vadrózsa (Heckenrose)** *****, II. Pentelei Molnár u. 12, Tel. 3265817, 12–15 und 19–24 Uhr. Hochelegantes Restaurant in einer kleinen Villa auf dem Rosenhügel, dessen Wildgerichte kulinarische Maßstäbe setzen. Im Sommer kann man im Garten sitzen. Diskrete Klaviermusik und Fotos der V.I.Ps.
- **Claudia** ***, V. Bástya u. 27, Tel. 2670329, Mo–Fr 12–23 Uhr, Sa/So 12–1 Uhr. Hübsches und gemütliches Lokal in einer verfallenen Straße, unweit vom Hotel Korona.
- **Csendes** **, V. Múzenm krt. 13, Tel. 2670218, Mo–Sa 12–22 Uhr (Bierbar 9–22 Uhr). Gegenüber der Naturwissenschaftlichen Uni, was man am Publikum merkt. Auch Siebenbürger und slowakische Küche. Auf der anderen Straßenseite sieht man noch Überreste der alten Stadtmauer.
- **Cyrano** ***, V. Kristóf tér 7, Tel. 2664747. Café und Restaurant in angenehm türkisschwarzem Ambiente. Moderne ungarische Küche in überzeugender Qualität. Empfehlenswert auch das „Cosmo" im 1. Stock.
- **Légrádi** *****, V. Magyar u. 23, Tel. 3186804. Ungarische und französische Küche auf internationalem Spitzenniveau. Dazu eine exklusive Einrichtung mit Chippendale-Mobiliar, Herender Porzellan und Herndorfer Silberbesteck. 40 Plätze, dezente Violin- und Gitarrenmusik.
- **Lehrrestaurant der Hochschule für Gastronomie** *, V. Alkotmány u. 9–11 Uhr, Mo–Fr 11.30–14 Uhr. Eine geheime Adresse im Keller des stattlichen Hochschulgebäudes. Das Codewort heißt „Tanétterem" und führt in das zu Lehrzwecken betriebene und ausgesprochen gute preiswerte Restaurant. Wo sonst findet man bis zu drei Kellner pro Gast? Einziges Pech sind die Semesterferien und die Prüfungsgelage nur für geladene Gäste.
- **Mátyás-Pince (Matthiaskeller)** ****, V. Március 15. tér 7, Tel. 3181693, 11–7 Uhr. Alles wie aus dem Lehrbuch „Typisch Ungarisch" und deshalb voller Touristen. Die Folkloremusik kommt von *Déki Lakatos Sándor*

(aus der berühmten Lakatos-Dynastie) und seinem Orchester. An den Wänden Fresken mit Szenen aus dem Leben des großen Königs. Das Restaurant, eine städtische Institution, steht unter Denkmalschutz.
- **Százéves (Hundertjähriges)** ****, V. Pesti Barnabás u. 2, Tel. 2665240, 11–24 Uhr. Tiefstapelnder Name, denn der Restaurant-Oldtimer in der City ist 150 Jahre alt. Die Einrichtung des ältesten Pester Restaurants ist ebenfalls denkmalgeschützt. Das Palais dieses auch bei Ungarn beliebten Restaurants liegt keine 50 Schritte von der Váci utca und ist doch relativ unbehelligt von den großen Touristenströmen; Folkloremusik.
- **Szindbád** ****, V. Bajcsy-Zsilinzky út 74, Tel. 3322966, Mo–Fr 11.30–15.30 Uhr und 18.30–24 Uhr, Sa/So 18–24 Uhr. Der Name stammt aus einem Roman des Hobbygourmets *Gyula Krudy*, der hier zwar nicht speiste, nach dem aber eine Reihe von Gerichten benannt sind. Spezialitäten: Knochenmark mit Toast und *Kolozsvári fogas*. Das gesamte Geschirr kommt aus dem Hause Zsolnay. Im Clubraum pflegt die Ministerriege Ungarns inklusive des ehemaligen Staatspräsidenten *Árpád Göncz* zu beraten.
- **Tüköry** **, V. Hold u. 15, Tel. 2695027, Mo–Fr 10–24 Uhr. Ein ganz normales Lokal mit vernünftigen Preisen in der Innenstadt und Pilsner Urquell vom Fass. So was gibt's tatsächlich noch.
- **Barokk** *****, VI. Mozsár u. 12, Tel. 3318942, 12–24 Uhr. Barockatmosphäre total. Von der Einrichtung über die Musik bis zu den Speisen nach Originalrezepten aus dem 17. und 18. Jh.
- **Belcanto** ****, VI. Dalszínház u. 8, Tel. 2692786, 12–16 und 18–2 Uhr. Dieses Haus mit italienischer Küche ist erwähnenswert wegen der regelmäßigen – und doch spontanen – klassischen Gesangs- und Musiziereinlagen verschiedener Opernsänger und – der Kellner! Bisweilen setzt sich sogar der Chefkellner persönlich an den Flügel. Direkt neben der Oper gelegen, gäbe es wohl auch keinen besseren Ort für diese Art Erlebnisgastronomie.
- **Bohémtanya** **, VI. Paulay Ede u. 6, Tel. 2673504, 12–22 Uhr. Ausgesprochen beliebter Tummelplatz für Bohemiens, jugendliche

Weltverbesserer und Normale, aber wirklich gut. Ist leider immer voll.

●**Kiskakas Étel & Salátabár ****, VI. Podmaniczky u. 57, Tel. 2695046, 12-23 Uhr. Behagliches und sehr preiswertes Kleinlokal mit reichlichen Portionen.

●**Kogart ******, VI. Andrássy út 112, Tel. 3543830, 10-1 Uhr. In einem der repräsentativsten Gebäude (Baujahr 1880) an Budapests Prachtstraße hat der Bankier und Kunstsammler *Gábor Kovács* sein Konzept von Kunst und Kultur umgesetzt. Während in den Obergeschossen Kunstausstellungen organisiert werden, ist im Souterrain ein modernes, geschmackvoll eingerichtetes Restaurant untergebracht, im Garten gibt es eine schöne Terrasse. Die Küche bietet leichte, interessante Variationen mit klaren ungarischen Wurzeln sowie Kreationen ausländischer Köche.

●**Kispipa (Kleine Pfeife) *****, VII. Akácfa u. 38, Tel. 3422587, 12-1 Uhr. Dieses Restaurant im jüdischen Viertel bietet hervorragende ungarische Küche zu moderaten Preisen. Zubereitung nach Wunsch möglich. Die Menüs sind durchgängig zu empfehlen - die abendliche Musik auch. Vorbestellung ratsam - ansonsten kann man es auch nicht weit von hier im **Fészek Müvészklub Étterem** (Künstlerklub Nest, VII. Kertész u. 36, Tel. 3226043) versuchen, das vom gleichen Besitzer betrieben wird, sich „Künstlerklub" nennt und dafür 50 Forint Eintritt kostet. Von Mai bis September ist vor allem der wunderschöne Innenhof des Fészek-Klubs eine gute Dinner-Adresse.

●**Kulacs (Feldflasche) *****, VII. Osvát u. 11, Tel. 3521374. In der gegenwärtigen Zeit gnadenloser Verhamburgerisierung hat die „Feldflasche" die Atmosphäre klassischer ungarischer Restaurants bewahrt. Sowohl Küche als auch die Folkloremusik gelten als ausgesprochen gut. Eine Gedenktafel erinnert heute an die Berühmtheit des Hauses, den legendären Pianisten *Rezső Seress*, der in den 1930er Jahren mit „Szomorú Vasárnap" (Trauriger Sonntag) einen Welthit hatte und von 1934 bis 1950 im Kulacs komponierte und spielte. Immerhin wurde in den 1930er Jahren in Ungarn das melancholische Lied „Dort, wo die Flüsse rauschen" als volkszersetzend eingestuft und verboten.

Während das traurige Lied eine Welle von Selbstmorden auslöste - für *Sigmund Freud* verkörperte es die „Sonntagsneurose" schlechthin - und der amerikanische Senator *Stevan Carl* das Verbot des Liedes forderte, feierten es Künstler wie *Billie Holiday, Louis Armstrong, Bing Crosby, Paul Robeson, Ray Charles, Josephine Baker, Oscar Peterson, Elvis Costello* oder *Sinéad O'Connor*. „Gloomy Sunday" (ein Lied von Liebe und Tod) wurde 1999 auch vom deutschen Film aufgegriffen. Einst kamen *Arthur Rubinstein, Arturo Toscanini, Luchino Visconti, Nikita Chruschtschow, John Steinbeck, Louis Armstrong, Paul Robeson* u. v. a., um *Seress* zu sehen. *Otto Klemperer* schrieb ins Gästebuch: „Er ist kein Musiker - er ist ein Genie". *Seress*, der keine Noten lesen konnte und nur mit zwei Fingern auf dem Klavier klimperte, starb im Januar 1968. Er beging Selbstmord.

●**Soul ******, IX. Ráday utca 11-13, Tel. 2176986, 12-1 Uhr. Vielleicht das beste unter all den neuen Lokalen und Restaurants in der zum Schlendern einladenden Ráday utca. Die Kombination aus Straßencafé, Bar und Restaurant ist gelungen, die mediterrane Küche ausgezeichnet. Bestellt werden kann bis Mitternacht. Der Erfolg des Soul ist wohl begründet im Anspruch der der Besitzerin *Márta Gárgyán*: „Ich hatte ein Restaurant vor Augen, in dem ich mich auch privat wohl fühle und selber gerne hingehe".

●**Rosenstein vendéglo *****, VIII. Mosonyi u. 3, Tel. 3134196, Mo-Sa 12-23 Uhr. *Tibor Rosenstein*, der einstige Chef des Kispipa, eröffnete dieses Familienrestaurant vor einigen Jahren nicht weit vom Ostbahnhof in einem ziemlich unansehnlichen Teil Budapests. Trotz dieses Handicaps hat sich die Qualität seiner Küche schnell herumgesprochen (*Warren Beatty* im Gästebuch!), und heute ist sein Lokal eine feste kulinarische Größe mit einer großen Auswahl an klassischen Gerichten der ungarisch-jüdischen Tradition. Am Tisch neben der Bar isst oft die Familie.

●**Kiskakukk (Kleiner Kuckuck) *****, XIII. Pozsonyi út 12, Tel. 2695103, 12-23 Uhr, So bis 16 Uhr. Restaurant mit etwas abgenutzt aussehender Einrichtung, das jedoch den Ruf eines hervorragenden Wildlokals genießt. Und das völlig zu Recht. Folkloremusik.

Essen und Trinken

- **Vendéglő a két szakácslegényhez** ***, XIII. Váci út 47a, Tel. 2703053, Mo-Sa 12-23 Uhr, So 12-21 Uhr. Das „Gasthaus zu den zwei Kochgesellen" liegt in der Nähe des Westbahnhofs (zwischen den Metrostationen – blaue Linie – Dózsa Gyoiqy út und Árpád uíd) und trotzdem abseits aller Budapester Touristenpfade. Der Weg hierher und die etwas ungemütlich wirkende Einrichtung werden aber durch die gepflegte – ich korrigiere: sehr gepflegte – ungarische Küche, die Harmonikamusik, die freundlichen Kellner und akzeptablen Preise kompensiert.
- **Aranymókus*****, XII. Istenhegyi út 25, Tel. 2146066, Di-So 11-23 Uhr. Ausgezeichnete Wild- und Fischgerichte.
- **Gundel** *****, XIV. Állatkérti krt. 2, Tel. 3213550. Der sagenumwobene Name steht für die traditionsreichste Budapester Adresse in Sachen Geschmackssensibilisierung. Bereits 1939 schrieb die New York Times: „Das Gundel macht für Budapest mehr und bessere Reklame als eine Schiffsladung Touristenprospekte". Die Gundel-Palatschinken sind ein Muss. Die Pilgerstätte der Genussmenschen ist mit etwa 1500 Plätzen eines der größten Restaurants Europas. Folkloremusik. Sonntags 11.30-15 Uhr exzellenter und preiswerter Brunch.

Vegetarische Küche

- **A Séf álma Salátabár,** I. Hattyú u. 4. Nonstop geöffnete Salatbar.
- **Nonstop Salatbar,** II. Budaer Brückenkopf der Margaretenbrücke. An der Uferstraße.
- **Ghandi,** V. Vigyázó Ferenc u. 4, Tel. 2694944
- **Govinda** (indisch), V. Belgrad rkp. 18, Tel. 1181144, 12-21.30 Uhr. Von Krishna-Anhängern geführtes Restaurant mit „authentischer" Küche, d. h. keine Speisekarte, sondern jeden Tag ein den religiösen Vorschriften, der Saison und den Traditionen entsprechendes Menü. Konkret: kein Fleisch, kein Kaffee, kein Alkohol, keine Zigaretten. Gesund, gut und sehr preiswert.
- **Vegetarium,** V. Cukor u. 3, Tel. 2670322, 12-22 Uhr. Abends Gitarrenmusik.
- **Falafel (arabisch),** VI. Paulay Ede u. 53, Mo-Fr 10-20 Uhr
- **Marquis de Salade,** VI. Hajós u. 43, Tel. 3024086, Mo-Fr 9-24, Sa/So 12-24 Uhr
- **Nr. 1 Salatbar,** XI. Bocskai út 1, Tel. 1812219, 0-24 Uhr
- **Take Away Salatbar,** XII. Városmajor u. 23, Tel. 1552111, Mo-Fr 9-16 Uhr
- **Salatbar Kanári,** XIII. Pannónia u. 3
- **Vegetarisches Restaurant,** XIII. Visegrádi u. 50a, Tel. 1383710

Folkloristische Lokale

- **Udvarház Étterem,** III. Hármashatárhegyi u. 3, Tel. 3888780
- **Megyeri Csárda,** IV. Váci út 102, Tel. 1692964, 12-24 Uhr. Einzige originale Csárda in Budapest (300 Jahre altes Gebäude).
- **Kalocsai Paprika Csárda,** VIII. Bláthy Ottó u. 13-15, Tel. 2100648, 16-23 Uhr
- **Trófea Vadászkert,** XIV. Erzsébet királyné útja 5/7, Tel. 2516377
- **Szeged,** XI. Bartók Béla út 1, Tel. 2091668
- **Hűvösvölgyí Vigadó,** II. Hűvösvölgyí út 215, Tel. 2757066, Do-Fr 20-23 Uhr

Multi-Kulti

Chinesen

- **Hong Kong Pearl Garden,** II. Margit krt. 2, Tel. 2123131, Mo-Sa 12-14.30, 18-23.30 Uhr, So 12-22 Uhr
- **Peking Kacsa,** VII. Wesselényi u. 39, Tel. 1212907, 12-24 Uhr
- **Chinatown,** VIII. Népszínház u. 15, Tel. 1133220, 11-24 Uhr
- **Taiwan,** IX. Gyáli út 3b, Tel. 2151236, 12-24 Uhr
- **Hongkong,** XIII. Béke út 26, Tel. 1297252, 12-24 Uhr

Italiener

- **Mamma Rosa,** I. Ostrom u. 31, Tel. 2013456
- **Trattoria Toscana,** V. Belgrád rkp. 13, Tel. 3270045, 12-24 Uhr. Authentisch und gut – mit Terrasse.
- **Kis Itália,** V. Szemere u. 22, Tel. 2693145, Mo-Sa 11-21 Uhr

Essen und Trinken

- **Zodiák,** V. Múzeum krt. 39, Tel. 1174203, 12-24 Uhr
- **Ristorante Via Luna,** V. Nagysándor u. 1, Tel. 3128058, Mo-So 11-23.30 Uhr
- **Fausto's,** VII. Dohány u. 5, Tel. 2696806, Mo-Sa 12-15, 19-23 Uhr. Sehr gute Qualität im gehobenen Preissegment.
- **Leonardo,** VIII. Krúdy Gyula u. 8, Tel. 2670336, Fr/Sa 12-2 Uhr, So 12-24 Uhr
- **Marcello,** XI. Bartók Béla út 40, Tel. 4666231. Klassenbester in der Gattung preiswerter Italiener. Ein gemütlicher Miniladen (sieben Tische) mit umwerfendem Preis-Leistungs-Verhältnis.
- **La Corte Dei Borboni,** XII. Normafa út 26-28, Tel. 3951044, Mo-Sa 19-22.30 Uhr
- **Rugantino Pasta and Pizza,** XIII. Pozsonyi út 4, Tel. 1122242, 11-1 Uhr

Sonstige

- **Le Jardin de Paris** (französisch), I. Fő u. 20, Tel. 2010047, 12-2. Live Jazz ab 8 Uhr.
- **Nagyi Palacsintázója** (Palatschinken), I. Hattyú u. 16, Tel. 2018605, 0-24 Uhr! Mehr als 30 verschiedene Palatschinken.
- **Seoul** (koreanisch), I. Fő u. 8, Tel. 2019607, 11-22 Uhr, von 12 bis 15 Uhr 25 % Rabatt.
- **Arany Kaviár** (russisch), I. Ostrom u. 19, Tel. 2016737
- **Tiroli Vendéglő** (österreichisch), II. Lajos u. 33, Tel. 3352379
- **Aboriginal** (australisch), III. Mátyás Király út 42, Tel. 3888749, So-Do 12-1 Uhr
- **King Arthur's** (mittelalterlich), III. Bécsi út 38-44, Tel. 4378243, 12-1 Uhr. Inklusive Live-Renaissance-Musik.
- **Chan-Chan** (thailändisch), V. Só u. 3, Tel. 3184266
- **Fehér Bölény Steakhouse** (Weißer Büffel), V. Bank u. 5, Tel. 3122825
- **Korona Passage,** V. Kecskeméti u. 14. Gute Frühstücksadresse mit ausgezeichneten Palatschinken.
- **Lou Lou** (französisch), V. Vigyázó Ferenc u. 4, Tel. 3124505, Mo-Fr 12-15 und 19-23 Uhr, Sa 19-23 Uhr
- **Semiramis** (arabisch), V. Alkotmány u. 20, Tel. 3117627
- **Serbisches Restaurant,** V. Nagy Ignác u. 16, Tel. 2693139, 10-22 Uhr. Gute ungarische Küche.
- **Slowakisches Restaurant,** V. Bihari János u. 17, Tel. 2693108
- **Csajkovszkij,** (russisch), V. Október 6. u. 5, Tel. 3172987. Neu, extravagant und im oberen Preissegment. Schwere Marmorsäulen, geschmückte Decken, riesige Spiegel, russische Gemälde sowie Kopien verschiedener Tschaikowsky-Memorabilia zitieren die Zarenzeit. Es sollten mindestens zwei bis drei Stunden eingeplant werden.
- **Dionysos** (griechisch), V. Belgrád rkp., Tel. 1181222
- **Chez Daniel** (französisch), VI. Szív u. 32, 12-15 Uhr, 19-23 Uhr, Tel. 3024039
- **Alhambra** (marokkanisch), VI. Jókai tér 3, Tel. 3541068
- **Falafel** (arabisch), VI. Paulay Ede u. 53, Tel. 2679567, Mo-Fr 10-20 Uhr
- **Sir Lancelot** (mittelalterlich), VI. Podmaniczky u. 14, Tel. 3024456, 11-1 Uhr
- **Hax'n** (bayrisch), VI. Király u. 100, Tel. 3516793, Sa-Do 12-24, Fr, Sa 12-1 Uhr
- **Acapulco** (mexikanisch), VII. Erzsébet krt. 39, Tel. 3226014, 12-24 Uhr
- **Chicago** (Tex-Mex), VII. Erzsébet krt. 2, Tel. 2696753. Eine der besten Salatbars.
- **Carmel** (jüdisch), VII. Kazinczy u. 31, Tel. 3221834. Altjüdische Gerichte und 12-sprachige Speisekarte. Nicht koscher.
- **Istanbul** (türkisch), VII. Király u. 17, Tel. 3521422, 12-24 Uhr. Feines Lokal in heruntergekommener Gegend. Das Café und die Konditorei im Nachbarhaus haben auch bis Mitternacht geöffnet.
- **Kosher** (jüdisch), VII. Klauzál tér 2
- **La Bodega** (spanisch), VII. Wesselényi u. 35, Tel. 267-5056, Mo-Fr 12-24 Uhr, Sa/So 18-24 Uhr
- **Sancho** (mexikanisch), VII. Dohány u. 20, Tel. 2670677, 10-2 Uhr. Dazu Pub und Livemusik, Do und So Karaoke.
- **Schwejk** (tschechisch), VII. Király u. 59b, Tel. 3521346, 12-23 Uhr. Gehobene Mittelklasse. Ein mit Fliegendreck beschmutztes Porträt des Kaisers *Franz Joseph* wie im Prager Originalrestaurant dürfte nicht fehlen. Freilich gibt's auch Becherovka.
- **Senara** (koreanisch), VII. Dohány u. 5, Tel. 2696549, Mo-Sa 11.30-14.30 u. 18-23 Uhr
- **Steak & Ribs,** VII. Asbóth u. 9-11, Tel. 2696550, 12-24 Uhr

Essen und Trinken

- **Scampi** (Seefischgerichte), VII. Dohány u. 10, Tel. 2696026, Mo-So 12-24 Uhr
- **Shalimar** (indisch), VII. Dob u. 50, Tel. 3520297, 12-16 und 18-24 Uhr
- **La Tasca** (spanisch), VII. Csengery u. 24, Tel. 3511589
- **Japán**, VIII. Luther u. 4-6, Tel. 3036711, 12-15 und 18-1 Uhr
- **Marie Kristensen** (dänisch), IX. Ráday u. 7, Tel. 2181673, Mo-Sa 10-21
- **Royal Corvin Mátyás Restaurant** (mittelalterlich), XI. Hengermalom u. 3, Tel. 2063290
- **Erdélyi Lakomázó** (siebenbürgisch), XIII. Szt. István krt. 22, Tel. 2694913
- **La Pampa** (mexikanisch), XIII. Pannónia u. 5/7, Tel. 3492599
- **Bécsiszelet** (Wienerschnitzel), XIII. Pozsony u. 14, Tel. 2674937, 12-23 Uhr
- **Bambusz** (vietnamesisch), XIII. Hollán Ernő u. 3, Tel. 3593124, Mo-Sa 12-16 und 18-23 Uhr
- **Miyako** (japanisch), XIII. Visegrádi u. 1, Tel. 3405223, 12-1 Uhr
- **Mosselen** (belgisch), XIII. Pannonia u. 14, 12-24 Uhr, Tel. 4520535
- **Orosz** (russisch), XIII. Béke út 37, Tel. 2700384, 12-24 Uhr

Fastfood

- **Pizza Hut**, I. Alkotás u. 7b, II. Bég u. 3/5, IV. Árpád, VII. Baross tér 5, VII. Rákóczi út 8, VIII. Baross tér 15, X. Kada u. 122
- **Burger King**, I. Széna tér 1, V. Arany János u. 34, V. Főrám tér 6, V. Váci u. 7, V. Vámház krt. 2, VI. Andrássy út 48, VII. Erzsébet krt. 2, VIII. Rákóczi út 1/3
- **McDonald's**, II. Szilágyi Erzsébet fasor 121, III. Vörösváry út 54/56, IV. Váci út 94/96, V. Régiposta u. 10, V. Jászai Mari tér 3, VI. Teréz krt. 19, VI. Teréz krt. 57, VII. Bethlen Gábor u. 3, VIII. József krt. 8, VIII. József krt. 52/56, VIII. Könyves Károly krt. 76, IX. Üllői út 137, X. Jászberényi út 1, X. Kerepesi út 73, XI. Budafoki út 95, XIX. Kossuth tér 2
- **McDrive**, III. Vörösvári út 52-54, 7-23 Uhr
- **Orient Fast Food**, V. Párizsi u. 7
- **Wendy's**, VI. Oktogon tér 3
- **KFC**, VI. Erzsébet krt. 53, VII. Thököly út 6, VIII. Erzsébet krt. 7

Weinstuben – borozó

Bei den folgenden, touristisch relevanten Lokalen bezahlt man mehr. Zum Teil gibt es dort auch Folkloremusik.

- **Faust Keller** (im Hilton), I. Hess András tér 1-3. Viele alte Jahrgänge ungarischer Weine.
- **Régi Orszaghazpince**, I. Országház u. 17. Auf der Burg im Keller des gleichnamigen Restaurants.
- **Szarvas pince**, I. Szarvas tér 1. Neben dem gleichnamigen Restaurant.
- **Postakocsi borbár,** III. Fő tér 2. Im gleichnamigen Restaurant.
- **Rondella,** V. Régiposta u. 4
- **Vörös és Fehér**, VI. Andrássy út 41, Tel. 4131545. Über 100 ungarische Weine.
- **1849 Borvendéglő,** XIV. Állatkerti út 2, Tel. 4684040. Ableger des berühmten Restaurant Gundel.

Mittelklasse

- **Móri borozó,** I. Fiáth János u. 16
- **Badacsonyi borozó,** V. Havas u. 7
- **Borbán,** V. Bihari János u. 18
- **Grinzingi borozó,** V. Veres Palné u. 10. Kaum Touristen.
- **Tokaji,** V. Vigyázó Ferenc u. 4. Tokajer eben.
- **Tokaji borozó,** VI. Andrássy út 20, Tokajer in allen Varianten.
- **Háry vendéglő,** VIII. Bródy Sándor u. 30a, Mo-Fr 16-24 Uhr, Sa 18-24 Uhr. Benannt nach dem Soldaten und ungarischen Münchhausen *János Háry*. Einfache Einrichtung. Der Weinkeller wirkt etwas steril und unpersönlich. Originalweine aus Eger.
- **Borpatika,** XI. Bertalan Lajos u. 26, 8-23.30 Uhr
- **Borkatakomba,** XXII, Nagytétényi út 64

Einfache Weinstuben

- **Villány-Siklósi,** V. Gerlóczy u. 13
- **Tourist Büfe,** VII. Dohány u. 1c
- **Homokgyöngye,** VII. Síp u. 10
- **Olimpia Borozó,** VII. Dob u. 69
- **Csemői Borozó,** VII. Hársfa u. 61
- **Italcsarnok,** XI. Budafoki út 35, Mo-Fr 9-21 Uhr, Sa/So 7-21 Uhr

Feiertage, Freizeit und Sport

Bierstuben – söröző

Bierstuben sind ernom im Kommen, und man findet immer neue. Hier nur einige, die besonders originell oder gemütlich sind. **Selbstgebrautes Bier** findet man bei „Kaltenberg" (s. u.).

- **Polo Pub,** I. Batthyány u. 21, Tel. 2017962, 10-24 Uhr
- **Becket's,** V. Bajcsy-Zsilinszky út 72, Tel. 1111035, 11-1 Uhr. Irisch, Sa Livemusik, auch Restaurant.
- **No. 1,** V. Sas u. 9, Mo-Fr 9-24 Uhr, Sa 18-24 Uhr. Winzig!
- **John Bull,** gleich vier Mal in der Stadt: V. Apáczai Csere János u. 17, Tel. 1186847; V. Podmaniczky tér 4, Tel. 2693116; XI. Budaörsi út 3, 12-24 Uhr, Tel. 2091713, XII. Maros u. 28, Tel. 2142196.
- **Welt Bier Haus,** V. Váci u. 78-80, Tel. 2676223. 170 verschiedene Biersorten.
- **Irish Cat Pub,** V. Múzeum krt. 41, 17 Uhr bis der letzte Gast geht.
- **Fregatt,** V. Molnár u. 26, Tel. 1189997
- **Longford Irish Pub,** V. Fehér hajó u. 5, Tel. 2672766, 10-2 Uhr. Oft Livemusik.
- **Jani's Pub,** V. Királyi Pál u. 8, Tel. 2662619, Mo-Do 16-2, Fr/Sa 16-3, So 18-24 Uhr
- **Crazy Café,** VI. Jókai u. 28, Tel. 2695484, 10-1 Uhr. Zehn Sorten gezapftes und 40 Sorten Flaschenbier. Fr und Sa Jazz.
- **Prager Wenzel Bierhaus,** VII. Rákóczi út 57a, Tel. 1331342. Tschechische Küche.
- **Portside,** VII. Dohány u. 7, Tel. 3518405, Mo-Do 12-2, Fr 12-4, Sa 16-4, So 16-2 Uhr
- **Bierbar zum Berliner Schusterjungen,** VIII. József krt. 31a, 9-22 Uhr
- **Leipziger Bierbar,** VIII. Kiss József u. 1, Mo-Fr 9-23 Uhr
- **Berliner Bierkatakomben,** IX. Ráday u. 9
- **Kaltenberg,** IX. Kinizsi u. 30-32, Tel. 2159792, Mo-Sa 12-24 Uhr. Bayerisch.
- **Kisrabló,** XI. Zenía u. 3, Tel. 2091588, 11-2 Uhr. Neben der technischen Uni.
- **Radegast,** XII. Maros u. 16, 11-23 Uhr, Tel. 2123746. Radegast vom Fass, dazu original slowakische Spezialitäten und auf Wunsch die Rezepte kostenlos dazu. Auch im Freien.

Eis

- Eine sehr gepflegte Adresse ist der **Eissalon Sissi** in der Stefánia út 34 (XIV. Bezirk, Tel. 3430300, 12-22 Uhr, Do und Sa abends Tanz bis 24 Uhr).
- Zu empfehlen auch die **Szamos Marcipán**, V. Párizsi u. 3.

Feiertage

- 1. Januar — Neujahr
- 15. März — Nationalfeiertag
- März/April — Ostermontag
- 1. Mai — Tag der Arbeit
- Mai/Juni — Pfingstmontag
- 20. August — Verfassungstag
- 23. Oktober — Tag der Republik
- 1. November — Tag der Toten
- 25.-26. Dezember — Weihnachten

Freizeit und Sport

Angeln

- **Infos** in Reisebüros, Hotels oder beim Anglerverband (MOHOSZ), VI. Ó u. 3, Tel. 3113232, Fax 3313300.
- Das südlich von Budapest gelegene **Ráckeve** gilt als Anglerparadies.

Badminton

- **Klébi DSE,** II. Kökény u. 44, Tel. 06-30-2535733

Billard

- **Monte Carlo,** II. Török u. 4, Mo-So 12-6 Uhr, Tel. 4380034
- **Cadillac,** III. Szépvölgyi út 15
- **Chip Pól,** VI. Eötvös u. 40, 0-24 Uhr
- **Noiret,** VI. Dessewffy u. 8/10, Tel. 3316103, 14-4 Uhr
- **Texas,** VI. Király u. 34, 0-24 Uhr

FREIZEIT UND SPORT

- **Pannonia Golf & Country Club,** Mariavölgy, 30 Autominuten westlich von Budapest.
- **Paplapos,** 2200 Monor, Paplapos u. 6, Tel. 06-29-411699, Driving-Range und 6-Loch-Platz.
- **Infos** beim Ungarischen Golfverband, VIII. Dózsa György út 1-3, Tel. 2215923 und im Internet unter www.golfservice.hu.

Höhlentouren

- **Pálvölgyi barlang,** II. Szépvölgyi út 162. Montags geschlossen.
- **Szemlőhegyi barlang,** II. Pusztaszeri út 35. Dienstags geschlossen. Sonderführungen unter Tel. 1889537.

Jagen

Ungarn hat bekannte Jagdreviere und interessante Wildbestände. Man wendet sich an einen der unten genannten Jagdveranstalter, von dem man dann eine „Einladung" zugeschickt bekommt. Diese benötigt man an der Grenze und für die Einfuhrerlaubnis der Jagdwaffe. Trophäen dürfen nur mit dem Zertifikat der Jurybewertung ausgeführt werden.

- **MAVAD AG,** I. Budapest, Úri u. 39, Tel. 2016445
- **Pegazus Tours,** IX. Budapest, Lónyai u. 49, Tel. 2150633
- **VADEX,** I. Budapest, Krisztina krt. 41-43, Tel. 3554991
- **Hungarian VIP Service,** I. Úri u. 35, Tel. 2018442
- **Vadőr,** XII. Karvaly u. 10d, Tel. 2751553

Jetski

- In **Szentendre** am Hotel Party, Tel. 06-26311707

Kegeln

- **Hotel Stadion,** XIV. Ifjúság útja 1-3
- **Hotel Tusculanum,** III. Záhony u. 10, Tel. 3887673

Lesen

- Wer deutschsprachige Publikationen sucht, kann am besten der Bibliothek des **Goethe-Instituts** (VI. Andrássy út 24) einen Besuch abstatten.
- Eine fremdsprachige Bibliothek findet man auch in der Molnár u. 11 (V. Bezirk, Mo-Fr 9-20, Mi 12-20 Uhr).
- Die **Széchenyi-Nationalbibliothek** im Flügel F des Burgpalastes hat ebenfalls eine Vielzahl deutschsprachiger Bücher, allerdings ist es nicht leicht, sich dort zurechtzufinden. Bemerkenswert sind die kleinen, auf Schienen verkehrenden Wagen für die Bücher.

Nostalgiefahrten (Eisenbahn)

Fahrten in echter Eisenbahnnostalgie organisiert und vermittelt **MAV Nosztalgia kft.,** V. Belgrád rkp. 26. Dort bekommt man auch Nostalgieartikel, Eisenbahnbücher etc.

Pferderennen

- **Trabrennbahn,** VIII. Kerepesi út 9-11, Mi und So nachmittags
- **Galopprennbahn,** X. Albertirsai út 2, Tel. 2637858, Do und So nachmittags. Das bedeutendste Rennen im Jahr, das Ungarische Derby, findet Ende Juli statt. Das Flair einschlägiger englischer Galopprennbahnen kann hier allerdings nicht erwartet werden – das Wettpublikum strahlt nicht unbedingt aristokratische Exklusivität aus. Platz-, Sieg- und Einlaufwetten sind möglich.

Radfahren

Im Stadtbereich ist Radfahren oft lebensgefährlich. Angenehm, aber klein dafür die Margareteninsel.

- Für **Ausflüge** von Budapest aus eignen sich besonders folgende Touren: Szentendre – Visegrád – Dobogókő – Csobánka; Fót – Galgamácsa – Vác; Érd – Martonvásár – Agárd – Vértesacsa; Dunaharaszti – Ráckeve – Halásztelek; Pilisvörösvár – Zsámbék – Budakeszi.

FREIZEIT UND SPORT

- **Fahrrad-Werkstätten:** Tamás László, I. Hunyadi János u. 4; Antal Szalay, VII. Wesselényi u. 56; Zoltán Karaki, VII. Dózsa György út 6; Árpád Szigeti, VIII. Bacsó Béla u. 45; Szerpentin, XI. Bartók Béla út 72
- Bei Fragen hilft **Tourinform,** Tel. 3179800, oder der **Verband ungarischer Radwanderer** (Magyar Kerékpáros Túrázók Egyesülete), VI. Bajcsy-Zsilinszky út 31. II. 3, Tel. 1112467.
- **Ausleihdienst: Charles Rent-a-bike,** XI. Hegyalja út 23, Tel. 2011796

Reiten

- In der Umgebung von Budapest gibt es eine Reihe von Möglichkeiten für Reitsport, z. B. II. Feketefej u. 2, II. Hidász u. 2, III. Aranyhegyi út 18, VIII. Kerepesi út 7.

Tourinform und das Reisebüro Pegazus Tours informieren und vermitteln. Pegazus organisiert z. B. von April bis Oktober achttägige **Reittouren** für Gruppen (etwa zehn Personen) durch die Puszta oder die Balatongegend. Täglich werden 30–40 Kilometer zurückgelegt. Darüber hinaus gibt es im Frühjahr und Herbst eine zweiwöchige Reittour über eine Strecke von etwa 500 Kilometer (im Frühjahr von Pápa nach Pécs, im Herbst geht die Tour von Visegrád nach Hortobágy).

Segeln, Surfen und Wasserwandern

- **Segelboote** am Balaton können vor Ort gemietet werden, am Velence-See in Agárd. Bei größeren Booten braucht man den Segelschein A. Wer mit eigenem Boot einreist, benötigt eine Triptik.
- **Motorboote** sind auf dem Balaton verboten, Segelboote dürfen jedoch mit Hilfsmotoren angetrieben werden.
- Zum **Windsurfen** eignet sich in der Umgebung von Budapest eigentlich nur der Velence-See, dort wird hauptsächlich am Südufer bei Gárdony (Stehrevier) gesurft.
- **Information:** Pegazus Tours und Balatontourist, 8200 Veszprém, Kossuth út 21.
- **Wasserwandern** ist in Ungarn sehr populär. Auf allen größeren Gewässern werden

zahlreiche Touren organisiert. Die bekanntesten sind die Internationalen Wasserwanderungen auf Donau (TID), Ráb, Theiß, Körös und auf dem Balaton. Die Anmeldung erfolgt über die Gesellschaft ungarischer Naturfreunde (*Magyar Természetbarát Szövetség*, VI. Bajcsy-Zsilinszky út 31, Tel. 3112467).
- **Ausleihe** von Kajaks, Kanus und Ruderbooten in Budapest: Bootshaus Béke, III. Nánási út 97, Tel. 1189303; Bootshaus Hullám, XX. Vízisport u. 14, Tel. 1478334; *Magyar Hajó-és Darugyár Sporttelepe*, III. Hajógyári sziget

Squash

- **TSA Fitnesszentrum,** I. Pálya u. 9, Tel. 3569530
- **City Squash,** II. Marcibányi tér 13, Tel. 3250082
- **Top Squash Club,** II. Széna tér (Mammut-Einkaufszentrum), Tel. 3458193, 7–23 Uhr
- **Lidó Freizeitzentrum,** III. Nánási út 67, Tel. 2502565
- **Hotel Mariott Squash,** V. Apáczai Csere János u. 4, Tel. 2664290
- **Griff Squash & Fitness Club,** XI. Bartók Béla út 152, Tel. 2064065, 7–23 Uhr
- **Zugló Squash Club,** XIV. Szugló u. 60–62, Tel. 3830560, 6–24 Uhr
- **Silver Squash Club,** XX. Török Flóris u. 70, Tel. 2830735
- **Csepel Fitnessstudio,** XXI. Béke tér 1, Tel. 2768455

Tennis/Tischtennis

- **Infos** in Hotels oder an den Anlagen der Margareteninsel.
- III. Királyok útja 105, Tel. 3214972
- III. Virág Benedek u. 39–41, Tel. 3881591
- XII. Acsády u. 1, Tel. 2025337
- XII. Városmajor u. 63–69, Tel. 2025337
- **Tischtennis:** XI. Cirmos u. 8, Tel. 3100644

Vidámpark, Zirkus, Zoo

- im Stadtwäldchen (Városliget)

Wo laufen sie denn?

Fundbüros

- Landesweite Information: 06-80300300
- **Zentrales Fundbüro** *(talált tárgyak hivatala):* V. Erzsébet tér 5, Tel. 1174961.
- **Öffentliche Verkehrsmittel:** VII. Akácfa u. 18, Tel. 3226613
- **Schifffahrtsgesellschaft** MAHART: V. Belgrád rkp., Tel. 1181704
- **Taxis:** Főtaxi: VII. Akácfa u. 20, Tel. 1344787
- **Züge:** I. Krisztina krt. 37a, Tel. 3756593
- **Flughafen:** Terminal 1, Tel. 2953480, Terminal 2, Tel. 2968108

Geld und Banken

Zahlungsmittel ist der **Forint,** der seit Mitte 2001 konvertibel ist. **Banknoten** gibt es zu 200, 500, 1000, 2000, 5000, 10.000 und 20.000 Forint, **Münzen** zu 1, 2, 5, 10, 20, 50, 100 Forint. Fillér (100 Fillér = 1 Forint) sind nicht mehr im Verkehr.

Es besteht keine Umtauschpflicht. Tausch mit Privatpersonen ist untersagt. Vermeiden Sie den (illegalen) **Geldtausch** auf der Straße – es ist meist Trickbetrug.

Forint dürfen unbegrenzt eingeführt werden. Aufgrund des in der Regel besseren Kurses empfiehlt es sich jedoch, keine Forint einzuführen, sondern vor Ort zu tauschen. Die Ausfuhr ist auf 350.000 Forint beschränkt.

Tauschen kann man in den zahlreichen Wechselbüros, in jedem besseren Hotel oder im Reisebüro (Achtung Kursunterschiede). Für **Reiseschecks** bekommt man jedoch bei Banken bessere Kurse als in den Wechselstuben. Gehen Schecks verloren, sofort die

Nationalbank informieren (V. Szabadság tér 8–9, Tel. 4282600).

Wechselautomaten findet man hier: II. Margit körút 43–45, III. Harrer Pál u. 3, V. Károly körút 20, V. Váci u. 40, VI. Andrássy út 49.

Die **Öffnungszeiten** der Banken: Mo–Do 8–14 Uhr, Fr 8–13 Uhr.

Geldautomaten findet man an fast jeder Ecke. Die Anweisungen zur Bedienung bekommt man per Knopfdruck auf Deutsch. Automaten für American Express-Karten befinden sich in der Deák Ferenc u. 10 im V. Bezirk und am Flughafen Terminal 1.

Die gängigen **Kreditkarten** werden in größeren Hotels sowie guten Geschäften und Restaurants akzeptiert. In ländlichen Gegenden hat man jedoch meist Schwierigkeiten damit.

Ausländer dürfen **Devisenkonten** eröffnen. Die Zinsbedingungen sind teilweise nicht uninteressant. Haftung übernimmt der Staat.

Das deutsche und österreichische **Postsparbuch** wird in fast jedem größeren Postamt akzeptiert.

Bis 2010 soll der **Euro** eingeführt werden.

Verlust oder Diebstahl

Bei Verlust oder Diebstahl der **Geldkarte** oder **Reiseschecks** sollte man diese umgehend sperren lassen.

- **EC-/Maestro-Karte,** (D) Tel. 0049-1805-021021; (A) Tel. 0043-1-2048800; (CH) Tel. 0041-1-2712230; UBS: Tel. 0041-8488-88601; Credit Suisse: Tel. 0041-8008-00488
- **Euro-/MasterCard und VISA,** (D) Tel. 0049-69-79331910; (A) Tel. 0043-1-717014500 (Euro/MasterCard) bzw. Tel. 0043-1-71111770 (VISA); (CH) Tel. 0041-44-2008383 für alle Banken außer Credit Suisse, Corner Bank Lugano und UBS
- **American Express,** (D) Tel. 0049-69-97971850; (A) Tel. 0043-1-5450120; (CH) Tel. 0041-17454020

Wechselkurse
Stand: August 2004

1 Euro	= 247 Forint
1 SF	= 161 Forint

Gottesdienste

Deutschsprachige Gottesdienste

- **Heilige Messe,** Franziskanerkirche, I. Fő u. 43, sonn- und feiertags 10 Uhr.
- **Evangelische Kirche,** I. Bécsi kapu tér, sonntags 10 Uhr.
- **Evangelische Kirche,** I. Táncsics Mihály u. 28, sonn- und feiertags 10 Uhr.
- **Reformierte Kirche,** V. Alkotmány u. 15, Erdgeschoss 1a, jeden zweiten und vierten Sonntag im Monat, 10 Uhr.

Information und Reisebüros

Ungarische Touristenämter

- **Tourinform,** V. Vörösmarty tér, 24 Std. geöffnet
- **Ungarischer Tourismusdienst,** Margit krt. 85, 1024 Budapest, Tel. 0036-1-1551691, Fax 1753819, Internet: www.budapestinfo.hu/de
- Ungarn-Plattform im **Internet:** www.ungarn-reisen.de oder www.ungarnaktuell.de
- Siehe auch „Ungarische Touristenämter" im Kapitel „Anreise und Reisedokumente".

Internetcafés

- **Center of Culture & Communication (C3),** I. Országház u. 9, Tel. 2146856
- **Cyber-Sushi,** II. Gábor Áron u. 74–78, Tel. 3915871
- **Internet Rock Café,** II. Kacsa u. 22, Tel. 2160050
- **Matávnet Internet Kávézó** (im Mammut-Kaufhaus), II. Széna tér 2, Tel. 3457450
- **Spider NetCafé,** IV. Árpád út 90–92, Tel. 2720088
- **Wonderline Internet Kávézó,** IV. Árpád út 73, Tel. 2720242
- **BudapestNet,** V. Kecskeméti u. 5, Tel. 3280292
- **EasyNet Internet Café,** V. Váci u. 19–21, Tel. 4850460
- **Eckermann Kávéház,** VI. Andrássy út 24, Tel. 3744076
- **Vista Café and Restaurant,** VI. Paulay Ede u. 7, Tel. 2680888
- **Alcatraz,** VII. Nyár u. 1, Tel. 4786010
- **Internext Stúdió,** VIII. Horanszky u. 26, Tel. 4731060
- **Mathias Rex Internet Café,** VIII. Baross u. 4, Tel. 3384417
- **Castro Bistro,** IX. Rádai u. 35, Tel. 2150184
- **Matávnet Internet Kávézó** (im Kaufhaus Skála), XI. Október 23 u. 6, Tel. 4647080
- **Plaza Internet Club and Cyber Café,** XIII. Váci út 1, Tel. 4651126

IBUSZ-Vertretungen (Staatliches Reisebüro)

- **in Deutschland:** 50676 Köln, Kartäuserhof 13–15, Tel./Fax 0221-313014
- **in Österreich:** 1010 Wien, Kärntner Straße 26, Tel. 0043-1-5123618;
- **in der Schweiz:** 8002 Zürich, Bederstr. 97, Tel. 0041-1-2011760, Fax 2026538

Einige Reisebüros

- **American Express,** V. Deák Ferenc u. 10, Tel. 2668686
- **Budapest Tourist,** V. Roosevelt tér 5, Tel. 1173555
- **IBUSZ,** das staatliche ungarische Reisebüro, wurde 1902 gegründet und ist damit das zweitälteste Reisebüro der Welt. Filialen gibt es in sämtlichen größeren Hotels und in allen größeren Städten Ungarns. Budapest, V. Vörösmarty tér 5, Tel. 1172322.
- **Hunguest,** V. Váci u. 42, Tel. 1181117
- **Vista,** VI. Andrássy út 1, Tel. 2696032, 2696033, Mo–Fr 9–18 Uhr, Sa 9–14.30 Uhr

Fluggesellschaften

- **Austrian Airlines,** V. Régiposta u. 5, Tel. 3279080
- **CSA,** V. Vörösmarty tér 2, Tel. 3183175
- **Lauda Air,** V. Aranykéz u. 4–6, Tel. 2663169
- **Lufthansa,** V. Váci u. 19–21, Tel. 4119900
- **MALÉV,** V. Roosevelt tér 2, Tel. 2353215
- **Swiss,** V. Kristóf tér 3, Tel. 3285000
- **KLM,** VIII. Rákóczi u. 1–3, Tel. 3737737

Stadtplan

Wer in Budapest unterwegs ist, sollte sich einen **Stadtplan** *(Budapest térkép)* kaufen; man erhält ihn am Fahrkartenschalter der Metro, an den HÉV-Haltestellen und an Kiosken.

Kriminalität

Die Kriminalität hat nach dem Zusammenbruch des Sozialismus enorm zugenommen. Schwere Gewaltverbrechen und Drogenkriminalität sind aber noch relativ selten im Vergleich zu westlichen Großstädten, obwohl sich Budapest zu einer Drehscheibe des **Rauschgifthandels** entwickelt. Häufig kommt es dagegen zu Taschendiebstählen, Trickbetrug beim Schwarztausch und Autodelikten (Einbruch,

Medien, Museen und Galerien

Diebstahl). Illegaler Straßenverkauf und Hütchenspiel hatten zwischenzeitlich so überhand genommen, dass die Polizei massiv dagegen vorging. Abends ist die Stadt relativ sicher.

Medien

Radio

Kommerzielle Dudelsender auf UKW sind Juventus (89.5), Star (92.9), Klubradio (95.3), Roxi (96.4), Tilos (98.0), Fiksz (98.0), Civil (98.0), Pesti Est (98.6), Radio 1 (100.3), Sláger (100.8), Bridge (102.1) und Danubius (103.3). Die Sender des ungarischen Rundfunks sind Petőfi (94.8), Bartók (105.3) und Kossuth (105.9). Der Ungarische Rundfunk sendet täglich von 19.30–20 Uhr und von 21.30–22 Uhr (So 19–20 Uhr) Nachrichten in deutscher Sprache. Diese können auf Kurzwelle 39, 75 KHz und 61, 775 KHz empfangen werden. **Reiserufe** können an Radio Danubius unter Tel. 1387645 gerichtet werden.

Fernsehen

Neben den zwei staatlichen Fernsehanstalten operiert mittlerweile auch ein halbes Dutzend privater Betreiber in Budapest. In Ungarn wird das SECAM-Farbsystem verwendet. Früher wurde montags nicht gesendet – eine geniale Regelung, die leider in Vergessenheit geraten ist. Fast alle Einrichtungen verfügen mittlerweile über Satellitenanschluss.

Zeitungen und Zeitschriften

Ausländische Zeitungen und Zeitschriften sind an größeren Zeitungsständen und in Hotels erhältlich. Aktuelle Informationen findet man in den deutschsprachigen Wochenzeitungen **Budapester Zeitung** (www.budapester.hu) und **Neuer Pester Lloyd** (www.pesterlloyd.de). Über die Balaton-Region berichtet die **Balaton-Zeitung** (www.balaton-zeitung.de).

Das Wochenblatt der Ungarndeutschen heißt „**Neue Zeitung**", ist aber für Touristen wenig interessant (Infos unter Tel. 1326334).

Auf Englisch erscheinen die Wochenzeitungen **Budapest Week** (www.budapestweek.hu) und **Budapest Sun** (jeden Do, www.budapestsun.com). Nur in kleiner Auflage wird das **Budapest Business Journal** (www.bbj.hu) herausgegeben.

Museen und Galerien

„Wirt, zahlen!"
Grabsteininschrift des
Claudius-Eroticus
(römische Ausgrabungen Budapest)

Überblick

In Budapest findet man mittlerweile um die 50 Museen, darunter nicht alltägliche, wie beispielsweise das Flaggen-, das Feuerwehr- oder das Bibelmuseum. Der letzte Neuzugang in der Budapester Museenlandschaft ist das

MUSEEN UND GALERIEN

einer Uhrensammlung ist der Esterhazy-Schatz die größte zusammenhängende Sammlung.

- **Kunstgewerbemuseum**, VIII. Üllői út 33, 10–18 Uhr

Völkerkundemuseum

Mit dem edlen Prunk des Völkerkundemuseums (unbedingt einen Blick riskieren) kann es allerdings auch das Kunstgewerbemuseum nicht aufnehmen. Einst das Gebäude des Obersten Gerichtes, ist es heute mit 150.000 Objekten eines der bedeutendsten Museen dieser Art in Europa. Neben den Exponaten zur ungarischen Volkskunst und zur Alltagskultur ist vor allem die Sammlung zu den Südseeinseln zu nennen.

- **Völkerkundemuseum**, V. Kossuth tér 12, 10–18 Uhr

Museum der Bildenden Künste

Das Museum der Bildenden Künste am Heldenplatz, dessen Tympanon übrigens eine Nachbildung des am Zeus-Tempel von Olympia befindlichen ist, beherbergt Werke ausländischer Künstler, während ungarische Kunst in der Nationalgalerie im Burgpalast zu sehen ist. Die **Galerie Alter Meister** ist die größte und wertvollste Sammlung des Museums, wobei die Sammlung spanischer Maler in Europa, abgesehen von den spanischen Museen, nur mit der Ermitage zu vergleichen ist. Neben *Goyas* „Erschießung" und *Velázquez* „Bauernmahlzeit" sieht man hier u. a. auch Werke von *El Greco*.

In der **Sammlung deutscher Meister** sind Namen wie *Holbein*, *Cranach d. Ä.* und *Maulbertsch* vertreten. Hier findet man auch *Dürers* „Bildnis eines Mannes", das ursprünglich Teil der Brüsseler Sammlung eines Habsburger Erzherzogs war und über die Wiener kaiserlichen Hofsammlungen und die Burg in Pressburg in die Wohnung des Kammerpräsidenten von Buda gelangte. 1848 kam das Werk auf Weisung von *Lajos Kossuth* ins Nationalmuseum.

Von den **niederländischen Malern** sind Werke von *Brueghel d. Ä.*, *Rembrandt* (Alter Rabbiner), *Hals*, *Rubens* und *van Dyck* zu sehen. Das Filetstück der italienischen Sammlung ist *Raffaels* „Esterhazy Madonna", die Ende 1983 zusammen mit sechs anderen Bildern gestohlen wurde, glücklicherweise aber in Griechenland wieder sichergestellt werden konnte. Von den gestohlenen Gemälden erschien sogar ein Briefmarkenblock. Außerdem sieht man Arbeiten von *Bellini*, *Canaletto*, *Tiepolo*, *Tizian* und *Tintoretto*.

In der **Sammlung moderner Malerei** ist vor allem die französische Komponente reichhaltig. *Cezanne*, *Delacroix*, *Gauguin*, *Manet* (Dame mit Fächer), *Monet*, *Renoir* und *Toulouse-Lautrec*, um nur einige zu nennen. In der Kunst des 20. Jh. findet man *Chagall*, *Picasso*, *Kokoschka* und *Vasarely*. (Ein Vasarely-Museum gibt es am Fő tér 1, III. Bezirk.)

Klassizistisch: Giebel des Nationalmuseums

MUSEEN UND GALERIEN

Die **Skulpturenausstellung** zeigt die berühmte Reiterstatuette von *Leonardo da Vinci*, daneben Holzstatuen aus *Riemenschneiders* Werkstatt und eine Arbeit aus der Schule von *Veit Stoß*. Werke von *Rodin* und *Maillol* sind in der Sammlung moderner Bildhauerei zu sehen.

- **Museum der Bildenden Künste,** XIV. Hősök tere

Budapester Historisches Museum

Eine Anzahl von Ausstellungen gehören zum Budapester Historischen Museum, so die römischen Ausgrabungsstätten (Aquincum – Museum der Bürgerstadt, Táborvárosi Múzeum – Museum der Militärstadt). In **Aquincum** sieht man die Bronzereste der einzigen erhaltenen römischen Wasserorgel sowie deren funktionstüchtige Nachbildung. Die Wasserorgel war im Jahre 288 n. Chr. der örtlichen Feuerwehr geschenkt worden. Auch das älteste in Ungarn gefundene Schriftdokument (19 n.Chr.) wird hier gezeigt.

- **Budapester Historisches Museum,** I. Szent György tér 2, Burgpalast, Flügel E, 10–16 Uhr
- **Aquincum,** III. Szentendrei út 139, Mai–Okt. 10–18 Uhr

Nationalgalerie

Eine bedeutende **Sammlung gotischer Skulpturen** wird im Burgpalast gezeigt. Erst 1974 wurden die 62 teilweise gut erhaltenen Stücke bei Restaurierungsarbeiten am Königspalast gefunden. Die etwa 500 Jahre lang verschütteten Kunstwerke schmückten damals vermutlich die Palastfassaden.

Im ersten und zweiten Stock des Burgpalastes ist die **Ungarische Nationalgalerie** untergebracht. Im dritten Stock des Flügels A ist ein Teil der **Ludwig-Sammlung** zu sehen. Die durch eine Schenkung der Aachener Ludwig-Stiftung zustande gekommene, ständige Ausstellung zeigt zeitgenössische Werke der bildenden Kunst, etwa von *Beuys* und *Picasso*.

- **Nationalgalerie,** I. Dísz tér 17, Burgpalast, Flügel B, C, D, 10–16 Uhr

Parlament

Das größte Bauwerk Ungarns beherbergt die **ungarischen Krönungsinsignien** – die Stephanskrone, das Zepter, den Reichsapfel, das Schwert sowie den Krönungsmantel (siehe Kapitel „Die Stephanskrone"). Weitere museale Sehenswürdigkeiten sind Gemälde und Statuen von *Mihály Munkácsy* (am bekanntesten das Werk „Landnahme"), *Károly Lotz* oder *György Kiss*. Besichtigungen sind nur in geführten Gruppen möglich. Anmeldungen über Hotels und Reisebüros, Infos unter www.parlament.hu oder Tel. 4414904.

- **Parlament,** V. Kossuth Lajos tér

Kunsthistorisches Museum Wien

Nennen muss man vielleicht auch das Kunsthistorische Museum in Wien. Dort ist nämlich ein 1799 im ungarischen Nagyszentmiklós (der Geburtsort *Bartóks*; heute Sónnicolau Mare, Rumänien) gefundener rätselhafter Goldschatz, der so genannte **„Attila-Schatz",** ausgestellt. *Kaiser*

Museen und Galerien

Franz II. ließ die 23 und insgesamt zehn Kilogramm schweren, reliefverzierten und wegen des reinen Goldes völlig unversehrten Krüge, Becher, Kelche und Schalen nach Wien bringen. Man weiß bis heute nichts mit den Inschriften – teils griechisch, teils Runen – anzufangen. Ein Stierkopfdetail auf einem der Trinkgefäße bildete das Motiv für die auf dem mittleren Turm des Postsparkassen-Gebäudes zu sehenden Stierköpfe (Szabadság tér).

In der Wiener Schatzkammer liegt auch eine der ältesten Arbeiten des ungarischen Kunsthandwerks, ein sehr gut erhaltener Säbel mit goldbeschlagenem Griff und kupferverzierter Eisenklinge aus dem 9. Jh. Sehenswert auch die türkische Vasallenkrone des Siebenbürger Fürsten *István Báthory*.

Alle Museen von A–Z

- **Apothekenmuseum** (früher Alchemistenlabor, Mumienkopf), I. Tárnok u. 18, 10.30–17.30 Uhr
- **Architekturmuseum**, III. Mókus u. 20
- **Aquincum** (römische Ausgrabungen und Funde, ausführlich s. o.), III. Szentendrei út 139, Mai–Okt. 10–18 Uhr
- **Attila-József-Museum**, IX. Gát u. 3
- **Béla-Bartók-Gedenkhaus**, II. Csalán út 29, 10–18 Uhr
- **Bibelmuseum**, IX. Ráday u. 28, 10–17 Uhr
- **Briefmarkenmuseum**, VII. Hársfa u. 47
- **Budapester Historisches Museum,** I. Szent György tér 2, Burgpalast Flügel E, 10–16 Uhr (ausführlich s. o.)
- **Burgkatakomben**, I. Országház u. 16
- **China-Museum**, VI. Városligeti fasor 12 (Ráth Villa), 10–18 Uhr
- **Endre-Ady-Gedenkmuseum**, V. Veres Pálné u. 4–6
- **Evangelisches Landesmuseum**, V. Deák tér 4, 10–18 Uhr
- **Feuerwehrmuseum**, X. Martinovics tér 12, Di–Fr 9–16 Uhr
- **Filmgeschichte-Museum**, XIV. Róna u. 174
- **Flaggenmuseum**, VIII. József krt. 68
- **Fluggeschichtliches Museum**, XIV. Zichy Mihály út (in der Petőfi-Halle), Apr.–Okt. 10–18 Uhr
- **Franz-Liszt-Museum**, VI. Vörösmarty u. 35, Mo–Fr 10–18 Uhr, Sa 9–17 Uhr.
- **Friedhofsmuseum**, VIII. Fiumei út (auf dem Kerepeser Friedhof), Mo–Fr 8–15 Uhr
- **Gedenkmuseum** der Literaturzeitschrift „Nyugat" (Westen), XII. Városmajor u. 48b, 10–14 Uhr
- **Gießereimuseum**, II. Bem József u. 20, Mo 9–15 Uhr, Di–So 9–16 Uhr
- **Gizi-Bajor-Schauspielermuseum**, XII. Stromfeld Aurél út 16, Di, Do 15–19 Uhr, Sa/So 10–18 Uhr
- **Gül-Baba-Türbe**, II. Mecset u. 14, Apr.–Okt. 10–18 Uhr, Nov.–März 10–14 Uhr

Funktioniert: Nachbildung der Wasserorgel

Museen und Galerien

Mit Liszt und Tücke im Musikhistorischen Museum: Liszt-Portrait von Munkácsy

- **Handels- und Gastgewerbemuseum,** I. Fortuna u. 4, 10–18 Uhr
- **Holocaust-Museum,** IX. Páva u. 39, Di–So 10–18 Uhr
- **Haus des Terrors,** VI. Andrássy út 60, Di–So 10–18 Uhr
- **Jókai-Gedenkmuseum,** XII. Költő u. 21, 10–14 Uhr
- **Jüdisches Gebetshaus,** I. Táncsics Mihály u. 16.10–14 Uhr, Sa/So 10–18 Uhr.
- **Jüdisches Landesmuseum,** VII. Dohány u. 2, neben der Synagoge, Apr.–Okt. Mo, Do 14–18 Uhr, Di, Mi, Fr, So 10–13 Uhr
- **Kassák-Gedenkmuseum,** III. Fő tér 1, im Zichy-Schloss, 10–18 Uhr
- **Kirchenkunstsammlung** in der Matthiaskirche, I. Szentháromság tér, 9–19 Uhr
- **Kirchenkunstsammlung** in der Stephansbasilika, V. Szent István tér, Mo–Sa 10–16 Uhr, So 13–16 Uhr
- **Kiscelli-Museum,** III. Kiscelli u. 108. Teil des Budapester Historischen Museums (Grafik, Malerei und Bildende Kunst des 19./20. Jahrhunderts).
- **Kriminal- und Polizeigeschichtliches Museum,** VIII. Mosonyi u. 7
- **Kunstgewerbemuseum,** VIII. Üllői út 33, 10–18 Uhr (ausführlich s. o.)
- **Kunsthalle** (Műcsarnok), XIV. Hősök tere. Di–So 10–18 Uhr, Tel. 3437401. Zeitgenössische Kunst.
- **Landwirtschaftsmuseum,** XIV. Városliget, in der Burg Vajdahunyad, 10–17 Uhr
- **Literarisches Museum Petőfi,** V. Károlyi Mihály u. 16, 10–18 Uhr
- **Militärhistorisches Museum,** I. Kapisztrán tér 2/4, Di–Fr 9–17 Uhr, So 10–18 Uhr
- **Museum für Zeitgeschichte,** I. Dísz tér 17, Burgpalast Flügel A, 10–16 Uhr
- **Musikhistorisches Museum,** I. Táncsics Mihály u. 7, Mo 16–21 Uhr, Mi–So 10–18 Uhr
- **Metromuseum,** V. Unterführung am Deák tér, 10–18 Uhr
- **Museum der Bildenden Künste,** XIV. Hősök tere (ausführlich s. o.)
- **Museum der römischen Lagerstadt,** III. Pacsirtamező u. 64, vom 15. April bis 1. November 10–14 Uhr, Sa/So 10–18 Uhr
- **Museum für Elektrotechnik,** VII. Kazinczy u. 21, Di–Sa 11–17 Uhr
- **Museum für Theatergeschichte,** I. Krisztina krt. 57
- **Mühlenmuseum,** IX. Soroksári út 24
- **Napoleonmuseum & Galerie,** XX. Ady Endre u. 82
- **Nationalgalerie,** I. Dísz tér 17, Burgpalast, Flügel B, C, D, 10–16 Uhr (ausführlich s. o.)
- **Nationalmuseum,** VIII. Múzeum krt. 14, 10–18 Uhr (ausführlich s. o.)
- **Naturwissenschaftliches Museum,** Mineralsammlung, Tierwelt, etc. im Nationalmuseum. Pflanzen in Vajdahunyad.
- **Olof-Palme-Haus,** VIX. Városliget, Olof Palme sétány, 10–18 Uhr
- **Ostasiatisches Museum „Ferenc Hopp",** VI. Andrássy út 103, 10–18 Uhr
- **Postmuseum,** VI. Andrássy út 3, 10–18 Uhr

NETZSPANNUNG, NOTRUFE UND ÄRZTLICHE HILFE

- **Salatbar:** II. Budaer Brückenkopf der Margaretenbrücke, an der Uferstraße
- **Zahnarzt:** VI. Király u. 14, Tel. 1227010
- **Privatzimmerdienst:** IBUSZ, V. Apáczai Csere János u. 1, Tel. 1184848
- **Casino:** VI. Nagymező u. 26

Netzspannung

Die Netzspannung beträgt 220 V, 50 Hz. Die in Deutschland verwendeten Stecker passen, allerdings haben nur neuere Gebäude Steckdosen mit Schutzleiter. Ältere Häuser und somit die meisten Privatwohnungen entsprechen folglich nicht westeuropäischen Sicherheitsvorschriften. Also ist Vorsicht geboten.

Notrufe und ärztliche Hilfe

Polizei (rendőrség)	107
Polizei (fremdsprachig)	061-4388080
Feuerwehr (tüzoltók)	105
Pannenhilfe (Gelbe Engel)	188
Notarzt (mentők)	104
Falk Notarztwagen (westlicher Standard)	2000100

Erste Hilfe ist kostenlos. Deutsche müssen vor der Reise eine **Auslandskrankenversicherung** abschließen, die Behandlung zunächst bezahlen und dann mit ihrer Kasse abrechnen. Da es kaum Privatpraxen gibt, gilt jede Behandlung in einem Krankenhaus als kassenärztlich. **Ambulante Behandlungen** übernehmen:

- **János-Krankenhaus** (János korház), XII. Diós árok út 1, Tel. 561591
- **Jahn-Ferenc-Krankenhaus,** XX. Köves út 2–4, Tel. 572722
- **Medicover Klinik,** II. Felső Zöldmáli út 13, Tel. 3259999

Apotheken

Medikamente sind nur in Apotheken (*gyógyszertár* oder *patika*) und meistens nur auf Rezept zu haben. Am Eingang jeder Apotheke ist die nächstliegende Nachtapotheke angegeben. Ständig geöffnet sind die Apotheken:

- II. Frankel Leó út 22, Tel. 1158290
- VI. Teréz krt. 95, Tel. 1114439
- VII. Rákóczi út 86, Tel. 1229613 (am Ostbahnhof)
- XI. Kosztolányi Dezső tér 11, Tel. 1666494
- XII. Alkotás u. 1b, Tel. 1554691 (am Südbahnhof)
- XIV. Bosnyák tér 1a, Tel. 1830391

Zahnkliniken (deutsch)

- II. Széher út 11, Tel. 2750756
- II. Moszkva tér 4, Tel. 3165087
- VI. Teréz krt. 6, Tel. 3423882
- VI. Szalmás Piroska u. 21b, Tel. 0630-9890688
- VII. Madách tér 7, III. 2., Tel. 2681084
- XII. Istenhegyi út 31, Tel. 2245434
- XII. Zugligeti út 60, Tel. 2751455
- XIII. Szent István krt. 2, I. 1, Tel. 3493246 (Direktabrechnung mit deutscher Krankenkasse möglich)

> **Zahnärztliche Bereitschaft**
>
> - **Tag und Nacht geöffnet** ist die Zahnarztpraxis VI. Király u. 14, Tel. 1227010.

Treppenaufgang zum Postmuseum

Post und Telefon

Öffnungszeiten

Öffnungszeiten der Postämter (*posta*): Mo–Fr 8–18 Uhr, Sa 8–12 Uhr.

Länger geöffnet sind die nachfolgenden Postfilialen:

- **am Westbahnhof** (VI. Teréz krt. 51–53), 7–21 Uhr, (So 8–20 Uhr)
- **am Ostbahnhof** (VIII. Baross tér 11c), Mo–Sa 7–21 Uhr

Briefverkehr

Briefkästen (*postaláda*) sind grundsätzlich rot (mit Posthorn). Die Budapester **Postleitzahlen** sind vierstellig und beginnen mit 1. Die mittleren beiden Zahlen entsprechen dem Stadtbezirk, was sehr nützlich ist, denn allein in Budapest gibt es 12 Petőfistraßen – bis jetzt.

Wichtige Begriffe

Luftpost	légiposta
Eilbrief	express
Telegramm	távirat
Einschreiben	ajánlott levél
Briefmarke	bélyeg

Tarife

für eine Postkarte (*képeslap*) bzw. einen Brief (*levél*) bis 30 g in Forint:

	Brief
Inland	48
Europäisches Ausland	150
Außerhalb Europas	170

Bei nichtstandardisierten Formaten gelten höhere Tarife. Die Luftpostgebühr beträgt 20 Forint pro 20 g Gewicht.

Postlagernde Sendungen: Magyar Posta, Petőfi Sándor u. 13–15, H-1052 Budapest.

Telefon

Öffentliche **Telefonzellen** funktionieren mit Münzen (20, 50, 100 Forint) oder Telefonkarten (*telefonkártya*), die 800 oder 1800 Forint kosten. Der Mindesteinwurf für Ortsgespräche beträgt 20 Forint, für das Inland 40 Forint und für Auslandsgespräche 60 Forint.

Für **Inlandsferngespräche** die 06 wählen, danach Vorwahl ohne 0, und schließlich die Rufnummer. Bei **Auslandsgesprächen** zunächst 00, dann die Landesvorwahl und Rufnummer. Die neueren Telefone können mehrsprachig Anweisungen geben und sind auch vom Ausland aus rückrufbar. Die internationale Vorwahl Ungarns ist 36, Budapest hat die Vorwahl 1. Mit der **Nummer 191** kann die zentrale Vermittlung angewählt werden.

In der Telefonzentrale der Hauptpost (V. Petőfi u. 17–19) kann man auch **handvermittelte Ferngespräche** führen und **faxen**. Mo–Fr 8–20 Uhr, Sa 8–15 Uhr.

Das **Mobilfunknetz** ist gut ausgebaut. Alle deutschen Netzwerkbetreiber haben Roaming-Abkommen mit einer ungarischen Gesellschaft. Preiswerter als das Telefonieren per Handy ist die Kommunikation über **SMS**.

Shopping

Buchantiquitäten

Hier muss man mitunter ausgiebig suchen, bis man fündig wird, aber es gibt nicht selten deutsche Bücher, Stiche und Landkarten zu vernünftigen Preisen.

- V. Váci u. 28
- V. Múzeum krt. 15
- V. Múzeum krt. 35
- V. Bajcsy-Zsilinszky út 50
- V. Ferenciek tere 3
- V. Kálmán Imre u. 16
- V. Szent István krt. 3
- V. Múzeum krt. 17 (Musik)
- VI. Andrássy út 2 (1. Etage nicht vergessen)
- VI. Andrássy út 56
- VIII. József krt. 55-57
- XI. Bartók Béla út 25 (Technik)

Bücher & Landkarten

- **Litea,** I. Hess András tér 4, hinter der Toreinfahrt. Schmökern und schlemmen.
- **Utazók térképboltja,** V. Sas u. 1. Der Ort für Landkarten.
- **Corvina,** V. Kossuth Lajos u. 4
- **Egyetemi könyvesbolt,** V. Kossuth Lajos u. 18, oben. Auch Fachbücher.
- **Idegennyelvü Könyvesbolt,** V. Ferenciek tere 5, in der Passage Páriser Hof. Auch Stadtpläne und Karten.
- **Könyvértéka,** V. Honvéd u. 5 (oben)
- **Libri,** V. Váci u. 32 (fremdsprachig)
- **Pont,** V. Mérleg u. 6. Bücher und Tee.
- **Stúdium,** V. Váci u. 22. Oben auch fremdsprachige Fachbücher.
- **Láng,** XIII. Pozsonyi út 5 (bis 23 Uhr)

Jagdartikel

- V. Harmincad u. 2
- VI. Andrássy út 12
- VII. Wesselényi u. 74

Lebensmittel

Salami, Gänseleberpastete, Paprika- und Knoblauchzöpfe, russischen Sekt und Kaviar gibt es in allen Delikatessengeschäften. Ich muss allerdings darauf hinweisen, dass der Kaviarkonsum eine ernste Bedrohung für den Stör darstellt, und dass vor dem Genuss von Gänsestopfleber tierquälerische Methoden stehen.

- I. Országház u. 16, Di-Fr 8-18 Uhr, Sa/So 10-18 Uhr
- II. Csatárka u. 54
- V. Gerloczy u. 3, Mo-Fr 10-18 Uhr, Sa 10-13 Uhr. 400 Sorten Käse.
- IX. Gubacsi u. 6

Porzellan und Glas

U. a. Porzellan aus den Manufakturen *Herender, Zsolnay* und *Hollóháza:*

- I. Margit krt. 24
- II. Bem rpk. 37
- V. Kígyó u. 4
- V. Váci u. 23 und 68
- V. Pilvax köz 1
- V. Kossuth Lajos u. 4
- V. József Attila u. 7
- V. Irányi u. 1
- VI. Bajcsy-Zsilinszky u. 23
- VII. Rumbach Sebestyén u. 3

Reitsportartikel

- I. Országház u. 18
- II. Margit u. 27
- V. Irányi u. 7
- V. Vámház krt. 10. Traditionelle Reitstiefel in Handarbeit gefertigt.
- VIII. József krt. 69. Eigene Produktion in Handarbeit.

CDs, Kassetten, Schallplatten und Noten

- **Fonográf,** V. Nagy Ignác u. 16
- **Hungaroton,** V. Vörösmarty tér 1, Tel. 1382721
- **Interdisc,** V. Szende Pál u. 1
- **Rózsavölgyi,** V. Szervita tér 5, Tel. 1183500. Große Auswahl an Klassik.

- **CD bár,** VI. Székely Mihály u. 10, Mo–Fr 10–20, Sa 10–16 Uhr. Große Auswahl ungarischer Jazz-CDs.
- **Labiritmus,** VI. Teréz krt. 11
- **Liszt Zeneműbolt,** VI. Andrássy út 45
- **Wave,** VI. Révai köz 2
- **Concerto,** VII. Dob u. 33. Nur Klassik.
- **Erkel Ferenc könyvesbolt,** VII. Erzsébet krt. 52
- **Solaris,** XIII. Szent István krt. 1

„Budapester" Schuhe

- **Vass,** V. Haris köz 2, Tel. 3182375, Mo–Fr 10–18 Uhr, Sa 10–14 Uhr
- **Zábrák,** V. Erzsébet tér 7–9 (im Hotel Kempinski)

Sonstiges

- **Abzeichenmacher,** Lajos Berényi, VII. Király u. 27
- **Bilderrahmen,** Lajos Tokaji, VII. Hársfa u. 57
- **Bioläden,** I. Krisztina krt. 77, V. Garibaldi u. 5, VI. Nagymező u. 23
- **Bonsai-Zentrum,** V. Vámház krt. 8
- **Briefmarken,** V. Irányi u. 7, V. Szabadsajtó u. 6, V. Váci u. 63, VII. Kazinczy u. 3, VI. Teréz krt. 79, VI. Oktogon, XII. Nagyenyed u. 9
- **Exotische Kleidung,** Schmuck etc., V. Károlyi krt. 10
- **Kunststickerei und Fahnenmacher,** VII. Klauzál tér 16
- **Glasschleifer,** Károly Freund, VIII. Baross u. 6
- **Handschuhe,** V. Haris Köz 2
- **Hemdenmacher,** György Fleischer, VI. Nagymező u. 7
- **Holzspielzeug,** VIII. Baross u. 46
- **Knopfmacher,** Dénes Vándorffy, V. Váci u. 75
- **Metalldrucker,** András Amaczi, XI. Lágymányosi u. 2
- **Metallkunstgegenstände,** Hohlfeld, VII. Wesselényi u. 15
- **Schildermaler,** Sándor Puskás, VI. Rudas László u. 18
- **Schmiedeeisen,** XII. Városmajor u. 26d, Mo–Fr 10–17
- **Schneider,** István Hima, II. Frankel Leó u. 68b; István Berecz, V. Dorottya u. 9; Gyula Marosi, V. Kigyó u. 4–6 II. 1b
- **Spielzeug,** X. Ráday u. 47, XIII. Szent István krt. 12
- **Tätowierungen,** II. Pacsirtamező út 163; IV. Árpád út 98; V. Király Pál u. 6, Tel. 1177991; Crazy Tattoo, IV. István tér 2, 19–22 Uhr; VIII. Fiumei út 3–5; Peter's Tattooland, VIII. Népszínház u. 42–44, Mo–Fr. 11–18 Uhr
- **Zinnfiguren,** XI. Fadrusz u. 14

Volkskunst & Kunstgewerbe

Volkskunstartikel wie Korb- und Töpferwaren, Stickereien, Webereien und Schnitzwaren:

- I. Tárnok u. 1 und 8
- I. Országház u. 12–16
- V. Váci u. , V. Kossuth Lajos u. 2
- VII. Rákóczi út 32

Qualitätsweine und Obstschnäpse

- I. Váci u. 30, Tel. 2667110
- I. Szentháromsag tér 6, Tel. 2121030, Mo–So 11–19 (Verkostung)
- I. Batthyány u. 59, Tel. 2122569, Mo–Fr 10–20, Sa 10–18 (Sa auch Verkostung)
- II. Medre u. 23, Tel. 1753581
- V. József Attila u. 12, Tel. 1175919
- V. Cukor u. 4, Tel. 1184467, Mo–Fr 10–20 Uhr, Sa 10–16 Uhr
- V. Régiposta u. 7–9, Tel. 1187972
- V. Párizsi u. 1, Tel. 1182683
- VI. Házgyári u. 1, Tel. 1812553
- VIII. Rákóczi út 17, Mo–Sa 9–19 Uhr, Tel. 3384219 (Haus des ungarischen Palinka)

Sommeruniversitäten

In den Sommermonaten Juni bis August finden in vielen Städten des Landes (Budapest, Debrecen, Eger, Esztergom, Gyula, Kecskemét, Keszthely, Miskolc, Sárospatak, Sopron, Pécs, Szombathely, Szeged und Salgotarján) wissenschaftliche und populärwissenschaftliche Sommerkurse statt.

arten schwer betroffen. Die ökologischen Langzeitschäden sind schwer abschätzbar. Das Jahrhunderthochwasser der Theiß im April 2000 verschlimmerte die Situation noch weiter.

Unterhaltung

Das Kulturangebot der Bühnen ist sehr gut – sowohl quantitativ als auch qualitativ. Da Theateraufführungen den deutschsprachigen Besucher meist weniger interessieren, ist in erster Linie das Musikangebot zu nennen. Zu den Veranstaltungen in den etablierten Häusern kommen eine große Anzahl sonstiger Aufführungen und im Sommer noch viele Freiluftkonzerte.

Die wichtigste **Konzertstätte** ist die **Musikakademie** mit zwei Sälen. Daneben finden in der Pester Redoute (oft) und im Budapester Kongresszentrum (seltener) Veranstaltungen statt. Beliebt sind Konzerte in der Matthiaskirche, im Dominikanerhof des Hilton, im Liszt-Museum, in der Basilika und im Bartók-Gedenkhaus.

Die Staatsoper und das Erkel-Theater sind die zwei **Opernbühnen** der Stadt, haben allerdings ein gemeinsames Ensemble.

Das Operettentheater ist was für echte „ungarische" Eindrücke.

Dazu kommen einige mehr oder weniger gute **Vergnügungsetablissements** oder die Nachtlokale der großen Hotels. Über einschlägige Programme, Adressen, Preislage usw. kann Sie jeder Taxifahrer oder jede Hotelrezeption informieren. Einige Bars sind im Kapitel „Essen und Trinken" aufgeführt.

Wichtige Musikstätten

- **Budaer Redoute** *(Budai Vigadó)*, I. Corvin tér 8, Tel. 2013766
- **Bartók-Gedenkhaus,** II. Csalán u. 29, Tel. 3942100
- **Pester Redoute** *(Pesti Vigadó)*, V. Vigadó tér 2, Tel. 3274300
- **Donau Palast,** V. Zrinyi u. 5, Tel. 1172754
- **Staatsoper** *(Magyar Állami Opera)*, VI. Andrássy út 22, Tel. 3312550
- **Musikakademie** *(Zeneakdémia)*, VI. Liszt Ferenc tér 8, Tel. 3414788
- **Operettentheater,** VI. Nagymező u. 17, Tel. 2693870
- **Erkel-Theater** (Opernhaus), VIII. Köztársaság tér 30, Tel. 3330108
- **Kongresszentrum Budapest,** XII. Jagelló út 1–3, Tel. 1869588
- **Lustspielhaus,** XIII. Pannonia u. 1, Tel. 2695340

Jazz

- **Jazz Café,** V. Balassa Bálint u. 25, Tel. 2695506, 18–2 Uhr; schrille Einrichtung und wenig Platz.
- **Jazz Garden,** V. Veres Pálné u. 44a, Tel. 2267364, Mo-Do, So 18–1 Uhr, Fr/Sa 18–2 Uhr. Club und Restaurant.

Größeres Haustier: der Komondor

Unterhaltung

- **New Orleans Music Club,** VI. Lovag u. 5, Tel. 0620-4517525, 18–2 Uhr; Bühne für Jazz, aber auch andere Musikveranstaltungen am Budapester „Broadway"; Restaurant.
- **Jazz & Blues „A diákkocsma",** VII. Marek u. 5, Tel. 0620-9559895, Mo–Do 15–1 Uhr, Fr/Sa 15–2 Uhr, So 15–24 Uhr
- **Közgáz Jazz Club,** IX. Kinizsi u. 6, Tel. 2175110, nur freitags.
- **Benkó Dixieland Klub,** IX. Török Pál utca 3, Tel. 2183023112; Hausclub der *Benkó Dixieland Band* (siehe Kapitel „U-Musik").

Blues

- **Blues Alley,** V. Szent István krt. 13, Tel. 3023112, 18–2 Uhr
- **Orfeusz Blues Kocsma,** IX. Bakáts tér 2,Tel. 2178253, Mo–Do 15–24, Fr/Sa 15–1 Uhr
- **Josefina Blues Bell,** X. Kerepesi út 97, Tel. 2642484
- Die *Hobo Blues Band* ist die bekannteste des Landes und oft im **Lágymányosi Közösségi Ház,** XI. Kőrösi József u. 17, zu hören.

Sonstige

- **Trombitás Klezmer Club & Restaurant,** II. Retek u. 12, Tel. 2124915, Fr und Sa Klezmer-Musik.
- **Taverna Pireus Rembetiko,** V. Fővám tér 2–3, Tel. 2660292. Fr und Sa griechische Musik.
- **Operettenschiff,** V. Vigadó tér (Anlegestation), Tel. 06-20-3329116, Apr.–Okt. 20–22 Uhr

Theater

- **Nationaltheater,** IX. Bajor Gizi park 1
- **Puppentheater,** VI. Andrássy út 69, Tel. 3422702

Clubs

Die typischste Form der Unterhaltung für jüngere Leute sind die Clubs, eine Mischung aus Diskothek, Café, Restaurant und Kneipe sowie oft auch Livemusik. Das Ambiente dieser meist unterirdisch gelegenen Etablissements folgt in der Regel einer bestimmten Thematik. Die Clubszene ist für ihre Kurzlebigkeit bekannt. Aktuelle Infos gibt es auf Englisch im Internet unter www.budapestparty.com.

- **Oscar,** I. Ostrom u. 14, Tel. 2128017, 15–4 Uhr. Das Café & Pub steht voll und ganz im Zeichen der Filmindustrie, eingeschlossen die ungarische. Positiv zu vermerken ist die erstaunlich große Auswahl der gekonnt gemixten Cocktails.
- **Egyetemi Szinpad** (Universitätsbühne), V. Szerb u. 21–23 Uhr. Dieser versteckte Winkel (durch den Tordurchgang, nach 30 Metern dann links) ist Kulturbühne, Diskutierarena, Treffpunkt und Kneipe mit intellektuellem Studentenpublikum.
- **dokk bistro,** III. Hajógyári sziget 122; Club, Restaurant und Bar mit populären Freitags-Events mit allen, die meinen, wichtig oder schön zu sein. Einlass nach 22 Uhr problematisch für Nicht-Mitglieder, davor jedoch kostenlos für Restaurant-Besucher. Tischreservierung unter Tel. 4571023. Der Schwesterclub **dokk café** operiert im der zweiten Etage des Mammut-Einkaufszentrums II. Lövőház u. 2–6, Tel. 3458531.
- **Fregatt,** V. Molnár u. 26, Tel. 1189997, Mo–Fr 15–24 Uhr, Sa/So 17–24 Uhr. Wahrscheinlich der erste angelsächsische Pub Mittel-Ost-Europas (1985 eröffnet). Segelschiff-Ambiente, Guinness und hervorragende Fregatt-Leckerbissen aus Hühnerleber (probieren!!!). Manchmal Live-Jazz. Wer Trinkgeld (egal wie viel) gibt, für den läutet man die Schiffsglocke an der Theke.

Stimmung garantiert:
Budapester Nachtleben

UNTERHALTUNG

- **Picasso Point Pub,** VI. Hajós u. 31, Tel. 3121727, 9–4 Uhr. Gute Adresse, oft mit Livemusik in angenehmer Lautstärke und Billard im Keller. Normales Publikum und gute Küche, dazu Ausstellungen.
- **Fonó,** VI. Sztregova u. 3, Tel. 2066296. Ursprünglich als Plattform für traditionelle Volksmusik gedacht („Fonó" heißt Spinnstube, und erinnert an die Wurzel vieler Volkslieder), hat sich das relativ junge Haus inzwischen für alle Musikrichtungen bis hin zum Blues und Freejazz geöffnet und ist damit eine der vielseitigsten kulturellen Einrichtungen der Stadt.
- **Alcatraz,** VII. Nyár u. 1, Tel. 4786010, Mo–Mi 16–2 Uhr, Do–Sa 16–4 Uhr. Restaurant und Club im Gefängnis-Ambiente. Täglich Livemusik aller Stilrichtungen.
- **Old Man's Music Pub,** VII. Akácfa u. 13, Tel. 3227645, ab 15 Uhr. Eine der bekanntesten Budapester Bühnen für Rock, Blues, Soul und Swing, mit eigenem Musiklabel. Konzerte fast täglich.
- **Sancho's,** VII. Dohány u. 20, 17–2 Uhr. In den Hallen des ehemaligen „Rock Café" nun ein Tex-Mex Pub-Restaurant mit 17 Sorten Tequila und live Latino-/Rockmusik ab 21 Uhr (22–24 Uhr Getränke zum halben Preis).
- **Arkádia Mulató,** XI. Fehérvári út 120, Tel. 2061225, Mo–Mi 11–24 Uhr, Do–Sa 11–5 Uhr. Restaurant und Cocktailbar mit Livemusik-Bühne und Gartenbereich.
- **A38,** XI. Pázmány Péter sétány, Tel. 2174354. Ein als Bar, Restaurant, Galerie und Musikclub umfunktioniertes ehemaliges ukrainisches Frachtschiff (gebaut 1968, Typ Artemowsk) an der Budaer Seite der Petofi-Brücke.

Die folgenden zwei Adressen sind eher etwas zum Trinken bzw. Essen, haben aber auch ohne Musik Clubcharakter bzw. sind originell.

- **Marxim,** II. Kisrókus u. 23, Tel. 3150750, Mo–Fr 10–22, Sa/So 16–22 Uhr. Mitten zwischen Industriebauten kündet ein leuchtender roter Stern von einem Pizzalokal für orthodoxe Kommunismus-Nostalgiker und Sympathisanten. Der Stern dürfte inzwischen der Einzige der Stadt sein. Innen ist alles aus der guten alten Zeit: Leninposter, Stacheldraht, Fünfjahresplan, ebenso wie ein Gruppenbild mit *Honecker*. Die Speisekarte beginnt mit einem *Gorkij*-Zitat: „Hier zitieren nur die Äußerlichkeiten den Realsozialismus; alles andere ist bis ins Mark verfaulter Kapitalismus."
- **Wichmann,** VII. Kazinczy u. 55, Tel. 1426074, 18–2 Uhr. Besitzer ist der ehemalige Kanugigant *Tamás Wichmann*. Ein unkonventionelles Lokal mit ebensolchem Jungpublikum, Hunden und unerträglichem Zigarettenqualm – trotzdem fast immer voll.
- **Cinetrip,** Kino, Disco und Thermalbad in einem. Performances im Gellért-Bad oder im Rudas-Bad. Infos unter www.cinetrip.hu.

Universitätsclubs und Diskotheken

Am Freitag und/oder Sonnabend finden normalerweise große Veranstaltungen an den Universitäten statt. Dazu gehören meist Rockkonzerte, Disco, Filmvorführungen, Salatbar, Teestube und Ähnliches.

- Die vielleicht angesehenste Veranstaltung ist an der **Medizinischen Universität** (SOTE). Hier kann man durchaus Deutsch hören, denn dort studieren zahlreiche deutsche Medizinstudenten (VIII. Nagyvárad tér 4, Tel. 2104419, Sa 21–4.30 Uhr).
- Der Club der **Naturwissenschaftlichen Uni** (*Eötvös Klub*) ist Stammeinrichtung der Band „Old Boys", die dort jeden Donnerstag auftritt und viele Golden Oldies spielt.
- Von den Clubs der **Technischen Uni** sind der Újvárklub, der Ezres-Klub und der 1968 gegründete E-Klub zu nennen (XI. Irinyi József u. 42, Fr/Sa; Ezres, Irinyi József u. 9–11, Fr–So; E-Klub, X. Népliget út 2, Fr 21–5 Uhr, Sa (nur im Sommer) Schaumparty 21–5 Uhr, Sa 17–5 Uhr). Der **Közgáz Pinceklub** der Wirtschaftsuniversität ist auf der anderen Donauseite (IX. Fővám tér 8, Tel. 2154359, Mo–Sa 20–5 Uhr).

UNTERHALTUNG

- **Die Petőfi csarnok** (Pecsa, Pefőfihalle) im Stadtwäldchen (XIV. Zichy Mihály út 14) ist das größte Jugend-Freizeitzentrum der Hauptstadt, und fast täglich finden Veranstaltungen statt. Jeden Samstag tobt hier die größte Disco der Stadt; Tel. 3434327.

Gut besucht sind im Allgemeinen folgende Diskotheken:

- **Arató,** V. Váci u. 33, Tel. 2669937, Fr/Sa 21–4 Uhr
- **Pacha,** V. Vigadó tér 2, Tel. 2664364, ab 17 Uhr, Ableger der spanischen Disco-Kette.
- **Bahnhof,** VI. Váci út 1, Tel. 3044751, Do 21–4, Fr/Sa 21–5 Uhr (im Westbahnhof)
- **Levi's 501** Dancing Club, VI. Nagymező u. 41, 21–4 Uhr
- **Casablanca,** VIII. Golgota u. 3
- **Citadella Barfly Club,** XI. Citadella sétány 2, Tel. 2093271, Mi, Fr, Sa 22–5 Uhr; großartige Aussicht vom Gellértberg.
- **Hully Gully,** XII. Apor Vilmos tér 9
- **Randevú,** XII. Apor Vilmos tér 9, 20–5 Uhr
- **Calypso Star Club 873,** XIV. Erzsébet királyné útja 118, Mo–Sa 12–4 Uhr

Bars und Nachtclubs

Wer außer den Hotels noch einschlägige Adressen sucht: Taxifahrer und Hotelportiers sind in der Regel bestens informiert. Der Vollständigkeit halber und um Ihnen das Fragen zu ersparen, seien hier einige Adressen genannt:

- **Black Rouge,** I. Hegyalja út 2, 21–5 Uhr
- **Caligula,** II. Szilágyi Erzsébet fasor 37–39, Tel. 2123177, 22–5 Uhr
- **Dolce Vita,** V. Október 6. u. 5, Tel. 2664049, 22–6 Uhr
- **Vogue Lokál,** VI. Teréz krt. 41, 22–5 Uhr
- **Marilyn,** VIII. Baross u. 4, Tel. 3384243, 21–4 Uhr. Table Dance.
- **Paradiso,** XII. Istenhegyi út 40a, Tel. 1561988
- **Hallo,** VII. Király u. 65, Tel. 32246621, 21–5 Uhr

Vor Überraschungen sicher ist man (bis jetzt) in folgenden Bars:

- **Mumm,** V. Kristóf tér 8, Tel. 2666296
- **Ballantines Club,** VI. Andrássy út 19. Sehr, sehr teuer.
- **Árkádia,** V. Aranykéz u. 4–8, Tel. 26703558
- **Cheers,** V. Veres Pálné u. 4–6, Tel. 2664599
- **Drink for two,** III. Lajos u., Tel. 2502347
- **Broadway,** VI. Nagymező u. 49
- **Éva,** VI. Andrássy út 41
- **Macskakő,** I. Fiáth János u. 8, Tel. 2123196, Mo–Fr 11–23, Sa/So 16–23. Klein, aber sehr gemütlich.

Weitere Bars und Restaurants

Für den Fall, dass Sie noch mehr Anlaufadressen benötigen:

- **Bolero Café & Restaurant,** II. Hűvösvölgyi út 132, Tel. 3920433, ab 12 Uhr bis der letzte Gast geht.
- **Gentry Club,** II. Margit krt. 50–52, Tel. 0620-3777776, Mi–Do 17–22 Uhr, Fr/Sa 20–4 Uhr
- **Home Club,** III. Harsány lejtő 6, Tel 06-30-2422888
- **Café Marlene Budapest,** V. Sörház u. 4, Tel. 2665231, 10–24 Uhr
- **Chicago Rib Shack,** V. Szent István krt. 13, Tel. 3023112
- **Desperados Music Pub,** V. Kossuth Lajos u. 20, Tel. 3175180, Mo–Mi 16–2 Uhr, Do 22–4 Uhr, Fr/Sa 21–4 Uhr
- **Longford Music Pub,** V. Fehérhajó u. 5, Tel. 2672766
- **Macskafogó Music Pub,** V. Nádor u. 29, Tel. 4730123, So–Do 18–1 Uhr, Fr/Sa 18–4 Uhr. Funk- und Soulmusik, fürden Durst 21 Sorten Bier.
- **Sakáltanya Club & Restaurant,** V. Curia u. 2, Tel. 2661165. Oben Restaurant (ab 12 Uhr), unten Club (ab 20 Uhr).
- **Süss fel Nap,** V. Aranykéz u. 5, Tel. 3023799. Live-Musik ab 17 Uhr.
- **Watergate Café & Club,** V. Nádor u. Ecke Zoltán u., Tel. 0630-9913103, 17–4 Uhr

Unterkunft

- **Royal,** VII. Erzsébet krt. 49, Tel. 3510704
- **Club Hotel Ambria,** VII. Kisdiófa u. 13, Tel. 3211533
- **Mercure Museum,** VIII. Trefort u. 2, Tel. 4851080
- **Danubius Gellért,** XI. Szt. Gellért tér 1, Tel. 1852200
- **Rubin,** XI. Dayka Gábor u. 3, Tel. 3193231
- **Flamenco,** XII. Tas vezér u. 7, Tel. 3722000
- **Novotel,** XII. Alkotás u. 63–67, Tel. 2091980
- **Danubius Grand Hotel,** XIII. Margareteninsel, Tel. 3111000
- **Thermal Hélia,** XIII. Kárpát u. 62–64, Tel. 2703277

*** (ca. 40–80 Euro)

- **Burg,** I. Szentháromság tér 1, Tel. 2120269. Mitten im Burgviertel.
- **Orion,** I. Döbrentei u. 13, Tel. 3568583. Am Fuße des Burgbergs.
- **Garden,** II. Tárogató u. 2–4, Tel. 2742088
- **Rózsadomb,** II. Vérhalom u. 17, Tel. 3262187
- **Days Hotel Rege,** II. Pálos út 2, Tel. 9315100
- **Erzsébet,** V. Károlyi Mihály u. 11–15, Tel. 3285700
- **Benczúr,** VI. Benczúr u. 35, Tel. 4795650
- **Liget,** VI. Dózsa György út 106, Tel. 2695300
- **Emke,** VII. Akácfa u. 1–3, Tel. 1229230
- **Platánus,** VIII. Könyves Kálmán krt. 44, Tel. 3336506
- **Millenium,** VIII. Üllői út 94–98, Tel. 2104445
- **Mercure Nemzeti,** VIII. József krt. 4, Tel. 3039310
- **Thomas,** IX. Liliom u. 44, Tel. 2185505
- **Aero,** IX. Ferde u. 1–3, Tel. 2806010
- **Wien,** XI. Budaörsi út 88–90, Tel. 3102999
- **Classic,** XI. Zólyoni út 6, Tel. 3197222
- **SAS Club Hotel,** XI. Törökbálint út. 51–53, Tel. 2464927
- **Agro,** XII. Normafa út 54, Tel. 1754011
- **Normafa,** XII. Eötvös út 52–54, Tel. 3956505. Im Grünen gelegen.
- **Ibis Volga,** XIII. Dózsa György út 65, Tel. 2702177
- **Belámi,** XIV. Csömöri út 94, Tel. 2520699
- **Petneházy Club Hotel,** II. Feketefej u. 2–4, Tel. 3765961

** (ca. 20–40 Euro)

- **Ifjúság,** II. Zivatar u. 1–3, Tel. 2125693
- **Vénusz,** III. Dózsa u. 2–4, Tel. 1687252
- **Metropol,** VII. Rákóczi út 58, Tel. 1421175
- **Park,** VIII. Baross tér 10, Tel. 3131420
- **Expo,** X. Albertirsai út 10, Tel. 2637600
- **Studium,** X. Harmat u. 129, Tel. 2609222
- **Griff,** XI. Bartók Béla út 152, Tel. 2042666
- **Panoráma,** XII. Rege út 21, Tel. 3956121

* (bis zu 20 Euro)

- **Citadella,** XI. Gellérthegy, Tel. 1665794
- **Junior Griff** (siehe auch **Griff** **, ein Teil dient als Touristenherberge)

Pensionen – panzió (ca. 30–60 Euro)

- **Beatrix,** II. Széher út 3, Tel. 3943730
- **Marika,** II. Napvirág u. 5, Tel. 1764564
- **Panoráma,** II. Fullánk u. 7, Tel. 1767118
- **Rosella,** XII. Gyöngyvirág út. 21, Tel. 3958829
- **Siesta,** II. Madár u. 8a, Tel. 2751318
- **Diana,** II. Modori u. 14a, Tel. 2742109
- **Uhu,** II. Keselyű u. 1a, Tel. 2751002
- **St. Christoph,** II. Galóca u. 20, Tel. 2758903
- **Vadvirág,** II. Nagybányai út. 18, Tel. 2750200
- **Pál Vendégház,** III. Pálvölgyi köz 15, Tel. 1887099
- **Remete,** III. Remetehegyi út 91, Tel. 3684248
- **Pilvax,** V. Pilvax köz 1–3, Tel. 2667660
- **Margaréta,** IX. Fenyő u. 45, Tel. 1766922
- **Bara,** XI. Hegyalja út 34–36, Tel. 2094905
- **Jäger Trió,** I. Ördögorom út 20d, Tel. 2464558
- **Korona,** XI. Sasadi út 127, Tel. 3191255
- **Unikum,** XI. Bod Péter u. 13, Tel. 3193784
- **Ábel,** XI. Ábel I. u. 9, Tel. 2092538
- **Gizella,** XII. Arató u. 42b, Tel. 2492281
- **Molnar,** XII. Fodor u. 143, Tel. 3951873
- **Detty,** XII. Gervay u. 23, Tel. 3830390
- **Gold,** XIV. Ungvár u. 45, Tel. 2520470
- **Palota,** XV. Ady Endre u. 30, Tel. 2722628
- **Sissi,** XIX. Kossuth u. 42, Tel. 2822448
- **Katalin,** XXII. Gyepű u. 4–6, Tel. 2267295

Unterkunft

Camping – kemping

Laut ADAC ist Ungarn für Camper das preisgünstigste Urlaubsland Europas. Die **Campingplätze** sind im Allgemeinen von Mai bis September geöffnet und in den Monaten Juli und August oft überbelegt. Also sollte rechtzeitig gebucht werden. Manchmal wirkt auch ein Trinkgeld Wunder. Es gibt drei Kategorien (durch Sterne gekennzeichnet), wobei der Komfort mit der Kategorie steigt. Ermäßigungen können Personen mit internationalem Campingausweis erhalten – allerdings sind viele Campingplätze inzwischen privat, sodass die Ermäßigung vom Wohlwollen des jeweiligen Besitzers abhängt. **Wildes Campen** ist verboten.

Information
- **Magyar Camping és Caravaning Club** (MCCC), VIII. Üllői út 6, Tel. 2185259

Reservierungen
- **Agrotours,** VII. Dob u. 53, Tel. 1214021, 1422956

Budapest mit Kettenbrücke und Parlament bei Nacht

Campingplätze

- **Hárshegyi** ***, II. Hárshegyi út 5–7, geöffnet: 1. Mai–15. Okt., Tel. 1151482
- **Familia** ***, III. Szentendrei út 182, Tel. 1606803
- **Riviera** ***, III. Királyok útja 257–259, Tel. 1608218
- **Mini** ***, III. Királyok útja 307, geöffnet: 1. Mai–30. Sept.
- **Római** *, III. Szentendrei út 189, geöffnet: 1. Mai–15. Okt., Tel. 3686260
- **Biker**, VIII. Benyouszky Móric u. 40, Tel. 3337059
- **Haller** **, IX. Haller u. 27, geöffnet: 1. Juni–30. Sept., Tel. 1335741
- **Expo** ***, X. Albertirsai út 10, geöffnet: 20. Juni–5. Sept., Tel. 2637600
- **Caraván** ***, XII. Konkoly Thege Miklós út 18b
- **Tündérhegyi** ***, XII. Szilassy út 8
- **Zugligeti NICHE** ***, XII. Zugligeti út 101, geöffnet: 1. April–30. Sept.
- **Metro Tennis** ***, XVI. Csömöri út 222, geöffnet: 1. Mai–30. Sept., Tel. 4065584

Ferienhäuser

- **Csillaghegyi Strand**, III. Pusztakúti út 3, Tel. 2501533
- **Haladás Motel**, IV. Üdülősor 8, geöffnet: 1. Mai–30. Sept., Tel. 1891114
- Auf den **Campingplätzen Hárshegyi und Római fürdő**, Info und Reservierung über Budapest Tourist, V. Roosevelt tér 5, Tel. 1173555.

Privatzimmer – fizetővendég-szoba

Privatzimmer kosten zwischen 15 und 40 Euro pro Person und Nacht. Apartments zwischen 35 und 60 Euro.

- **IBUSZ**, V. Ferenciek tere 10, Tel. 4852767
- **IBUSZ**, VIII. Keleti pályaudvar (Ostbahnhof), Tel. 3429572
- **Tribus**, V. Apáczai Csere János u. 1, Tel. 3183925, 0–24 Uhr
- **To-Ma**, V. Október 6. u. 22, Tel. 3530819
- **Maria & István**, IX. Ferenc krt. 39, Tel. 2160768

Jugendhotels, -herbergen, Youth Hostels

Die Übernachtungspreise liegen bei etwa fünf bis zehn Euro pro Tag. Alle Budapester Jugendherbergen kann man direkt über **www.hihostels-hungary.com** buchen. Ganzjährig geöffnete Herbergen und Backpacker-Unterkünfte sind:

- **Best Hotel**, VI. Podmaniczky u. 27, Tel. 3324934
- **Caterina Youth Hostel**, VI. Andrássy út 47, Tel. 2919538. Jugendstil-Gebäude.
- **Lotus Youth Hostel**, VI. Teréz krt. 56, Tel. 3022984. Fernost-Ambiente.
- **Marco Polo**, VII. Nyár u. 6, Tel. 3445367
- **Museum Guest House**, VIII. Mikszáth Kálmán tér 4, Tel. 3189508
- **Backpack Guest House**, XI. Takács Menyhért u. 33, Tel. 2098406
- **Citadella Hotel**, XI. Citadella sétány, Tel. 4665794. Schöne Aussicht.
- **Diák Sport – Travellers Youth Hostels**, XIII. Dózsa György út 152, Tel. 3408585
- **Sirály Youth Hostel**, XIII. Margitsziget, Tel. 3293954

In den Sommermonaten dienen viele Studentenwohnheime als Jugendherbergen. Preisvergleiche lohnen sich. Komfortabel: Keine Zeitbeschränkung und oft Pick-up-Service.

Vermittlung übernimmt z. B. das Büro Traveller's (Keleti pályandvar, Ostbahnhof, 0–24 Uhr, Tel. 1408585, Fax 1208425; auch im Diáksport Hotel im XIII. Bezirk: Dózsa György út 152, Tel. 3443920) oder das Jugend- und Studentenreisebüro Express (V.

Semmelweis u. 4, Tel. 1178085, V. Szabadság tér 16, Tel. 1317777, Keleti pályaudvar, Ostbahnhof 0–24 Uhr, Tel. 3421772).

Rabatte bei bestimmten Unterkünften, Tourveranstaltern etc. kann man bekommen, wenn man im Besitz eines internationalen Jugendherbergsausweises, Studentenausweises (ISIC), Lehrerausweises (ITIC) oder Schülerausweises (IYTC) ist. Diese muss man allerdings in der Regel schon zu Hause erworben haben:

- **Deutsches Jugendherbergswerk,**
  Internet: www.jugendherberge.de
- **Österr. Jugendherbergsverband,**
  Internet: www.oejhv.or.at
- **Schweizer Jugendherbergen,**
  Internet: www.youthhostel.ch
- **ISIC/ITIC/IYTC,**
  Internet: www.isic.org bzw. www.isic.de

Studentenwohnheime (diákotthon/kollégium), die im Juli/August als Jugendherbergen dienen:

- III. Bécsi út 104–108, Tel. 1682036
- VII. Damjanich u. 41–43, Tel. 1213626
- VIII. Tömő u. 37–41, Tel. 1134814
- IX. Ernő u. 7, Tel. 1136609
- IX. Kinizsi u. 2–6, Tel. 1173033
- IX. Ráday u. 43–45, Tel. 1384766
- XI. Budaörsi út 95–101, Tel. 1667788
- XI. Irinyi József u. 42, Tel. 1665422
  (Vierbettzimmer, bisweilen laut)
- XI. Irinyi József u. 9–11, Tel. 1813500
  (Zweibettzimmer, Straßenseite sehr laut)
- XI. Bartók Béla út 17, Tel. 1851444
- XI. Szüret u. 2–18, Tel. 1852369
  (ruhige Lage am Gellértberg)

Schlafsacktouristen können **kostenlos** auf dem Liegeplatz in der Tündérfürt utca im X. Bezirk übernachten. Komfort darf man hier nicht erwarten.

Einen **Waschsalon** findet man im III. Bezirk, Kaszásdülő 5–7, Mo–Fr 10–20 Uhr, Sa 10–16 Uhr.

Reinigungen erkennt man ganz einfach an der Aufschrift „Patyolat".

Veranstaltungskalender

Januar

- Der **Fasching** beginnt am 6. Januar, dem Dreikönigstag, und dauert bis Aschermittwoch. Man sieht nur nichts davon, denn Fasching heißt hier Ballsaison in den Hotels. Besonders beliebt sind die Bälle der ungarndeutschen Schwaben und verschiedener Berufsstände.

Februar

- Bei den **Ungarischen Filmtagen** werden die ungarischen Spiel-, Dokumentar- und Zeichentrickfilme des letzten Jahres gezeigt.
- Am letzten Sonntag des Monats findet im südungarischen Mohács ein turbulenter **Faschingsumzug** (Búsójárás/Buschogang) mit traditionellen Masken statt.

März

- Der Budapester **Opernball** Anfang März entwickelt sich wieder zu einem gesellschaftlichen Ereignis ersten Ranges, wobei im Gegensatz zum Wiener Pendant Karten durchaus zu bekommen und Skandale bis jetzt nicht vor-

Juli/August

- Zeit der Freilichtveranstaltungen. Es finden **Sommerkonzerte** im Esterhazy-Schloss in Fertőd zu Ehren von Joseph Haydn statt. Konzerte im Schloss Festetics in Keszthely am Balaton.
- 20. 7.–20. 8. **Szegeder Festspielwochen** mit vielfältigen Veranstaltungen auf der Freilichtbühne am Dóm tér.
- **Savaria-Festspiele** von Szombathely: Opern und Konzerte im alten römischen Isis-Tempel.
- Sehenswert die Freilichtbühne auf der **Margareteninsel,** wo im Sommer Opern und Konzerte stattfinden.
- In **Fertőrákos** (bei Sopron) werden in den saalartigen Höhlen eines römisch-antiken Steinbruchs Opern, Theaterstücke und Konzerte aufgeführt – vorzügliche Akustik!
- Im „Saal der Riesen" (120 x 30 x 40 Meter) der **Baradla-Tropfsteinhöhle** im nordungarischen Aggtelek werden ebenfalls Konzerte und Opern aufgeführt (siehe Kapitel „Ausflüge").
- Vielfältige **Rockkonzerte** in Stadien oder Hallen.
- **Burgfestspiele** auf vielen Burgen des Landes, z. B. Siklós, Diósgyőr, Eger, Gyula, Kőszeg, Nagyvázsony.

August

- Am ersten Sonntag im August **Formel-Eins-Rennen** auf dem 1986 eröffneten Hungaroring, der sich auf halbem Wege zwischen dem Zentrum Budapests und der Kleinstadt Gödöllő befindet. Zwischen der Autobahn M3 und der Fernverkehrsstraße 30 gelegen, ist er gut zu erreichen. (Sieger des ersten Rennens war übrigens Nelson Piquet.)
- 20. August: Bis 1989 ein dreifacher Feiertag:

  seit Jahrhunderten **Sankt-Stephans-Tag** zum Gedenken an den später heilig gesprochenen Staatsgründer.

  Tag des neuen Brotes, denn das Korn stammt aus der neuen Ernte

  seit 1949 dann auch **Tag der Verfassung,** denn diese trat damals in Kraft. Das „Fest der Verfassung" wurde mit der Wende gestrichen.

  Die Stadt ist übervoll, es gibt viele Veranstaltungen tagsüber, vor allem auf der Burg, in der Pester Innenstadt und auf der Margareteninsel. Sehenswert die Straße der Handwerksmeister auf dem Tóth Árpád sétány. Ein Muss das abendliche Feuerwerk über dem Gellértberg (Beginn 21 Uhr), das am besten vom Pester Donauufer zwischen Freiheits- und Elisabethbrücke zu sehen ist. Am Abend besser zu Fuß auf den Weg machen, da sonst der Verkehrskollaps droht.
- Auch landesweit viele Veranstaltungen, wie der **Brückenmarkt von Hortobágy** (19.–20.), ein traditionelles Volksfest mit Hirten und Reiterspielen in der ungarischen Vorzeigepuszta. Sehenswert auch das **Blumenfestival in Debrecen.**
- Ende August findet in Kalocsa das **Paprikafest** statt.
- Seit 1993 findet auf der Óbudaer Insel (Óbudai sziget) eine Art Euro-Woodstock, also ein Open-Air-Konzert, für Jugendliche statt.

September

- Am 25. *(Béla Bartóks* Geburtstag) oder sogar schon eher beginnt das **Budapester Herbstfestival,** die mit Konzerten, Ausstellungen, Theateraufführungen usw.
- Ende September findet zusammen mit der **Herbstmesse** eine Konsumgüterausstellung statt.
- **Weinlesefeste** in Tokaj, Eger, Sopron und am Balaton-Nordufer.
- Der größte ungarische **Leichtathletikwettkampf** findet im Népstadion statt (Budapest Grand Prix mit Sportlern aus aller Welt).

Oktober

- Die **Budapester Kunstwochen** fangen im September an und dauern bis zum 10. Oktober.
- In Budapest werden im Rahmen eines **Museumsmonats** verschiedene Ausstellungen organisiert.
- In der Nähe von Pécs am Fuß des Zengő-Berges findet ein Volksfest mit Folkloredarbietungen statt – der **Pécsvárader Mädchenmarkt.**
- Der 23. Oktober ist Feiertag **(Tag der Republik)** und ersetzte den 7. November. Am 23. Oktober begann 1956 der Aufstand, und an diesem Tag des Jah-

res wurde 1989 die „Republik Ungarn" ausgerufen.

November

• Im November passiert nicht viel in Ungarn. Als der 7. November (Beginn der Oktoberrevolution in St. Petersburg) noch Feiertag war und die Medien im Ostblock weder zu den schnellen noch zu den objektiven zählten, erklärte ein ungarischer Kabarettist plausibel, warum die Oktoberrevolution erst im November gefeiert wird: „TASS hatte das Ereignis zu spät gemeldet."

Dezember

• In der **Adventszeit** finden Konzerte in allen größeren Ortschaften statt. Berühmt sind jene in der Matthiaskirche, in der Abteikirche in Pannonhalma, in der Votivkirche in Szeged und im Pécser Dom.
• **Nikolaus, Weihnachten** und **Silvester** siehe Kapitel „Bräuche und Nichtbräuche".
• **Silvesterball** in der Oper Budapests.

20. August:
Versammlung am Sankt-Stephans-Tag

Verkehrsmittel

Überblick

Die öffentlichen Verkehrsmittel sind ausgesprochen preiswert, gut ausgebaut und bis auf Taschendiebe im Allgemeinen auch sehr sicher.

Budapest hat neben den Standards (Metro, Bus, Straßenbahn, Trolleybus, Vorortzüge, Schiffe) viele exotische Verkehrsmittel aufzuweisen. So kommt man mit der **Standseilbahn** *(Sikló)* in einer Minute auf die Burg. Mit der **Zahnradbahn** *(Fogaskerekű)* kann man auf den Széchenyi-hegy in den Budaer Bergen gelangen, von da aus mit der **Pioniereisenbahn** *(Úttörővasút)* bis zum János-hegy (527 Meter plus Aussichtsturm) gelangen und von dort z. B. wieder mit dem **Sessellift** *(Libegő)* ins Tal.

Fahrkarten – jegy

Fahrscheine kann man nur zum Teil in den öffentlichen Verkehrsmitteln lösen, hauptsächlich in den **Vorverkaufsstellen,** z. B. an jeder Metrostation oder in Trafik-Geschäften.

Einzelfahrscheine kosten derzeit 145 Forint und gelten für eine Fahrt ohne Umsteigen ohne Unterbrechung mit Straßenbahnen, Bus, Metro, Trolleybus, Zahnradbahn oder Vorortbahn (HÉV) bis zur Stadtgrenze. **Kurzstreckenfahrscheine** für die Metro (max. 3 Stationen) kosten 105 Forint.

Entwerten muss man die Fahrscheine im jeweiligen Verkehrsmittel –

außer in den Metrolinien – dort sind die orangefarbenen Entwertungsautomaten in den Stationen aufgestellt.

Statt Einzelfahrscheinen kann man auch eine **Tageskarte** *(napijegy)* (gültig von 0–24 Uhr des betreffenden Tages, 1150 Forint), eine drei Tage gültige Touristenkarte (*Turistajegy,* 2300 Forint) oder eine **Wochenkarte** *(heti bérlet,* 2700 Forint) kaufen. Ein Passbild (4 mal 4 cm) benötigt man für die Monatskarte (*havi*); diese kostet derzeit (Juli 2004) 5400 Forint und gilt jeweils bis zum 5. des Folgemonats. Eine weitere Alternative ist die **Budapest-Card** (zwei Tage 4350 Forint, drei Tage 5450 Forint). **Fahrscheinkontrollen** sind relativ häufig. Haltestellen und Umsteigemöglichkeiten sind in den Verkehrsmitteln angegeben. **Haltestellen** werden nicht immer angesagt, aber als Ausländer hat man ohnehin kaum eine Chance, viel zu verstehen. In den Bussen muss man den Aussteigewunsch durch Knopfdruck mitteilen. Bei den anderen Verkehrsmitteln öffnen und schließen sich die Türen automatisch.

Die wichtigsten Verkehrsmittel

Metro – metró

Die Metro ist das schnellste Verkehrsmittel und fährt täglich von 4.30 bis 23.10 Uhr. Danach verkehren einige Nachtbusse. Die drei Metrolinien sind durch ihre Farbunterscheidung gut zu merken. Die **gelbe Linie** (M1) ist die alte Unterpflasterbahn (*földalatti*) die zwischen dem Vörösmarty tér und dem Heldenplatz, unter der Andrássy út, verkehrt. Die **rote Linie** (M2) verkehrt in Ost-West-Richtung und unterquert die Donau. Die **blaue Linie** (M3) verbindet den Norden und den Süden. Die drei Linien treffen sich am **Deák Ferenc tér,** den man sich als günstigen Ausgangs- und Treffpunkt ohnehin merken sollte.

Eine vierte Metrolinie, die den Südwesten der Stadt mit dem Zentrum verbinden soll, ist im Bau.

Autobusse – busz

Mehr als 200 Buslinien bewältigen mit ungarischen Ikarus-Bussen einen Großteil der Beförderung. Wer aussteigen will, muss daran denken, rechtzeitig den Knopf über der Tür zu drücken. **Linien mit schwarzen Zahlen** halten an allen Haltestellen, während die gleiche **Linie mit roter Zahl** (Expressbus) nur an bestimmten Haltestellen hält.

Bei einer **roten Zahl und dem Buchstaben É** am Bus handelt es sich um einen Nachtbus.

Zwischen dem Moszkva tér und dem Burgviertel verkehren **Minibusse** *(várbusz).*

Die **Überlandbusse** fahren am Erzsébet tér ab.

Straßenbahnen – villamos

Die gelben Straßenbahnen haben auf beiden Seiten automatisch öffnende Türen. Die Straßenbahnzüge der Linien 3, 50 und 62 wurden übrigens gebraucht von der Stadt Hannover gekauft.

VERKEHRSMITTEL

Elektrisch: der Trolleybus hat Stromabnehmer wie eine Straßenbahn

Trolleybusse – trolibusz

Diese elektrisch betriebenen und wegen Überalterung „vom Aussterben bedrohten" Busse sind rot und helfen, die Umweltprobleme der Stadt nicht noch zu verstärken. Die Gelenkbusse sind ungarische Ikarus-Fabrikate, die anderen aus sowjetischer Produktion. Die erste Linie (70) wurde zu Stalins 70. Geburtstag in Betrieb genommen.

Vorortbahn – HÉV (Helyiközlekedési Vásut)

Diese grünen Vorortbahnen verbinden Budapest mit der näheren Umgebung. Zwei Linien sind für den Besucher interessant. Als Erstes die **Linie nach Szentendre,** die unterirdisch am Batthyány tér beginnt, den man gut mit der roten Metro erreichen kann. Die normalen Fahrscheine gelten allerdings nur bis zur Stadtgrenze (békásmegyér), wer weiter will, löst vorher eine Ergänzungskarte (kiegészítő jegy) bis zur Zielstation.

Die andere Linie beginnt am Örs vezér tere, unweit der Pester Endstation der roten Metro. Diese **Linie** fährt **zum Hungaroring,** der Formel-Eins-Strecke.

Die anderen beiden Linien führen nach Csepel bzw. Ráckeve.

Schiffe – hajó

Von und nach Budapest verkehren Linienschiffe, wie etwa Tragflächenboote nach Wien, sowie verschiedene Vergnügungs- und Ausflugsschiffe. Daneben finden Sie auf den Schiffen der Stadt ein Hotel, aber auch Gastronomie, ein Casino und Entertainment.

Die wichtigen **Anlegestellen** befinden sich auf Pester Seite – z. B. am Vigadó tér oder Március 15 tér. Dort hängen die Fahrpläne aus, und man kann Fahrkarten lösen. Empfehlenswert sind Schiffsausflüge nach Szentendre oder Visegrád.

Das Binnenland Ungarn hat übrigens eine (wenn auch kleine) Hochseeflotte mit 12 Schiffen.

Mietwagen – autókölcsönző

Die bekannten Firmen sind in den internationalen Hotels und auf dem Flughafen vertreten. Um ein Auto zu mieten, muss man mindestens 21 Jahre alt sein und schon wenigstens ein Jahr lang im Besitz des Führerscheins.

Das Parlamentsgebäude

VERKEHRSMITTEL

- **Budget,** I. Krisztina krt. 41–43, Tel. 2120420
- **AVIS,** V. Szervita tér 24, Tel. 3184240
- **Inka,** V. Bajcsy Zsilinszky út 16, Tel. 3172150
- **Europcar,** Üllői út 62, Tel. 3131492
- **Hertz,** VII. Kertész u. 24, Tel. 3510362
- **Fox,** XI. Vergyósz u. 17–25, Tel. 3829000

Mitfahrzentralen

- **Tutitárs,** I. Mészáros u. 6, Tel. 175-2666, Mo–Fr 12–18 Uhr, Sa 10–14 Uhr
- **Kenguru,** VIII. Kőfaragó u. 15, Tel. 1382019, Mo–Sa 8–18 Uhr
- **Utitárs agentura,** Tel. 1377124, 16–18 Uhr

Taxis

Taxis sind vor allem in der Innenstadt fast immer und überall zu finden, es gibt über 7000 in Budapest. Man erkennt sie an den gelben Kennzeichenschildern. Es gibt Taxiunternehmen und Privattaxis.

Von und zum Flughafen sind die Tarife festgelegt. Als Alternative zum Taxi kann man den Airport-Minibus-Service nutzen (Tel. 2968555).

Ein Taxi ruft man sich am besten über eine der unten angegebenen Telefonnummern. Am Flughafen kann man sich auch am Stand der Hertz-Autovermietung ein **Főtaxi** (sehr preiswert) rufen lassen, auf das man keine zehn Minuten wartet. In der Stadt erkennt man Főtaxis an den rot-weiß karierten Aufklebern auf den Wagen (*kockások*).

Vor schwarzen Schafen schützt man sich am besten, wenn man vorher den ungefähren Preis erfragt oder auch gleich vereinbart. Die häufigsten Tricks sind, dass der Fahrer „vergisst", das Taxameter einzuschalten, verdächtig lange Strecken fährt oder plötzlich kein Wechselgeld mehr hat. Immer wieder gab es auch Fälle von manipulierten Taxametern.

Die **Höchsttarife** sind gesetzlich festgelegt: Am Tag (6–22 Uhr) beträgt die Grundgebühr 200 Forint, der Fahrpreis pro Kilometer 200, die Wartegebühr 50 Forint. Nachts (22–6 Uhr) zahlt man eine Grundgebühr von 280 Forint, pro Kilometer 80 und als Wartegebühr 70 Forint. Etwa 10 Prozent **Trinkgeld** sind üblich.

Die Telefonnummern einiger **Taxi**unternehmen:

Buda Taxi	2333333
Tele5 Taxi	3555555
Főtaxi	2222222
6x6 Taxi	2666666
City-Taxi	2111111
Flughafen Minibus	2968555
Volántaxi	4666666
Rádiótaxi	3777777
Taxi 2000	2000000

Eine neue Form des Transports ist die **„Hop on – Hop off – Sightseeingtour",** bei der Besucher die Fahrt in klimatisierten Bussen jederzeit unterbrechen und an vorbestimmten Haltepunkten wieder aufnehmen können (Infos bei der Nietsch kft. IV. Erzsébet u. 13, Tel. 3699089).

Trampen

Trampen ist nicht verboten, und wenn man zu zweit ist, wohl auch sicher genug. Wer an den Balaton oder Richtung Wien will, steht im Allgemeinen am Autobahnanfang (Ende Budaörsi út). Man kann auch mit dem 72er Stadtbus bis zur ersten Autobahntankstelle fahren, wo man bessere Chancen hat.

Wetter

Das Klima ist kontinentaler als bei uns, d. h. trockener, im Sommer heißer und im Winter kälter. Die **beste Reisezeit** ist der Frühling und der Herbst.

Budapest hat knapp 2000 Sonnenstunden im Jahr; das ist viel, und im **Sommer** wird es oft über 30 °C warm. In der smogbelasteten Innenstadt kann das zur Tortur werden. Zum Glück sind Hauseingänge und viele Cafés trotzdem angenehm kühl.

Zeit

In Ungarn gilt **Mitteleuropäische Zeit** (MEZ). Wie bei uns gibt es die **Sommerzeit** (MEZ+1) vom letzten Märzsonntag bis zum letzten Oktobersamstag.

Zollbestimmungen

Die Mitgliedschaft Ungarns in der EU bedeutet nicht, dass uneingeschränkt Waren ein- und ausgeführt werden dürfen. Über die jeweils geltenden Bestimmungen informieren der **Informationsdienst** des Zollamtes (V. Szent István tér 11b, Mo-Do 8-17 Uhr, Fr 8-16 Uhr, Tel. 4704121) und die Reisebüros sowie im Ausland die ungarischen Fremdenverkehrsämter und Konsulate.

Für Ungarn gelten seit dem 1. Mai 2004 für Spirituosen, Kaffee und Kraftstoff die gleichen Regelungen bei der privaten Einfuhr wie für den Binnenmarkt der alten EU-Länder. **Zollfrei** dürfen ein- und ausgeführt werden: 10 Liter Spirituosen, 20 Liter Mixgetränke und 90 Liter Wein, davon maximal 60 Liter Schaumwein, und 10 Kilogramm Kaffee. Für Kraftstoff gilt: Tankinhalt plus 20 Liter im Kanister. An Tabakwaren sind 200 Zigaretten, 400 Zigarillos und 200 Zigarren sowie ein Kilogramm Rauchtabak steuerfrei. Nach Österreich ist die Einfuhr aus Ungarn auf 25 Zigaretten oder 5 Zigarren oder 25 Gramm Tabak beschränkt.

Reisende können Landes- und Fremdwährung bis zu einem Gegenwert von 1.000.000 Forint (ca. 4000 Euro) ausführen.

Ein- und Ausfuhr von **Tieren** siehe Kapitel „Tiere".

Verboten ist die Einfuhr von Rauschgift, Sprengstoff, Schusswaffen, Munition und reinem Alkohol. Mit Sondergenehmigung dürfen Jagdwaffen mit Munition sowie Amateurfunkgeräte eingeführt werden.

Wer über die Slowakei einreist, sollte wissen, dass man von dort nicht mehr als 100 **Kronen** ausführen darf.

Um Schwierigkeiten bei der Ausreise zu vermeiden, sollten alle mitgeführten **Wertgegenstände** bei der Einreise angemeldet werden.

Um den regulären Erwerb der Forintsumme nachweisen zu können, sollte man die Umtauschbestätigungen besser aufheben. Mit denen kann man bei der Ausreise auch die Hälfte der umgetauschten Summe, höchstens jedoch 100 $, **zurücktauschen.**

Falls der Wert eingekaufter Waren umgerechnet 25.000 Forint überschreitet, kann die **Mehrwertsteuer** zurückverlangt werden (gilt nicht für Edelmetalle, Pelzwaren, museale Gegenstände oder Briefmarken). Alle großen Geschäfte stellen Tax-free-Coupons aus.

Die Ausfuhr von **Pflanzen, Tieren** und **Kunstgegenständen** muss behördlich genehmigt werden.

Nähere Informationen gibt es für die BRD im Internet unter www.zoll-d.de oder beim Zoll-Infocenter Tel. 069-46997600; für Österreich unter www.bmf.gv.at oder beim Zollamt Villach Tel. 04242-33233; für die Schweiz unter www.zoll.admin.ch oder bei der Zollkreisdirektion in Basel Tel. 061-2871111.

Die Stadt und ihre Bewohner

Die Stadt und ihre Bewohner

103bu Foto: fs

104bu Foto: fs

Auf einen Blick

Ungarn (Magyarország)

Die Republik Ungarn liegt im so genannten Pannonischen Becken zwischen den Alpen und den Karpaten und besteht überwiegend aus Flachland. In früher Vorzeit war das Land Teil eines urzeitlichen Meeres, dessen heute sichtbarer Rest der Balaton ist.

Ungarn zählt sich selbst zum östlichen Mitteleuropa und bekundet damit seine Nichtzugehörigkeit zu Osteuropa oder gar dem Balkan. Geographisch liegt das Land tatsächlich in der Mitte zwischen Portugal und dem Ural.

Lage und Größe

Mit einer Fläche von 93.031 km² ist Ungarn das **kleinste ehemalige Ostblockland**. Damit ist es etwas größer als Österreich und viermal kleiner als das vereinigte Deutschland. Die größten Ausdehnungen sind (Ost-West: 525 km, Nord-Süd: 268 km).

Nachbarn sind Österreich, Slowakei, Ukraine, Rumänien, Serbien, Kroatien, Slowenien.

Die wasserreichsten **Flüsse** sind Donau und Theiß. Höchste **Erhebung** ist der 1015 Meter hohe Kékes im Matragebirge, der tiefste Punkt (78 Meter) liegt in Südungarn bei Szeged.

Bevölkerung

In Ungarn leben ca. 10,3 Mio. Menschen, davon 1,84 Mio. in Budapest. Wegen der sinkenden Geburtenrate nimmt die **Bevölkerungszahl** seit Jahren ab und wird wohl noch in diesem Jahrzehnt unter 10 Mio. fallen. 60 % der Ungarn leben in Städten. Die 12 ethnischen Minderheiten in Ungarn, darunter 200.000 Deutsche, machen etwa 10 % der Bevölkerung aus.

Die Mehrheit der Bevölkerung ist religiös. Etwa 60 % sind katholisch. Im Osten Ungarns und in Debrecen leben überwiegend Protestanten.

Rund 4 Mio. Ungarn leben in den Nachbarländern (2 Mio. in Rumänien, über 700.000 in der Slowakei und in Tschechien, etwa 650.000 im ehemaligen Jugoslawien und knapp 200.000 in der Karpatenukraine). Die ungarische Minderheit in Rumänien gehört zur größten in Europa, die nicht im Mutterland lebt. Verstreute Ungarn findet man in den USA, in Israel und auch in Kanada.

Administrative Gliederung

Die Republik Ungarn besteht aus 19 Komitaten. Die größten Städte nach Budapest sind Miskolc, Debrecen, Szeged, Pécs und Győr. Die Amtssprache ist Ungarisch.

Budapest

Lage und Größe

Budapest liegt auf der Höhe Salzburgs auf der Linie Danzig – Tirana. Hier treffen zwei Landschaften verschiedenen Gepräges aufeinander. Die Große Tiefebene erstreckt sich im Osten bis zur Donau, während im Westen die Budaer Berge liegen.

Die Stadt ist 525 km² groß. Zwei Drittel entfallen auf Pest, ein Drittel nehmen die hügeligen Stadtteile Buda,

ARCHITEKTUR

Óbuda und die Budaer Berge ein. Der tiefste Punkt mit 96,5 Metern ist die Donau, und der höchste der János-Berg (529 m).

Klima

Die mittlere Jahrestemperatur beträgt 11 °C. Der wärmste Monat ist der Juli (durchschnittlich 24, 7 °C), der kälteste der Januar (-1 °C). Die Stadt hat relativ viele Sonnenstunden (fast 2000) im Jahresdurchschnitt.

Ein Fünftel der Menschen und zwei Fünftel der Industrie des Landes sind in Budapest konzentriert.

Architektur

„Ich muss den Ästheten eine niederschmetternde Mitteilung machen. Alt-Budapest war einmal neu."

Karl Kraus

Und das ist gar nicht lange her, denn was die Architekturästheten heute bewundern, ist in der Mehrheit kaum älter als 150 Jahre. Das heißt nicht, dass die ältere Architektur schlecht ist, sie existiert nur faktisch nicht. Die Dokumente der **Römerzeit** sind Ausgrabungen, und die frühen Bauwerke wurden beim Mongolensturm verwüstet. Zum Wiederaufbau des Landes kam sogar der große französische Architekt der **Gotik,** *Villard de Honnecourt*, ins Land. Aber auch die Baudenkmäler dieser Periode wurden während der 150-jährigen türkischen Besetzung weitgehend zerstört. An die **Türken** erinnern heute fast nur noch die Bäder und die Türbe des Gül Baba.

Erst mit dem verspäteten **Barock** setzte sich in Ungarn die Zeitrechnung der Architektur fort. Das goldene Zeitalter waren jedoch die etwa 50 Jahre der **k. u. k. Monarchie** ab 1867. Da brach das Land auf, eine Weltstadt an die Donau zu stellen. Der leicht größenwahnsinnige Ehrgeiz der selbstbewussten Stadt hieß Bauen, und das in einem mörderischem Tempo.

Die Koketterie mit der Unsterblichkeit gipfelte 1896 im Millenium, der **Tausendjahrfeier** der ungarischen Landnahme. Nicht nur wurde die maximale Traufhöhe Budapester Häuser auf 96 Meter festgesetzt, nichts konnte jetzt monumental genug sein: das grandiose Parlament mit zwei Kilometern Treppen, ein pompös eingerichtetes Opernhaus, die Brücke mit der größten Spannweite der Welt, die erste Untergrundbahn des Kontinents, eine Basilika, wie sie Ungarn noch nicht gesehen hatte, die pseudoromantische Fischerbastei und der Heldenplatz mit seinen Museen, die architektonische „Kleckerburg" Vajdahunyad, der Große Ring nach dem Muster des Grand Boulevard, die zentrale Markthalle, das Gellért-Hotel, der 42 Meter überspannende kühne Eisen-Glas-Bahnhof der Firma Eiffel & Cie. und der Ostbahnhof mit seiner sensationellen elektrischen Beleuchtung. Man bohrte das tiefste Loch Europas und baute sogar ein Fass für 1000 Hektoliter Wein.

Doch das war bei weitem nicht alles. Die prächtige zweieinhalb Kilometer

Bewohner

ARCHITEKTUR

lange Andrássy út wurde angelegt, der Pressepalast mit dem Café New York entstand, der Burgpalast wurde erweitert. Innerhalb von 30 Jahren überspannten drei neue, bemerkenswerte Brücken die Donau. Die Börse und der bizarre Greshampalast wurden aus dem Boden gestampft. Den Architekten war alles erlaubt, es musste nur neu sein und groß und ehrgeizig. Die noch heute imposant wirkenden Gebäude des Kunstgewerbemuseums, der Börse oder des Justizpalastes sind Zeugen einer Zeit, in der eine Stadt sich zum Ziel gesetzt hatte, Wien ebenbürtig zu sein oder ihm vielleicht sogar den Rang abzulaufen.

Selbst die Bürger wurden vom Sog des Baubooms erfasst. Ihre **Wohn- und Geschäftshäuser** wurden zu wahren Kunst-, Protz- und Kitschwerken. Und auch wenn heute viele in baufälligem Zustand sind, so künden doch edle Materialien, Stuckverzierungen und Statuen, Flure mit Putten und reich verzierten Portalen, mit Wand- und Deckenmalereien, elegante Erker und festliche Fassaden von der einstigen Pracht. Man sollte sich nicht scheuen, nach oben zu sehen und sich in den teilweise beeindruckenden Innenhöfen umzuschauen.

Ungarischer
Zuckerbäckerstil: Greshampalast

ARCHITEKTUR

Style Hongrois: orientalische Schnörkel im Kunstgewerbemuseum

Die **Architektur des Auslands** war dabei immer wieder Vorbild, Maßstab und Gegner zugleich. So kam es, dass beim Parlament Westminster grüßen lässt und die Andrássy út den Champs-Elysées ähnelt. Nur bildet anstelle des Arc de Triomphe der Heldenplatz den Abschluss (ein Triumphbogen ist dafür in Vác zu sehen). Am Oktogon befindet sich sogar die etwas verkleinerte Nachbildung des Palazzo Strozzi zu Florenz. Und von deutschem Einfluss zeugt die „Hungaria", die hier nach dem Muster der „Bavaria" als edle Kämpferin mit Stephanskrone und Schwert erscheint.

Auf der anderen Seite wollte man alte Denkmuster überwinden und einen spezifischen **„Style Hongrois"** herausbilden. Stararchitekt *Ödön Lechner* beispielsweise verband die Ornamentik der ungarischen Volkskunst mit Elementen der indischen und islamitischen Baukunst, weil er fälschlicherweise annahm, Indien sei die Urheimat der Ungarn. Als Verkleidungsmaterial dienten Zsolnay-Pyrogranit und Majolika – der Name stammt von den Fayencen aus Mallorca. Seine bedeutendsten Bauten sind die ehemalige Postsparkasse, das Kunstgewerbemuseum und das Geologische Institut.

ARCHITEKTUR

Stil war in Budapest anscheinend nie eine Frage der Schablone, sondern der Fantasie. So müsste es allein beim **Parlament** einem Ästheten eiskalt den Rücken herunterlaufen. Kenner entdecken am und im angeblichen Neogotik-Bau neben orientalischen Elementen Stilmerkmale des Barock, der Renaissance und des alten Byzanz.

Für eines der anerkannt bizarrsten Bauwerke der Stadt, das **Mausoleum der Familie** des Kaufmanns **Sándor Schmidl** (1903), sind *Lechner* und sein Schüler *Béla Lajta* verantwortlich. Das kleine türkisfarbene Juwel steht auf dem Jüdischen Friedhof an der Kozma utca und zerfällt zusehends.

Neben dem Jüdischen Friedhof erstreckt sich auch der **Friedhof,** auf dessen Parzelle 301 die Märtyrer des Volksaufstandes von 1956 – unter ihnen *Imre Nagy* – beerdigt sind.

Interessant ist der **Kerepesi-Friedhof,** auf dem fast alle Großen der ungarischen Geschichte ruhen – z. T. in Mausoleen beachtlichen Umfangs. Die enormen Ausmaße der Friedhöfe führten zu einem etwas skurril anmutenden Nebeneffekt. Man hat regelrecht Straßen für den städtischen Verkehr angelegt, um dem auch in Budapest angestiegenen Verkehrsaufkommen Herr zu werden. Auf dem Friedhof an der Kozma utca gibt es sogar Verkehrsschilder, eine Buslinie, und angeblich absolviert auf den Nebenwegen auch so mancher Fahrschüler private Übungsstunden.

Interessant ist auch, dass man die wirklich **bedeutsamen Architekten** der Stadt locker an einer Hand abzählen kann. Namentlich sind das neben *Ödön Lechner* vornehmlich die Herren *Hild*, *Hauszmann* und *Ybl*. Allein in Pest wurden mehr als 900 Entwürfe von *József Hild* angenommen. Seine bekanntesten Bauten sind die Kathedralen in Esztergom und Eger und die Basilika in Budapest. *Miklós Ybl*, Hauptvertreter der ungarischen Neorenaissance, entwarf beispielsweise das Opernhaus, Teile des königlichen Palastes und das ehemalige Hauptzollamt (heute Universität für Wirtschaftswissenschaften) am Pester Donauufer zwischen Freiheits- und Petőfibrücke. *Alajos Hauszmann* setzte nach *Ybls* Tod die Neugestaltung des königlichen Palastes in Buda fort. Außerdem stammen das Palais der Kurie, d. h. des früheren Obersten Gerichtshofes (das heutige Völkerkundemuseum), von ihm und am Budaer Donauufer das monumentale Hauptgebäude der Technischen Universität schräg gegenüber der Wirtschaftsuniversität, in dem ich mich wegen seines symmetrischen Aufbaus nicht nur einmal verlaufen habe.

Der Erste Weltkrieg lähmte das Baufieber. In der neofeudalen Horthy-Ära zwischen den Weltkriegen waren Stagnation und Armut an der Tagesordnung. Nach dem Zweiten Weltkrieg kam zunächst der Wiederaufbau und später das Grau der **Stalin- und Poststalin-Zeit.** Das ehemalige Parteigebäude der Kommunisten am Pester Ufer in der Nähe der Margaretenbrücke ist – obwohl blütenweiß strahlend – ein prominentes Beispiel dafür. Man nennt es nur das „Weiße Haus".

Auch den **Spitzenhotels** in bester Lage am **Pester Donauufer** kann man nichts Positives abgewinnen. Der blinde Devisenhunger der spätsozialistischen Ära hat diese Hotels so unverschämt ins Stadtbild wuchern lassen. Noch dazu in optischer Fastfood-Manier, die ein Ungar treffend mit „Man muss gute Miene zum bösen Stil machen" kommentierte.

Über das Hotel **Hilton,** das auf den Ruinen eines Dominikanerklosters steht, gab es stets geteilte Meinungen. Architektonisch fällt das Gebäude natürlich gründlich aus dem Rahmen. Andererseits fand man lange Zeit gar keinen Investor für die Klosterruine, die neben der Matthiaskirche reichlich depressiv wirkte, und mittlerweile gehört für manche die Spiegelfassade schon fast zum notwendigen Beiwerk der Fischerbastei. Ob das Hilton Teil des Weltkulturerbes ist, möchte man allerdings in Zweifel ziehen. Was die anonymen **Satellitenstädte** des real existierenden Wohnungsbaus angeht, hat man zum Glück die Innenstadt verschont. In den Außenbezirken sieht der Betonwildwuchs aber umso trostloser aus. Der Schriftsteller *István Eörsi* meint dazu: „Aus dem stimmungsvollen Altbuda wurde ein nichtssagendes Kaltbuda." Diese Entwicklungen sind eine Ohrfeige für das Auge.

Elegant wird dagegen auf dem **Rosenhügel,** der Privilegiertengegend, gewohnt und gebaut. Allerdings brachte die Selbstdarstellungsneurose der Nouveau Riches dort auch eine prächtige Blüte pseudoungarischer Schwulstarchitektur hervor.

Ungarns unangefochtener Toparchitekt der Gegenwart heißt *Imre Makovecz*. Wegen seiner verblüffend fantasievollen und eigenwilligen Ideen gilt er auch international als genialer Kopf und wird als Schlüsselfigur der ungarischen „organischen Architektur" angesehen. Von ihm stammt beispielsweise der viel beachtete siebentürmige Holzpavillon Ungarns auf dem EXPO-Gelände in Sevilla. In Ungarn entstanden beispielsweise verschiedene Kirchenbauten in Siófok und Paks oder die Pasaréter Friedhofshalle nach seinen Entwürfen. „Organisches" findet man in Budapest in der Hattyú utca und auf dem Farkasréter Friedhof.

Der Architekt des viel beachteten ungarischen Pavillons auf der EXPO in Hannover 2001 war *György Vadász*.

Geschichte

„Hätte Urvater Árpád nicht noch etwas weiter nach Westen reiten und sich dort niederlassen können …?!"
Redensart in Ungarn

Vorgeschichte

Obiger Wunsch ist angesichts der ungarischen Geschichte durchaus berechtigt und verständlich, denn nicht selten war Ungarn der Prügelknabe an der **Peripherie der „besseren Hälfte" Europas.** Vielleicht ist diese Rolle zwischen Zivilisation und Barbarei schon schicksalhaft, denn lange vor den Ungarn war der Limes an der Donau die

Geschichte

Grenze zwischen dem Römischen Reich und den „Barbaren". Später war Ungarn Bollwerk gegen *Batu Khans* Mongolen sowie 150 Jahre lang das Gibraltar Mitteleuropas am äußersten Machtbereich der Türken. Im Zweiten Weltkrieg wurde die Zerstörung Wiens durch die des belagerten Budapest verhindert, denn als die Front vor Wien stand, ging der Krieg zu Ende. Der Führerbefehl vom Dezember 1944 lautete: „Budapest muss zum Stalingrad der Russen gemacht werden". Nach dem Krieg war das Land Teil des Eisernen Vorhangs, und im Moment spielt Ungarn die Schengener Prellbockfunktion im Wohlstandsgefälle.

Angesichts der heutigen Lage in der Urheimat der Ungarn sollte man allerdings zufrieden sein, dass Urvater *Árpád* überhaupt so weit nach Westen geritten ist. Die lange **Wanderung der Ungarn** begann nach heutigem Wissen etwa im 3. Jahrtausend v. Chr., als die ugrischen Völker und damit die Vorfahren der Ungarn aus den zwischen Ural und Wolgaknie lebenden finnougrischen Völkern ausschieden. Etwa um das Jahr 1000 v. Chr. trennten sich die ungarischen Stämme von den ugrischen Völkern und wanderten an die Ufer des Schwarzen Meeres.

Humangenetische Untersuchungen haben gezeigt, dass die Ungarn **mit den Finnen** und den **Persern verwandt** sind. Diesbezüglich gibt es zwei Hypothesen. Die Erste geht davon aus, dass die Ungarn auf ihrer Wanderung mit persischen Stämmen in Berührung kamen und verschmolzen. Die andere vermutet sogar, dass die Vorfahren der finnougrischen Völker aus Mesopotamien stammen. Wie dem auch sei: Dass bei der Wanderung immer auch militärische Auseinandersetzungen im Spiel waren, darf mit Recht vermutet werden. Mit den Wellen der Völkerwanderung wurden die Ungarn immer weiter nach Westen abgedrängt, und als im Jahre 895 die Petschenegen den Don überschritten und die Ungarn vertrieben, flüchtete ein Teil des Steppenvolkes in das Gebiet des heutigen Ungarn. Andere verblieben im Gebiet des heutigen Baschkiriens, ihre Spuren verlor<gen sich jedoch nach den Eroberungskriegen *Batu Khans*.

Das eroberte Gebiet hatte bereits eine ansehnliche Geschichte aufzuweisen, denn schon in der Altsteinzeit lebten hier Menschen. Im 4. Jh. v. Chr. war es Siedlungsgebiet der Kelten, und im Jahre 10 v. Chr. unterwarfen die **Römer** das Gebiet westlich der Donau. Sie nannten ihre neue Provinz „Pannonia Inferior". Auf dem Gebiet des heutigen Budapest entstand im Jahre 19 zur Grenzsicherung das **Castrum Aquincum** als Teil des Limes, der am Westufer der Donau verlief. Die Römer wussten um die Bedeutung dieses Ortes. Hier trafen sich zwei wichtige Straßen, die Wasserstraße auf der Donau und die uralte Handelsstraße, die den Westen mit dem Osten verband. *Marc Aurel* persönlich hatte Aquincum als Verwaltungssitz für die neue Provinz bestimmt. Stationiert war hier die pannonische Legion, die in der Geschichte Roms mehrfach eine Schick-

GESCHICHTE

Im Römermuseum Aquincum:
der Sarkophag der Organistin Aelia Sabina

salsrolle für machthungrige Kaiser spielte. Erst *Vespasian* war so geistesgegenwärtig, die „verlässliche und treue Legion" nach Aquincum zu schicken. In Budapest und im Bereich des Balaton-Nordufers sind noch viele Gebäude und Denkmäler der Römer erhalten. Im Jahre 294 errichteten die Römer ein weiteres Castrum, diesmal am linken Donauufer. Die Reste dieses Contra-Aquincums sind gleich neben dem Pester Brückenpfeiler der Elisabethbrücke zu sehen.

Mit dem Zerfall des römischen Reiches erschienen aus dem Osten die **Hunnen** auf der europäischen Bildfläche. Gänzlich entgegen ihren Gepflogenheiten erhielten die Hunnen Aquincum per Vertrag und nannten es, angeblich nach dem Bruder *Attilas,* „Buda". Andere meinen, die Namen Buda und Pest stammten aus der Sprache der slawischen Stämme, die zur Zeit der Völkerwanderung hier lebten. Jedenfalls setzten wenig später die gefürchteten und blutigen Eroberungszüge der Hunnen ein. Der sagenhafte *König Attila,* die „Geißel Gottes", hinterließ auch bei den Germanen Spuren. Im Nibelungenlied begegnet er uns als *Etzel,* der *Kriemhild* heiratet und 13 Jahre mit ihr lebt. Die Etzel-

GESCHICHTE

burg, in der *Kriemhild Hagen* den Kopf abschlug, soll der Legende nach auf dem ehemaligen Amphitheater von Aquincum gestanden haben. Historiker halten allerdings nichts von dieser Theorie, weil auf dem Gebiet Budapests nur spärliche Funde aus der Hunnenzeit ans Tageslicht kamen. (Die Etzelburg war der damalige Mittelpunkt Europas.)

451 endete durch die Niederlage in Gallien die Macht der Hunnen, und nach *Attilas* Tod (453) zerfiel sein Reich schnell. Das sagenumwobene Grab *Attilas* befindet sich wahrscheinlich auf dem Gebiet des heutigen Ungarn südlich von Körös und nördlich von Temes. Es ist bis heute unklar, ob es Gemeinsamkeiten zwischen den Ungarn und den Hunnen gibt. Dem hunnisch-ungarischen Sagenkreis zufolge hatte der Riese Nimród zwei Söhne, Hunor und Magor, wobei die Ungarn von Magor und die Hunnen von Hunor abstammen sollen. Hunor und Magor wurden auf der Jagd nach einem Wunderhirsch an die Krim geführt. Sicher ist, dass sich die Ungarn immer irgendwie für die Nachfahren der Hunnen hielten – das Ausland verwechselte sie ohnehin oft genug – und dass es Anzeichen für eine Verwandtschaft gibt.

Nach den Hunnen lebten im Gebiet des heutigen Ungarn Slawen, Langobarden, Awaren und nicht zuletzt auch Bayern und Franken, die schon um 800 von *Karl dem Großen* in den Provinzen Friaul und Ostmark – etwa im heutigen Transdanubien – angesiedelt wurden.

Die Landnahme der ungarischen Stämme

Die sieben ungarischen Stämme mit ihren Fürsten *Árpád, Előd, Ond, Kond, Tass, Huba* und *Töhötöm* (siehe Stichwort „Heldenplatz") trafen also nach jahrhundertelangen Wanderungen als Nomadenvolk im Karpatenbecken ein. Die unbekannten Neuankömmlinge waren zwar schon einige Jahre vorher durch ihre Raubzüge an den Ostgrenzen des Frankenreiches aufgefallen, doch diesmal kam das Reitervolk endgültig und eroberte das Land von den dort lebenden Völkern, wobei jene offenbar weder flüchteten noch vertrieben wurden.

Die Schätzungen der Fachleute bezüglich der Anzahl der Ungarn reichen von 150.000 bis zu 500.000 Menschen. In der Nähe von Szeged schlossen die Stammesfürsten einen **Blutsbrüderbund,** der die Magyaren unter *Großfürst Árpád* einte.

Schon wenig später ging in Europa die Angst um, denn die Ungarn unternahmen in der Folgezeit fast jährlich berüchtigte und ausgedehnte **Raubzüge** bis nach Frankreich, Spanien, Deutschland und Italien. In der ungarischen Geschichtsschreibung liest man für diese doch recht unzivilisierte Form des Lebensunterhaltes das bonbonfarbene Wort „Streifzüge". Es muss schon damals ein Art Geheimdiplomatie gegeben haben, denn eigenartigerweise gerieten die zur gleichen Zeit in Europa wütenden Normannen in ihren „Streifzügen" nie mit den Ungarn aneinander, ja mehr noch, in der Donau hat man sogar nordische Waffen gefunden.

In Deutschland dokumentierte sich die Angst vor den Ungarn in der Litanei der Allerheiligen: „A sagittis Hungarorum, ebera nos, Domine!" (Vor den Pfeilen der Ungarn errette uns, o Herr!) *Regino*, der Abt von Prüm, schrieb über „das sehr wilde und alle Raubtiere an Grausamkeit übertreffende Volk der Hungarn ... Sie essen nämlich, wie das Gerücht geht, rohes Fleisch, trinken Blut, verschlingen als Heilmittel die in Stücke zerteilten Herzen derer, die sie zu Gefangenen gemacht". Eine italienische Hymne an den Schutzheiligen von Modena enthält die Verse: „Nunc te rogamus licet servi pessimi ab Ungarorum nos defendes iaculis." (Jetzt, obwohl schlechte Diener, bitten wir dich, uns vor den Lanzen der Ungarn zu beschützen.)

Militärische Schwierigkeiten setzten schließlich dem unanständigen „Way of Life" der Neueuropäer ein Ende. Die ausschlaggebenden Ereignisse waren die **Niederlage bei Merseburg** (933) und vor allem jene **auf dem Lechfeld** bei Augsburg (955) gegen die Deutschen unter *Otto*, den die Ungarn nun gar nicht mehr gut fanden. Größer als der militärische Einbruch – nur etwa ein Drittel des ungarischen Heeres befand sich auf dem Raubzug – war aber das Trauma. Nach dem Glauben der altungarischen Religion, einer Art Schamanentum, musste einem ein getöteter Feind im Jenseits dienen. Dass nun aber die hingerichteten ungarischen Heerführer den Deutschen dienen mussten, war eine niederschmetternde Konsequenz, die vielleicht zur Entstehung der **Sage um Lehels Horn** führte. *Lehel*, einer der Ungarnführer, wurde nach der Schlacht hingerichtet. Allerdings, so die Sage, sei sein letzter Wunsch gewesen, noch einmal auf seinem Horn zu blasen. Mit diesem erschlug er noch einen anwesenden deutschen Heerführer, der nun seinerseits *Lehel* im Jenseits dienen musste. Das mutmaßlich tödliche Horn ist im Museum von Jászberény zu sehen.

Für die Ungarn stellte sich nun die Frage, erobert und wahrscheinlich assimiliert zu werden oder durch Übergang zum christlichen Glauben und das Erlernen von Ackerbau usw. die nationale Identität zu bewahren. *Fürst Géza* wählte Letzteres. Eine Entscheidung, die mit Recht das Prädikat „weise" verdient, obwohl es noch lange Zeit starke und blutige Widerstände gegen die **Christianisierung** gab. Ab 972 trafen christliche Missionare im Land ein – hauptsächlich Priester des Passauer Erzbischofs *Pilgrim*. 997 heiratete *Gézás* Sohn *Vajk*, der spätere Staatsgründer *Stephan*, *Gisela*, die Tochter des bayerischen Herzogs *Heinrich der Zänker*. Sie sollte eigentlich Nonne werden und kehrte nach *Stephans* Tod nach Passau zurück, wo sie Vorsteherin eines Klosters wurde.

Staatsgründung und die frühen Jahrhunderte

Am 1. Januar 1000 oder 1001 ließ *Géza* seinen Sohn *Vajk* mit der von

Papst Sylvester II. erhaltenen und geweihten Krone zum **ersten ungarischen König** krönen. (Im Jahr 2000 feierte Ungarn also ein doppeltes Millennium!) Als apostolischer König unterstand er damit dem Papst und nicht dem deutschen Kaiser. *Vajk* erhielt den Namen *Stephan,* weil er durch einen Passauer Priester getauft wurde und Stephan der Schutzheilige der Passauer Kirche ist. Königssitz wurde Esztergom. Die Bekehrung seines Volkes betrieb *Stephan* konsequent. Er verpflichtete jedes zehnte Dorf zum Bau einer Kirche und regierte mit fester, oft blutiger Hand. So ließ er aus machtpolitischen Gründen einen möglichen Nachfolger, seinen heidnischen Vetter *Vászoly,* blenden. Trotzdem wird der erste König der Ungarn schon seit seinen Lebzeiten verehrt. 1083 wurde er heilig gesprochen.

Nach dem Tode des Königs (1038) gab es keinen Erben für das Reich, denn *Stephans* einziger Sohn *Imre* war bei einem Jagdunfall ums Leben gekommen. Nach jahrelangen Krisen und Intrigen wurde 1046 *Andreas I. (Endre)* König, ausgerechnet ein Sohn *Vászolys.* Die deutschen Kaiser versuchten indessen, Ungarn zur Lehnprovinz zu machen, was jedoch misslang und 1055 im Frieden mit Ungarn endete. Das Grab *Andreas' I.* (gestorben 1060) blieb in der Benediktinerabtei in Tihany erhalten.

Zur Zeit *Bélas III.* (Ende des 12. Jh.) erlebten Esztergom und das ganze Gebiet am Donauknie Glanz und Blüte. So waren auch *Bélas* Amtskollegen *Friedrich Barbarossa* und der König von Frankreich, *Ludwig XII.,* zu Gast am Hof von Esztergom. Schon zu jener Zeit siedelten sich die ersten Sachsen im heutigen Siebenbürgen an.

Im 13. Jh. setzte die **feudale Zersplitterung** ein. *Andreas (Endre) II.* war genötigt, Konzessionen an den Adel zu machen. In der Goldenen Bulle (1222) wurden die wichtigsten verfassungsmäßigen Grundprinzipien festgelegt. Zuvor unternahm er eine längere „Dienstreise" ins Gelobte Land, die unter dem Namen „Fünfter Kreuzzug" bekannt wurde. Bekannt wurde jedoch vor allem seine Tochter *Elisabeth,* die spätere Frau des Thüringer Landgrafen. Als Fürsorgerin der Armen und Kranken hatte sie schon zu Lebzeiten einen legendären Ruf und wurde 1235 von *Papst Gregor IX.* heilig gesprochen. Viele Sagen und Legenden berichten von ihr, und auch Künstler wie *Liszt* und *Wagner* („Tannhäuser") griffen den Stoff auf. Ihr Witwensitz war das Marburger Schloss.

1241 erschienen die Krieger von *Batu Khans* Goldener Horde an den Grenzen des Landes. In der Schlacht gegen die **Mongolen** in der Nähe der Gemeinde Muhi am Fluss Sajó wurde das Heer *Bélas IV.* (1235–1270) vernichtend geschlagen. Böse Zungen behaupten, dass die Ungarn während der Christianisierung ihre kriegerischen Fähigkeiten eingebüßt hatten, für die sie früher berühmt-berüchtigt waren. Der König konnte sich jedenfalls nur mit Mühe retten und floh nach Dalmatien. Eine bayerische Chronik vermerkte dazu: „Ungarn wurde nach 250-jährigem Bestehen in

GESCHICHTE

diesem Jahr von den Tataren vernichtet". Die Mongolen zogen ein Jahr später plötzlich wieder ab. Man nimmt an, dass das Gebiet nur für einen späteren und endgültigen Eroberungszug „vorbereitet" werden sollte, der jedoch 1285 an der Donau gestoppt werden konnte.

Béla IV. lenkte den Wiederaufbau. Neue Burgen brauchte das Land, und so wurde Ungarn militärisch befestigt. *Béla IV.* wird als „zweiter Staatsgründer" gefeiert.

1301 starb die Dynastie der Árpáden aus. Nach sieben Jahren der Anarchie setzte sich mit dem Wohlwollen des Papstes die neapolitanische **Dynastie der Anjou** auf den ungarischen Thron. Der auserwählte Herrscher *Karl Robert* festigte die Zentralgewalt, ließ in Buda die ersten Goldmünzen Ungarns prägen und verlegte die Residenz von Esztergom nach Visegrád. Nach ihm regierte sein Sohn, *Lajos I.* (1342–1382). der seinem Reich den halben Balkan einverleibte. Außerdem regiert er in Personalunion Neapel und Polen. Zu seiner Zeit „benetzten drei Meere Ungarns Ufer". 1367 wurde die erste Universität Ungarns (die fünfte in Europa) in Pécs gegründet. 1374 stiftete *Lajos* der heiligen Elisabeth eine Kapelle im heute zum UNESCO-Weltkulturerbe gehörenden Aachener Dom, da viele Ungarn an den Krönungsort der deutschen Kaiser pilgerten. Von der frühgotischen Kapelle blieb nichts erhalten. An ihrer Stelle entstand eine Barockkapelle ungarischer Thematik, die bis heute Ungarische Kapelle genannt wird.

Der nächste bedeutende König war *Sigismund von Luxemburg* (reg. 1387–1437), der zuerst ungarischer König, später auch böhmischer Regent und im fortgeschrittenen Alter sogar noch römisch-deutscher Kaiser war. Er erhob Buda zur ständigen Königsresidenz und war jener wortbrüchige Herrscher, der *Jan Hus* auf dem Scheiterhaufen verbrennen ließ.

Nach wiederholten **türkischen Angriffen** besiegte am 22. Juli 1456 das ungarische Heer unter der Führung des Siebenbürger Wojewoden *János Hunyadi* das 90.000 Mann starke türkische Heer *Sultan Mohammeds II.* bei der Verteidigung der Grenzfestung Nándorfehérvár (heute Belgrad). *Papst Calixtus III.* nahm den Sieg zum Anlass, den 6. August (der Tag, an dem er die Siegesnachricht erhielt) der christlichen Welt als Feiertag vorzuschreiben.

Dieser Sieg bannte für 70 Jahre die Bedrohung durch die Türken.

Paradoxerweise war es ein Ungar, der drei Jahre zuvor maßgeblichen Anteil an der Eroberung Konstantinopels durch die Türken hatte. Der Waffenschmied *Urban,* der beste Geschützbauer der Welt, verhalf der türkischen Artillerie zu jener Leistungsfähigkeit, mit der die Belagerungsarmee die Dreifachmauern auf der Landseite Konstantinopels zerbrechen konnte. *Stefan Zweig* hat das eindrucksvoll in seinen „Sternstunden" geschildert.

Glanz und Gloria unter König Matthias I. Corvinus (1443–1490)

Matthias I. Corvinus, der Sohn von *János Hunyadi,* hatte schon als Kind an der Schlacht bei Nándorfehérvár teilgenommen und wurde dafür zum Ritter geschlagen. Kurz nach der Schlacht starb sein einflussreicher Vater an der Pest. Ein Jahr später wurde sein älterer Bruder geköpft. Schon im nächsten Jahr wählten die Stände den 15-Jährigen zum König. Mit 18 heiratete er *Katalin Podjebrád.* Doch bereits nach drei Jahren starb die Königin. Einige Jahre später nahm er *Beatrix von Aragon,* die Tochter des Königs von Neapel, zur Frau.

Der junge Autodidakt erwies sich schnell als talentierter Stratege und Bändiger seiner zahlreichen Gegner. Auch ist er bis heute der beliebteste und **legendenumwobenste Herrscher.** Es existieren viele Sagen um seine Gestalt, und er wird vom Volk mit dem Heiligenschein der Gerechtigkeit versehen. Ein von ihm erlassenes Gesetz erlaubte es beispielsweise, Hausbesitzer zu enteignen, die ihre Häuser nicht instand hielten.

Zweifellos war er ein gebildeter Herrscher, ein **Renaissancekönig** wie aus dem Lehrbuch. Er ließ die großen Königsresidenzen in Visegrád und Buda ausbauen (der große Baumeister des Prager Hradschin, *Benedikt Rejt,* lernte und arbeitete in Buda) und machte Buda zu einem Zentrum der europäischen Kultur. Unter *Matthias* wurde das erste Buch in Ungarn gedruckt, er legte eine berühmte Bibliothek an, pflegte die Wissenschaften (hier forschte z. B. *Regiomontan*) und die Kunst. *Janus Pannonius* wirkte an *Matthias'* Hof, und selbst der Leiter des damaligen päpstlichen Chores räumte ein, dass *Matthias'* Chor dem seinen ebenbürtig sei.

Sein ständiges Heer von 20.000 Soldaten, die so genannte „Schwarze Schar", war eine moderne Armee, und praktisch das erste Berufsheer auf europäischem Boden. Ihr verdankte Ungarn seine größte **Machtausdehnung** (Mähren, Schlesien und die Lausitz wurden erobert). 1485 besetzte er Wien, das er zur Residenz machte und das bis zu seinem dortigen Tod (angeblich Giftmord) unter ungarischer Herrschaft blieb. *Matthias Corvinus* starb ohne rechtmäßigen Erben (sein Sohn *János* entstammte einer unehelichen Verbindung). So fiel das Reich an die böhmischen Jagellonen. Aufgrund machthungriger und zerstrittener Feudalherren zerfiel das Königtum jedoch schnell. Nach *Matthias,* dem letzten nationalen König, gewann Ungarn keinen Krieg mehr.

1514 fand ein antifeudaler **Bauernaufstand** unter *György Dózsa* statt. Der Siebenbürger Wojewode *János Szápolyai* schlug den Aufstand blutig nieder und ließ Dózsa auf einem glühenden Thron hinrichten. Die Leibeigenschaft wurde Gesetz. *Voltaire* beschrieb das treffend mit „Man muss

Türkisches Grabmal (Türbe) des Gül Baba

zugeben, dass die Adligen Ungarns kleine Tyrannen waren, die nicht tyrannisiert werden wollten."

150 Jahre Türkenherrschaft und Dreiteilung des Landes

Offensichtlich war die Entscheidung *König Lajos II.*, sich mit den anrückenden türkischen Heeren im offenen Feld anzulegen, von keiner Sachkenntnis getrübt, denn sonst hätte er gewusst, dass ihn eine zehnfache Übermacht erwartete. Das Ergebnis war desaströs und für Ungarn schicksalhaft. Am 29. August 1526 metzelten die Armeen *Suleimans II.* in der **Schlacht bei Mohács** das ungarische Heer samt König nieder. Heute befindet sich über den aufgefundenen Massengräbern ein nationaler Gedächtnishain mit Holzstatuen in der Art altungarischer Grabmale.

Aus der Ehe des Königs mit der Schwester *Ferdinands von Habsburg* gingen keine Nachkommen hervor, und so wurde *Anna*, die Schwester des Königs, Erbin des Reiches. Sie war wiederum mit eben jenem *Ferdinand*, dem Ahnherren der geschichtsträchtigen Habsburger Dynastie, verheiratet, und so erklärt sich der **Habsburger Einfluss** auf Ungarn.

Auch *János Szápolyai* hegte seinerseits Thronansprüche. Er bot den Habsburgern an, *Ferdinands* Schwester, die Witwe *Lajos II.*, zu ehelichen. Als Habsburg ablehnte, kam es zum Machtkampf. *Szápolyai* verlor und musste fliehen. Doch er paktierte mit den **Türken,** die ihn nach der Eroberung Budas und Wiens 1529 als König in Buda einsetzten. Als *Szápolyai* 1540 starb, ergriff *Ferdinand* seine Chance und belagerte Buda. Der Budaer Bischof, *György Martinuzzi*, wollte jedoch *Szápolyais* Sohn die Macht übertragen und bat die Türken um Hilfe. *Suleiman II.* kam, sah und siegte über *Ferdinands* Truppen. Außerdem besetzte er seinerseits Buda ohne Gegenwehr unter dem Vorwand, *Szápolyais* Sohn helfen zu wollen. Diesen schickte er aber kurzerhand nach Siebenbürgen, und von nun an wehte für 150 Jahre der Halbmond über Buda.

Ungarn **zerfiel in drei Teile:** der mittlere wurde türkisches Eroberungsgebiet, die Habsburger Besatzungszone erstreckte sich im Westen und Norden und nach der Türkenvertreibung

GESCHICHTE

auf das ganze Land, Siebenbürgen im Osten wurde ein selbstständiges Fürstentum und bewahrte einen bedeutenden Teil ungarischer Identität.

Im Habsburger Einflussgebiet entlang der **Südostgrenze des Heiligen Römischen Reiches** wurde Pressburg (Pozsony oder Bratislava) ungarische Hauptstadt und blieb es bis 1848. In dieser Zeit verlief das strategische Gleichgewicht quer durch Ungarn, und der ständige Kampf um die wichtigen Grenzburgen markierte das Aufeinandertreffen beider Kulturkreise. Symbolwirkung hatte in dieser Zeit die Verteidigung der Burg von Eger (Erlau).

Zugleich kämpften die Ungarn aber auch für ihre nationale und religiöse Unabhängigkeit (Reformation) gegenüber Habsburg, wobei die Kriege der siebenbürgischen Fürsten *István Báthory* (1575/86), *István Bocskai* (1604/06) und *Gábor Béthlen* (1618/28) sowie der Kurutzenaufstand unter *Imre Thököly* (1678/85), dem „ungarischen Götz von Berlichingen", Teilerfolge brachten. So wurde 1681 die Verfassung wieder hergestellt und der Protestantismus gestattet.

1683 standen die Türken unter *Großwesir Kara Mustafa* erneut vor Wien, wurden jedoch durch die vereinten christlichen Heere Schritt für Schritt vertrieben. 1686 wurde Buda zurückerobert, und ein Jahr später ging nach der Entscheidungsschlacht – abermals in der Region von Mohács – die **Türkenherrschaft** in Ungarn praktisch **zu Ende.**

Kampf gegen und für Habsburg

Als Preis für die Befreiung wurde 1687 von den Ungarn auf dem **Pressburger Landtag** das Thronfolgerecht der männlichen Linie des Hauses Habsburg gesetzlich anerkannt und durch den **Frieden von Karlowitz** (1699) das ganze Land der Habsburger Monarchie einverleibt, die es als eine Art Selbstbedienungsladen betrachtete.

Die Quittung: Kaum fünf Jahre später fand erneut ein **Freiheitskrieg** gegen die Habsburger statt, den *Fürst Ferenc Rákóczi II.* – nicht zu verwechseln mit dem Stalinisten *Rákosi* – führte. Militärische Unterstützung im Ausland fand er trotz vieler Verhandlungen und eines Geheimpaktes mit *Peter dem Großen* nicht. Der Kampf endete militärisch erfolglos, rang den Habsburgern jedoch Kompromisse ab. Gegen Zusicherung der Verfassung wurden die Waffen gestreckt. Nach der Niederlage ging *Rákóczi* ins polnische und französische Exil. Er starb 1735 in der Türkei. Ein Denkmal *Rákóczis* steht übrigens in Bad Kissingen – er soll 1737 die später nach ihm benannten Salzquellen entdeckt haben. Das jährliche Rakoczy-Fest am letzten Juliwochenende ist eine der wichtigsten Bad Kissinger Veranstaltungen.

1723 wurde von den Ungarn auch die Thronfolge der weiblichen Linie des Hauses Habsburg anerkannt. Dafür erklärte der Habsburger König feierlich, dass er und seine Nachfolger alle Grundgesetze Ungarns einhalten und seine Freiheiten hüten werden. Dieses Dekret sicherte 17 Jahre später *Maria Theresia* den Anspruch auf den ungarischen Thron.

Die Ungarn unterstützten die Kaiserin in ihren Erbfolgekriegen gegenüber den selbsternannten Alteigentümern aus Preußen, Bayern, Sachsen, Frankreich, Spanien und Neapel. Der plötzliche Sinneswandel im Umgang mit Habsburg resultierte aus den Privilegien, die die Österreicher dem ungarischen Adel gewährten. Die Blaublüter konstatierten damals hochzufrieden: „Extra Hungariam non est vita; si est non est ita." (Außerhalb Ungarns gibt es kein Leben; und wenn doch, dann ist es nicht wie dieses.)

Romantische Verklärung des Massenmordes: „Schlacht bei Nándorféhervár"

GESCHICHTE

Der berühmteste Balkon Ungarns:
Hier wurde 1848 die Revolution ausgerufen

Maria Theresia hatte in ihrer Zeit großen Einfluss auf Ungarn und betrieb die Ansiedlung vor allem deutscher **Zuwanderer**. Das Land sollte zur Kornkammer Österreichs werden. Sie ließ auch die seit der Türkenvertreibung zerstörte Budaer Burg der ungarischen Könige wieder aufbauen.

1784 ließ ihr Sohn *Joseph II.* den Statthalterbeirat und die königliche Kammer aus Pressburg nach Buda übersiedeln. Damit erhielt die Burg wieder hauptstädtischen Charakter. *Joseph* verordnete dem Land **gewaltsame Reformen** wie die Abschaffung feudaler Privilegien und die Einführung des Deutschen als Amtssprache. Diese **Zwangsgermanisierung** brachte sogar den ungarischen Feudaladel zur Besinnung und entfesselte eine nationale Automatik, die schließlich den bereits auf dem Sterbebett liegenden König zur Rücknahme aller Reformen zwang (mit Ausnahme der Abschaffung der Leibeigenschaft).

Die Reformzeit

Anfang des 19. Jh. begann in Ungarn die nationale Reformbewegung. Die Landtage dieser Zeit minderten feudale Lasten der Bauern, regelten den ausschließlichen Gebrauch des Ungarischen in der Rechtsprechung und Religionsausübung, führten eine gewisse Autonomie der Dörfer ein und schufen Gesetze zur kapitalistischen Ent-

Geschichte

wicklung. Der eigentliche Aktivist in Sachen Reformen war *Graf István Széchenyi*. Die Gründung der Akademie der Wissenschaften und auch der Bau der Kettenbrücke sind hauptsächlich ihm zu verdanken.

Die Revolution von 1848

1848 wurden *Franz Joseph I.* und die aus Bayern stammende Prinzessin *Elisabeth* (Sissi) zum österreichischen Kaiserpaar gekrönt und mit Übernahme der Macht auch Herrscher über Ungarn. Doch für Monarchien standen die Sterne schlecht. Am 15. März 1848 brach in Pest die **Bürgerliche Revolution** aus. In der zunächst friedlichen Revolution hob man den rein adligen Landtag in Pressburg auf und begründete ihn in Pest als **nationales Parlament** neu. Am 11. April 1848 wurden wichtige Gesetze verabschiedet, wie z. B. die völlige Rechtsgleichheit aller Bürger.

Im Herbst brach der Konflikt zwischen Ungarn und Österreich offen aus. **Habsburger Truppen** unter *Feldmarschall Windischgrätz* überfielen die Revolutionäre, die Regierung *Batthyány* trat zurück, und es kam zur Bildung eines Landesverteidigungskomitees, dessen Führung *Lajos Kossuth* übernahm. Er organisierte die Landwehr (*Honvédség*).

Debrecen im Osten Ungarns wurde zum Sitz der **Kossuth-Regierung** und des Parlamentes. Im April 1849 erklärte *Kossuth* die Habsburger des ungarischen Throns für verlustig und Ungarn zum unabhängigen Staat. *Széchenyi* Verhältnis zu *Kossuth* war gespannt. Trotzdem bezeichnete *Kossuth* seinen Widersacher als den „größten Ungarn."

Der polnische General *József Bem*, Veteran des *napoleonischen* Russlandfeldzuges und späterer Pascha von Aleppo, befehligte die Revolutionstruppen in Siebenbürgen, das er befreite. Der Oberkommandierende der ungarischen Hauptarmee war *Artúr Görgey*, der das von österreichischen Truppen besetzte Buda am 21. Mai zurückeroberte. Im **Frühjahrsfeldzug 1849** gelang es ihm, das Land fast völlig zu befreien.

Der Wiener Hofstaat sah nur einen Ausweg: den Joker Russland! Nach fast einem Jahr Krieg setzten die Wien zu Hilfe eilenden **zaristischen Truppen** dem Kampf ein Ende. Am 13. August kapitulierte *Görgey* bei Világos (Rumänien), und Feldmarschall *Paskjewitsch* konnte *Zar Nikolaus I.* melden: „Ungarn liegt Eurer Majestät zu Füßen". Danach begann **Baron Haynaus Terrorherrschaft.** Als deutlichstes Zeichen der Repression ließ er am 6. Oktober dreizehn Generäle und den Ministerpräsidenten der ersten ungarischen Regierung, *Lajos Batthyány*, hinrichten, darunter die Deutschen *Ludwig Aulig* und *Karl Leiningen-Westerburg* und der Österreicher *Ernst von Pöltenberg*. Geradezu grotesk erscheint es, dass sich *Haynau* nach seiner Absetzung im Jahre 1850 einen Kossuth-Hut und ein Grundstück in Ungarn kaufte, sich einen Schnauzbart wachsen ließ und fortan bei jeder sich bietenden Gelegenheit lauthals verkündete: „Wir Ungarn lassen unsere Rechte nicht!"

Kossuth und anderen Patrioten gelang die Flucht. *Kossuth* lebte in der Türkei, in England, Frankreich und den USA, wo er große Popularität erlangte. Bei seiner Ankunft an Bord der „Humboldt" wurde er im Hafen von Staten Island durch einen Salut von 31 Kanonenschüssen (so viele Staaten zählte damals die Union) begrüßt. Das Repräsentantenhaus empfing *Kossuth* in einer öffentlichen Sitzung, eine Ehre, die vorher nur *Lafayette* erwiesen worden war (noch 1963 nahm *John F. Kennedy* in seiner Rede in der Frankfurter Paulskirche Bezug auf *Kossuth*).

Kossuth setzte sich mit unermüdlicher Courage weiter für die Freiheit Ungarns ein, doch konkrete Hilfe blieb aus. Er starb 1894 in Turin. **Kossuth-Gedenkstätten** befinden sich u. a. in New York und Dresden-Hellerau.

Trotz aller Achtung vor der Größe der Revolution sollte man wissen, dass gerade die unnachgiebige Haltung der Revolutionsführung in der Nationalitätenfrage (vor allem bezüglich der Sprachbenutzung) ein wesentlicher Grund für das Scheitern gewesen war.

Habsburg war infolge der Revolution dennoch zu **Konzessionen** gezwungen. Dazu kamen der wachsende Widerstand der Magyaren sowie außenpolitische Misserfolge am Fließband (Krimkrieg 1853/1856, Niederlage gegen Frankreich 1859).

Reste der Stadtmauer

GESCHICHTE

Die k. u. k. Monarchie

Nachdem Österreich 1866 die Schlacht bei Königgrätz (Hradec Kralove, Böhmen) gegen Preußen verloren hatte, sah man sich zum Ausgleich mit Ungarn gezwungen. Es kam zum Dualismus, der **Doppelmonarchie Österreich-Ungarn** (im heutigen Sportdeutsch würde man wohl „Paarung" sagen), in der die Ungarn ein beträchtliches Maß an Eigenständigkeit besaßen. Der Chefarchitekt des Ausgleichs war *Ferenc Déak*, der nach der Schlacht bei Königgrätz gesagt hatte: „Wir haben verloren, also haben wir gewonnen", wobei sich das erste „wir" auf die Österreicher, das zweite auf die Ungarn bezog. Im Reich der Doppelmonarchie war der österreichische Kaiser zugleich König von Ungarn (k. u. k. Monarchie oder abwertend: Kakanien), wobei beide Länder gesonderte Regierungen sowie ein gemeinsames Außen-, Kriegs- und Finanzministerium hatten.

Kaiser *Franz Joseph I.* und seine Frau *Elisabeth* wurden also zum ungarischen Königspaar gekrönt. Besonders *Sissi* erlangte in Ungarn große Beliebtheit (die Elisabethbrücke ist nach ihr benannt). Sie lebte eine Zeit lang in Budapest und Gödöllő und lernte sogar Ungarisch. Nach ihrer Ermordung im Jahre 1898 regierte *Franz Joseph* bis zu seinem Tod allein weiter.

1868 erhielt das zu Ungarn gehörende Kroatien lokale Autonomie. 1873 wurden Óbuda, Buda und Pest aufgrund des Gesetzartikels 1872/XXXVI zu Budapest vereinigt.

Der Erste Weltkrieg: Ungarn wird zum Land der Fiktionen

1914–18 nahm Österreich-Ungarn an der Seite Deutschlands am **Ersten Weltkrieg** teil. Die Doppelmonarchie verlor 380.000 Menschen und ihren Kaiser *Franz Joseph* – ihn natürlich nicht auf dem Schlachtfeld. Sein Nachfolger war *Karl I.*, doch mit dem Ausbruch der Revolution im Oktober 1918 ging die seit 1526 bestehende **Habsburger Herrschaft in Ungarn zu Ende.** Der König sagte in seinem Eckartsauer Brief vom 13. November 1918 die Teilnahme an ungarischen Staatsgeschäften ab. Mit dieser Abdankung war der Zerfall der Monarchie vollzogen. Die Soldaten feierten den Sieg, indem sie ihre Kokarden durch Astern ersetzten (Asternrevolution).

Am 21. März 1919 wurde relativ friedlich die **Ungarische Räterepublik** errichtet, deren Führer *Béla Kun* war. *Lenin* war begeistert. Er kabelte nach Budapest: „Meinen aufrichtigen Gruß der proletarischen Regierung ... Gewaltiger Enthusiasmus ... Mit kommunistischem Gruß und Händedruck. Lenin." Kurz darauf heißt es sogar in einer seiner Grußbotschaften: „Was die Organisation betrifft, so scheint das ungarische Proletariat uns übertroffen zu haben." Nach 133 Tagen wurde die Republik mit Hilfe der **ausländischen Intervention** gestürzt.

Im November besetzten **Admiral Horthys** Truppen Budapest. *Horthy* war ein Mann ultrakonservativer Gesinnung mit Hang zum Prestige. Empfohlen hatte er sich als Flügeladjutant des Kaisers und Kapitän der „Novara". *Horthy* war einer der wenigen, vielleicht der Einzige, der im Ersten Weltkrieg ein Seegefecht gegen die Engländer gewann. Sein Name verbindet sich aber auch mit der blutigen Niederschlagung des Matrosenaufstandes von Kattaro.

Landesweit begann der **weiße Terror,** über 5000 Anhänger der Räterepublik wurden ermordet. *Horthy* ließ sich zum Reichsverweser wählen und blieb bis 1944 im Amt.

Als Ergebnis des Ersten Weltkrieges wurde 1920 im Grand Trianon von Versailles ein **Friedensvertrag** zwischen Ungarn und der Entente unterzeichnet, dem zufolge Ungarn über zwei Drittel seines bisherigen Gebietes (u. a. Siebenbürgen), sowie über die Hälfte des Industriepotenzials und knapp zwei Drittel seiner Einwohner an seine Nachbarn abzutreten hatte. Österreich fielen Teile Westungarns zu (Burgenland). Gleichzeitig wurde Ungarn von Österreich abgekoppelt und unabhängig. Ungarn war nunmehr ein Königreich ohne König und wurde von einem Admiral ohne Flotte regiert – ein Land der Fiktionen. Wirtschaftlich blieb das Land halbfeudal und hatte den Ruf, das Land der drei Millionen Bettler zu sein.

Die Revision der Trianoner Amputation wurde außenpolitisches Hauptziel *Horthys*, doch zunächst versuchte der ausgemusterte *Karl I.* (in Ungarn als *Karl IV.* bekannt) noch zweimal, den ungarischen Thron wieder zu besteigen. Beim zweiten Versuch rückte er sogar mit bewaffneten Truppen gegen Budapest vor. Fachleute behaupten, dass nur die extrem dilettantische Durchführung eine zumindest kurzfristige Machtübernahme verhinderte. Er wurde schließlich bei Budaörs gestoppt. Die Entente verbannte den Widerborstigen auf die Insel Madeira, wo er 1922 starb. Um weitere derartige Ärgernisse zu vemeiden, entband die ungarische Gesetzgebung die Habsburger wieder einmal vom ungarischen Thron. *Karls* Frau und Exkaiserin *Zita von Bourbon-Parma* wurde 1989 mit großen Feierlichkeiten in der Wiener Kapuzinergruft beigesetzt. Ihr gemeinsamer Sohn, *Kronprinz Otto von Habsburg*, verzichtete offiziell auf die Nachfolge.

Der Zweite Weltkrieg

Zur **Rückgewinnung der abgetretenen Gebiete** suchten die Regierungen unter *Horthy* Unterstützung bei Italien und nach 1933 immer stärker bei Deutschland. Aufgrund des Ersten Wiener Schiedsspruches gewann Ungarn 1938 die Südslowakei zurück. Ungarn bedankte sich damals mit der Umbenennung des heutigen Kodály köröd in „Adolf-Hitler-Platz". 1939 besetzten ungarische Truppen die Karpatenukraine. Im August 1940 erhielt Ungarn aufgrund des Zweiten Wiener Schiedsspruchs Nordsiebenbürgen. Nach dem Überfall auf Jugoslawien an der Seite Deutschlands im April 1941 gelangte dann auch die Batschka wieder unter eine ungarische Kontrolle.

Der Kurs Ungarns war eindeutig faschistoid. 1939 trat Ungarn dem **Anti-**

GESCHICHTE

Eine Handvoll Milliarden: Inflationsgeld aus dem Jahr 1946

komintern- und 1940 dem **Dreimächtepakt** von Deutschland, Italien und Japan bei. Eher eine Alibifunktion dürfte dabei die Aufnahme diplomatischer Beziehungen zur Sowjetunion gespielt haben. Ab 1941 nahm Ungarn als **Verbündeter Deutschlands** am Zweiten Weltkrieg teil. Nur fünf Tage nach dem deutschen Überfall auf die Sowjetunion erklärte Ungarn der Sowjetunion den Krieg.

Während im Januar 1943 an der Wolga die Schlacht um Stalingrad tobte, wurde bei Woronesh die Zweite Ungarische Armee, und damit ein Drittel der ungarischen Streitkräfte, innerhalb von zwei Tagen fast völlig aufgerieben. Mehr als 100.000 Ungarn starben.

Als der Kriegsausgang klar wurde, versuchte *Horthy*, das sinkende Schiff zu verlassen. *Horthy* hatte gegenüber *Guderian* geäußert, in der Politik müsse man immer mehrere Eisen im Feuer haben. Da *Hitler* dies nicht verborgen blieb und er dem Satelliten Ungarn nicht mehr traute, beorderte er *Horthy* zu sich, während **deutsche Truppen Ungarn** besetzten. Daraufhin begannen angloamerikanische Bombenangriffe auf ungarische Städte.

Auch *Adolf Eichmann* tauchte in Budapest auf und spielte bei der **Vernichtung ungarischer Juden** eine maßgebliche Rolle: Von den ca. 800.000 Juden wurden etwa 500.000 ermordet oder verschleppt.

Am 23. September überschritten Einheiten der Roten Armee die rumänisch-ungarische Grenze.

Am 15. und 16. Oktober 1944 misslang *Horthys* miserabel vorbereiteter Versuch, die Seiten zu wechseln. Er wurde von den Deutschen festgesetzt.

Von den Deutschen wurden die **Pfeilkreuzler**, eine nach ihrem Abzeichen benannte faschistische Partei, die sich schon 1932 organisiert hatte, in die Spur geschickt. Ihr Führer *Ferenc Szálasi* war seinen Arbeitgebern hörig bis zur vorauseilenden Anbiederung. Er mobilisierte die letzten Reserven für den Wahnsinn des Krieges. Ihm verdankt Ungarn den traurigen Ruhm, letzter Verbündeter Deutschlands gewesen zu sein.

Ab Weihnachten belagerte die Rote Armee Budapest. Nach 49 Tagen war **Budapest befreit** – und zu drei Vierteln zerstört. Den letzten Widerstand leistete die Wehrmacht im Burgviertel und auf der Zitadelle, wobei immense Schäden entstanden. Etwa 6000 der über 50.000 in Ungarn gefallenen deutschen Soldaten sind auf dem Neuen Gemeindefriedhof im X. Bezirk (Kozma utca, Parzelle 140) beerdigt. Zahlreiche ungarische Kriegstote sind im bayerischen Pocking und Neuburg/Donau beigesetzt.

Schon im März 1945 begann aufgrund des Bodenreformgesetzes die **Bodenverteilung,** obwohl in Ungarn noch Krieg war. Erst nach dem 4. April 1945 wurde das ganze Land befreit (siehe Kapitel „Kleine und große Skandale"). Sowjetische Truppen befreiten auch Teile Österreichs. Nach dem Krieg verlangte Jugoslawien die Auslieferung *Horthys*, die USA verhinderten dies jedoch. *Szálasi*, der in amerikanische Gefangenschaft geriet, wurde dagegen an Ungarn ausgeliefert und 1946 zum Tode verurteilt.

Insgesamt gerieten 700.000 Ungarn in **Kriegsgefangenschaft,** darunter viele Zivilisten. 300.000 von ihnen kamen ums Leben. Als letzter Kriegsgefangene des Zweiten Weltkrieges gilt der Ungar *András Toma*, den man erst im Jahre 2000 in einer russischen Nervenklinik als Ungarn identifizierte, da niemand die Sprache des geistig verwirrten Mannes verstand.

Stalinismus und Poststalinismus

Nach der Befreiung vom Faschismus machte Ungarn schnell Bekanntschaft mit den Schattenseiten des neuen **totalitären Regimes.** Neben jahrelanger Zwangsarbeit von Kriegsgefangenen war die Verschleppung von Zivilpersonen in die Sowjetunion an der Tagesordnung. Bei den Wahlen im November 1945 erhielten die Kommunisten nur 17 % der Stimmen, während die Partei der Kleinlandwirte mit 57 % die absolute Mehrheit errang.

Die Kommunistische Partei unter dem Stalinisten *Mátyás Rákosi* besetzte jedoch schnell alle führenden

Machtpositionen, indem sie – unterstützt von der Sowjetunion – sukzessive alle anderen Parteien und Organisationen einschüchterte, bedrohte oder schlicht eliminierte, während die Sozialdemokraten eine Zwangsehe mit den Kommunisten eingingen – *Rákosi* erfand für diese scheibchenweise Aufsplitterung und Zersetzung des politischen Gegners das noch heute geläufige Wort „Salamitaktik". In der offiziellen Geschichtsschreibung dieser Jahre las sich diese Farce folgendermaßen: „Die Partei der kleinen Landwirte vermochte es jedoch nicht, die wichtigsten wirtschaftlichen und politischen Ressorts an sich zu binden."

Am 1. 2. 1946 wurde Ungarn Republik, und die Planwirtschaft begann. Etwa ein Jahr später wurde in Paris ein **Friedensvertrag** unterzeichnet, der die Konsequenzen des Zweiten Weltkrieges mit den Alliierten regelte. Die ungarischen Grenzen von 1937 wurden gültig, die Stärke der ungarischen Armee beschränkt und 300 Mio. US-Dollar Reparationen veranschlagt. Allerdings sagte das Dokument nichts über die Rechte der ethnischen Minderheiten aus. Im Gegenteil, die Alliierten akzeptierten das Prinzip der „kollektiven Schuld". Mit dieser Rechtfertigung kam es zu groß angelegten **Vertreibungen.** So wurden Abertausende in der Slowakei lebende Ungarn ihrer Rechte beraubt, ins Sudetenland deportiert oder nach Ungarn abgeschoben. Aus Ungarn hingegen wurde mehr als die Hälfte aller Ungarndeutschen, etwa 250.000 Menschen, vertrieben.

Ein Denkmal im südostungarischen Elek erinnert an die vertriebenen Ungarndeutschen.

Am 20. August 1949 wurde Ungarn im Sinne der neuen Verfassung **Volksrepublik.** Das nun eingeführte stalinistische System führte zum Bruch mit Jugoslawien, aber auch zur massiven Unterdrückung des eigenen Volkes. (Selbst der Kardinal Ungarns, *József Mindszenty*, wurde zu lebenslanger Haft verurteilt.) Die Interessen der Sowjetunion in der Region fanden dabei durchaus die Akzeptanz der westlichen Alliierten.

Unter dem Vorzeichen des sich „verschärfenden Klassenkampfes" trafen die **stalinistischen Repressionen** auch die Kommunisten selbst. Dem antifaschistischen Widerstandskämpfer und späteren Staats- und Parteichef *János Kádár* wurden beispielsweise Verrat und „Titoismus" vorgeworfen. Er wurde inhaftiert, gefoltert und zu lebenslanger Haft verurteilt. *Imre Nagy*, der seit 1945 verschiedene Funktionen ausgeübt hatte, wurde seiner Posten enthoben. Prominentestes Opfer aber war der Spanienkämpfer *László Rajk*, ehemaliger Innen- und Außenminister Ungarns, der am 15. Oktober 1949 nach einem Schauprozess hingerichtet wurde. Zwei Tage später nahmen Ungarn und die DDR diplomatische Beziehungen auf.

Stalins Tod 1953 führte zu **befreienden Veränderungen.** Das seit 1950 bestehende berüchtigte Straflager in Recsk, in dem viele Oppositionelle aus politischen Gründen inhaftiert waren, wurde aufgelöst. *Imre Nagy*, der Reformer unter den Kommunisten, löste *Rákosi* als Ministerpräsident ab. Seine politischen Ziele waren die Demokratisierung sowie politische und nationale Unabhängigkeit. Doch die Altstalinisten setzten sich durch. *Nagy* wurde aus der Partei ausgeschlossen. Im Mai 1955 wurde Ungarn Gründungsmitglied des **Warschauer Vertrages,** der am 4. 6. 1955 in Kraft trat.

Einen Tag danach wurde der **österreichische Staatsvertrag** unterzeichnet, auf dessen Grundlage sämtliche Besatzungstruppen (auch die sowjetischen) Österreich verließen. Damit entfiel theoretisch auch der Grund für die Anwesenheit sowjetischer Truppen in Ungarn, da diese laut Vereinbarung mit den Siegermächten als Verbindungsstreitkräfte lediglich die Transportwege zu den Besatzungstruppen in Österreich sichern sollten. Diese Tatsache war während der Ereignisse von 1956 von Bedeutung. 1955 wurde die Volksrepublik Ungarn in die **UNO** aufgenommen.

Der Aufstand 1956

Obwohl *Chruschtschow* im Februar auf dem 20. Parteitag der KPdSU *Stalins* Schuld nachwies, gab es in Ungarn nur wenig Veränderungen. Im Juli wurde *Rákosi* zwar von seiner Funktion als Generalsekretär entbunden, doch wurde mit *Ernő Gerő* ein Mann ähnlicher Wellenlänge sein Nachfolger. Die Ablehnung jeglicher Reformen schuf eine revolutionäre Situation.

Die 20 Tage des Aufstandes erschütterten die Welt nicht sonderlich. Durch die zeitliche Überschneidung mit der Suezkrise war die Aufmerksamkeit der Weltöffentlichkeit ohnehin geteilt. Mehr noch, der bis dahin unschlüssige *Chruschtschow* entschied sich, wie man heute weiß, nicht zuletzt aufgrund der Machtdemonstration am Suez-Kanal für einen ähnlichen Schritt.

Während die Neue Zürcher Zeitung den „Barbarismus und die Perfidie der Sowjets" anklagte und Le Figaro von einem „Verbrechen, einer Freveltat" sprach, vermeldete die Pekinger Volkszeitung die „frohe Botschaft" eines „gerechten Lohnes". Erst 1989 tauchte eine Liste mit den Namen der 277 Hingerichteten auf.

Konsolidierung, Reformversuche und Stagnation

Nach den Repressionen und einer Zeit fassungsloser Leere begann unter *Kádár* die Konsolidierung mit für den Ostblock erstaunlichen Freiräumen, u. a. Reisefreiheit. Es ist die Zeit des **„Gulaschkommunismus".** Dieser Begriff geht auf eine Rede *Nikita Chruschtschows* zurück, die er 1964 in Budapest hielt und in der es hieß: „Revolutionärer Eifer alleine genügt nicht. Was wir auch brauchen, ist ein guter Teller Gulasch."

Politisch ist Ungarn fest im Ostblock verankert. Am Stephanstag (20. August) des Jahres 1968 beteiligten sich auch ungarische Truppen an der Niederschlagung des **Prager Frühlings.**

1968 begannen **Reformbestrebungen** im Wirtschaftssektor, und auch

Tagebuch des Aufstands von 1956

6. 10. Der 1949 hingerichtete *László Rajk* (sein Sohn ist heute Parlamentsabgeordneter der SZDSZ) wird rehabilitiert und auf dem Kerepesi-Friedhof beigesetzt. Eine Viertelmillion Menschen erweisen ihm die letzte Ehre, während ultraorthodoxe Kommunisten die Grabreden halten.

23. 10. 16 Uhr. Bei einer von Studenten initiierten Demonstration fordern etwa 50.000 Menschen freie Wahlen, Abzug der sowjetischen Truppen, Verurteilung der stalinistischen Henker und die Rückkehr von *Imre Nagy*.

18 Uhr. *Imre Nagy* hält eine Rede vor 300.000 Menschen und versucht, die Massen zu beruhigen.

20 Uhr. *Generalsekretär Gerő* geht in einer kurzen Ansprache auf keine Forderung ein.

21 Uhr. Die Demonstranten sammeln sich vor dem Gebäude von Radio Budapest und verlangen das Verlesen ihres Manifestes. Die Sicherheitspolizei ÁVH eröffnet das Feuer – im Kugelhagel kommen zahlreiche Menschen um.

21.30 Uhr. Bewaffnete Arbeiter aus Csepel (dem größten Industriebetrieb Ungarns) fahren ins Zentrum. Das Stalin-Standbild unweit des Heldenplatzes wird gestürzt.

23 Uhr. Das Rundfunkgebäude wird bewaffnet angegriffen und besetzt. Sowjetische Panzer tauchen – gerufen vom Politbüro – zum ersten Mal auf.

24. 10. *Imre Nagy* wird neuer Ministerpräsident. Er informiert über die erste sowjetische Invasion. Nagys Forderungen sind neben denen von 1953, als er schon einmal Ministerpräsident war (z. B. Mehrparteiendemokratie), auch die politische Neutralität Ungarns.

25. 10. Sowjetische Panzer und Angehörige der ÁVH eröffnen das Feuer auf Demonstranten. Parteichef *Gerő* wird durch den erst wenige Monate zuvor freigekommenen *Janos Kádár* ersetzt. *Gerő* und der ehemalige Ministerpräsident *András Hegedüs* flüchten zu den Sowjets.

26. 10. Oberst *Pál Maléter*, der im Zweiten Weltkrieg als Partisan gekämpft hatte, weigert sich, auf Demonstranten zu schießen. Nach Gesprächen mit diesen treten Teile der Armee unter *Maléter* zu den Aufständischen über.

27. 10. *Nagy* stellt sich an die Spitze des Aufstandes.

28. 10. Der Ministerrat beschließt eine Waffenpause und die Auflösung der ÁVH.

29. 10. Die bewaffneten Aufständischen beginnen mit der Übergabe ihrer Waffen an die regulären ungarischen Truppen. Der Abzug der sowjetischen Truppen soll 24 Stunden nach der Waffenübergabe beginnen.

30. 10. Der seit acht Jahren im Gefängnis sitzende Kardinal *Mindszenty* wird befreit. In der Stadt finden Pogrome gegen Kommunisten und Mitglieder der ÁVH statt, vor allem nach dem Sturm des von der ÁVH verteidigten KP-Büros am Platz der Republik, bei dem 25 ÁVH-Leute gelyncht werden. Während des gesamten Aufstandes werden etwa 30 Kommunisten getötet.

GESCHICHTE

31. 10.	Waffenruhe und Rückzug der sowjetischen Truppen aus Budapest. In die Stadt kehrt Normalität ein.
01. 11.	Austritt Ungarns aus dem Warschauer Pakt und Erklärung der politischen Neutralität. *Imre Nagy* informiert den damaligen sowjetischen Botschafter und *Gorbatschow*-Vorgänger *Andropov* persönlich über diese Entscheidungen.
02. 11.	Die sozialistische Internationale fordert den Abzug der sowjetischen Truppen.
03. 11.	*Maléter* wird Verteidigungsminister, der Philosoph *Lukács* Kultusminister, der spätere Reformer *Rezső Nyers* Minister für Lebensmittelindustrie. Kardinal *Mindszenty* hält um 20 Uhr eine Radioansprache an das Volk und die Weltöffentlichkeit. *Maléter* verhandelt über den endgültigen Abzug der sowjetischen Truppen. Gegen Mitternacht wird er von den Sowjets verhaftet. *Generalmajor Béla Király* leitet von nun an die Verteidigung.
04. 11.	Nachdem *Chruschtschow* nach Rumänien und danach zu *Tito* gereist war, um sich Rückendeckung für einen militärischen Eingriff zu sichern, rücken am 4. 11. sowjetische Truppen in Budapest ein. China hatte schon vorher grünes Licht gegeben. Die militärische Leitung hat *Marschall N. A. Bulganin*, der zwei Jahre später als „Parteifeind" seiner Funktionen enthoben wird.
	Offiziell funktionierte das nach dem Strickmuster: *János Kádár* bildete, um die „konterrevolutionäre Gefahr" abzuwehren, in Szolnok eine neue Regierung und bat die Sowjetunion um Unterstützung gegen die „Konterrevolution".
	Jener *János Kádár* hatte noch am 1. November in einer Rundfunkansprache vom „ruhmreichen Aufstand des Volkes" und dem „völligen Abzug der sowjetischen Streitkräfte" gesprochen.
	Um 5.20 Uhr verkündet *Nagy* im Radio den Angriff sowjetischer Truppen. Sowjetische Soldaten und Offiziere berichten, man hätte sie mit dem Auftrag geschickt, eine faschistische Machtübernahme in Ungarn zu verhindern. Es folgen eine Woche lang heftige und verzweifelte Straßenkämpfe, die jedoch genauso erfolglos bleiben wie der Hilferuf an die UNO.
11. 11.	Der letzte aussichtslose Widerstand gegen die 200.000 Angreifer wird in Blut ertränkt. Etwa 2700 Menschen kommen um, man spricht von 20.000 Verwundeten. Es gibt beträchtliche Zerstörungen. Viele Ungarn flüchten ins Ausland (etwa 180.000 nach Österreich, 20.000 nach Jugoslawien).
	Kardinal *Mindszenty* flüchtet am 4. November in die amerikanische Botschaft. Er darf erst nach 16 Jahren auf Intervention des Vatikans ausreisen.
	Imre Nagy und einige andere bitten in der jugoslawischen Botschaft um politisches Asyl. *Tito* entscheidet, diesem Wunsch zu entsprechen. Jugoslawien verhandelt mit der sowjetischen Führung, *Nagy* in einem Bus nach Jugoslawien bringen zu können. Die Sowjets stimmen zu.
	Inzwischen beginnen harte Vergeltungsmaßnahmen, die bis in die 1960er Jahre dauern. Es gibt Hunderte von Hinrichtungen und Tausende von Verhaftungen. In Ungarn werden vier sowjetische Divisionen stationiert.

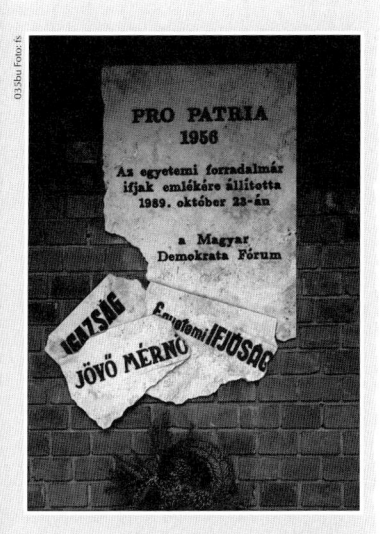

22. 11. Nagy verlässt die jugoslawische Botschaft unter Zusicherung freien Geleits durch die Regierung Kádár. Er wird dennoch verhaftet und in Rumänien gefangen gehalten. Tito ist darüber empört und bezeichnet in einer Rede alle sowjetischen Führer als „Stalinisten". Der Kreml bleibt hart, worauf sich das Verhältnis zu Jugoslawien stark abkühlt.

16. 6. 58 Hinrichtung von *Imre Nagy, Pál Maléter* und anderen Führungspersonen ohne öffentliche Verhandlung. Die Nachricht von der Hinrichtung Nagys wird in der Nacht zum 17. Juni bekannt und ist offensichtlich eine Machtdemonstration im Zusammenhang mit den DDR-Ereignissen von 1953. Interessanterweise hielt sich *Karl Eduard von Schnitzler* zur Zeit der Revolution in Ungarn auf. Allerdings ist bis heute nichts über seine Rolle bekannt.

auf politischer Ebene gab es Fortschritte. So wurde der „Budapester Aufruf" zum Startzeichen des Prozesses, der zur Konferenz von Helsinki führte, und Ende 1973 nahmen Ungarn und die Bundesrepublik Deutschland endlich diplomatische Beziehungen auf.

Doch Anfang der 1970er Jahre wurden die wirtschaftlichen Reformversuche des Jahres 1968 abgewürgt, und ab 1978 etwa begann die **Phase der Stagnation,** die in vielen Fällen zum Absinken des Lebensstandards führte. Es kam zum Aufblühen der „zweiten" (Dienstleistung bzw. Mehrarbeit im privaten Bereich) und „dritten" (Korruption, Schwarzhandel) Wirtschaft.

Die Folgen: Ungarn geriet an die Spitze der weltweiten Sterbestatistik in Bezug auf die Selbstmordrate, Leberzirrhose (aufgrund des hohen Verbrauches an harten alkoholischen Getränken) und Krebstod.

Winds of Change

Da 1982 private und genossenschaftliche Kleinunternehmen zugelassen wurden und im Rahmen einer formell kollektivierten Landwirtschaft rund 1,5 Mio. Hofstellen und Hilfswirtschaften auf eigene Rechnung produzierten, wurde Ungarn zum **Konsumparadies des Ostens.**

1985 gab es zum ersten Mal in einem kommunistisch regierten Land in jedem Wahlbezirk mehrere Kandidaten, und bei den Wahlen fielen eine Reihe führender Partei- und Staatsfunktionäre glatt durch. Drei Jahre später wurde, wiederum ein Vorgang mit

Neuigkeitswert im Ostblock, die Mehrwertsteuer eingeführt.

Im Mai 1988 wurde *Kádár* auf einem Parteitag aufs Altenteil geschoben und durch *Károly Grosz* ersetzt.

Die Wende

Am 16. Juni 1989 fand auf dem Heldenplatz eine Trauerfeier vor der **Wiederbeisetzung** des Ministerpräsidenten *Imre Nagy* und seiner Mitstreiter statt, die nach dem 1956er Volksaufstand hingerichtet worden waren. Kurz zuvor war eine in der Nähe stehende Lenin-Statue entfernt worden.

In der Nacht zum 11. September 1989 öffnete Ungarn die Grenze für **DDR-Flüchtlinge,** und so gelangten 100.000 DDR-Deutsche über Ungarn in die Bundesrepublik.

Am 23. Oktober 1989, dem 33. Jahrestag des Ausbruchs des Volksaustandes, rief *Mátyás Szürős* von einem Fenster des Parlamentsgebäudes aus die **Republik Ungarn** aus, d. h. Ungarn war keine Volksrepublik mehr.

In den ersten Februartagen des Jahres 1990 verschwand von der Kuppel des Parlaments ein jahrzehntealtes Symbol: der anderthalb Tonnen schwere **rote Stern.** Anstelle dessen trat das alte Wahrzeichen, eine Kugel mit Wetterhahn. (1993 wurde ein Gesetz verabschiedet, das die öffentliche Darstellung des roten Sterns an unangebrachten Stellen als Ordnungswidrigkeit einstuft.)

Im Mai 1990 fanden die ersten freien **Wahlen** statt (siehe Kapitel „Politik"), und schon ein gutes Jahr später verließen die letzten **sowjetischen Truppen** Ungarn. Überall wurden Festlichkeiten organisiert, deren Tradition (Búcsú-Abschied) sich bis heute fortsetzt (Ende Juni/Anfang Juli). Reisebüros boten Westtouristen sogar Besichtigungen von ehemaligen Militärobjekten der Roten Armee an.

Im Februar 1992 unterzeichnete *Helmut Kohl* in Budapest den **Freundschaftsvertrag** mit Ungarn.

Eine der wichtigsten Ergebnisse des Jahres 1993 war die Verabschiedung des progressiven, in dieser Region bislang einmaligen Nationalitätengesetzes. Außerdem war das Jahr auch gekennzeichnet durch eine **Zerrüttung der politischen Landschaft** (fast jeder Partei drohte Spaltung) und **Anachronismen** wie regierungstreuem Fernsehen oder der pathetisch-nationalen Wiederbeisetzung *Horthys*.

Mitte Dezember 1993 verstarb der erste frei gewählte Ministerpräsident von Ungarn, *Jósef Antall*. Die Trauerfeier fand unter großer Anteilnahme der ungarischen Bevölkerung in Budapest statt.

Bei den Wahlen 1994 gewannen die Sozialisten mit *Gyula Horn* an der Spitze die absolute Mehrheit, bildeten jedoch trotzdem eine Koalition mit den Freien Demokraten. 1998 wurde das Mitte-Links-Bündnis ab-, 2002 jedoch wiedergewählt. 1998 gewann die *FIDESZ,* deren damals 36-jähriger Vorsitzender *Viktor Orbán* zu einem der jüngsten Ministerpräsidenten weltweit wurde. Die *FIDESZ* koaliert mit der Kleinlandwirtepartei und hat sich seitdem immer weiter von ihren ursprünglichen Inhalten gelöst. Heute ist sie eine populistisch national-konservative Partei. *Orbán* erhielt im Jahre 2001 den Franz-Josef-Strauß-Preis.

Am **12. März 1999** trat Ungarn der **Nato** bei. Die Konsequenzen dieses lang erhofften Beitritts hatte wohl niemand geahnt: Ungarn befand sich wenig später beim Kosovo-Krieg im Konflikt mit einem Nachbarland, das zudem eine bedeutende ungarische Minderheit aufwies.

Seit dem **1. Mai 2004** ist Ungarn **Mitglied der EU.**

Politik

„Der unglückliche Politiker überlebt sein Werk."

László Feleki

Die politische Situation in Ungarn hat sich wie in allen ehemaligen Ostblockstaaten radikal verändert. Und doch gab es schon vor der Phase der konkreten Wende interessante Besonderheiten, die nur in Ungarn anzutreffen waren. So war Ungarn bereits in realsozialistischen Zeiten unbestritten das am westlichsten orientierte Land des Ostblocks und damit den Betonköpfen in Moskau und Berlin ein Balken im Auge. Zu gut hatte man auch noch die elementare Kraft der Revolution von 1956 in Erinnerung. Doch die Uhr des Kalten Krieges war abgelaufen, und die Ungarn hatten es bemerkt, während die Politgerontokratie anderswo schon längst jegliche Bodenhaftung verloren hatte. Ungarische Politik war dementsprechend liberal und im westlichen Ausland anerkannt. Man sprach in der Kádár-Ära vom „Gulaschkommunismus" (siehe Kapitel „Geschichte") und der „fröhlichsten Baracke des Ostblocks". *Brandt* über *Kádár*: „Ich meine, dass er – in der Zeit, bevor die großen Veränderungen im Osten einsetzten – einiges für sein Volk getan hat; jedenfalls hat er Schlimmeres abwenden können." Die Ungarische Arbeiterpartei sammelte 2001 mehr als 200.000 Unterschriften für die Errichtung einer *Kádár*-Statue.

Kádárs Nachfolger *Károly Grosz* könnte man als linientreuen Politwolf im Reformpelz bezeichnen, der nichts voranbrachte, aber auch nichts verhindern konnte.

Ungarn war für die DDR-Bürger eines der wenigen akzeptablen Touristenziele und neben der Tschechoslowakei ein wichtiger Sommertreff für Deutsche beiderseits des Eisernen Vorhangs. Besagter Vorhang fiel denn auch in Ungarn zuerst, zunächst für die Ungarn selbst, die schon einige Zeit in den Westen reisen durften, in der Nacht zum 11. September 1989 dann auch für viele Tausend DDR-Bürger. Diese historische Entscheidung hatten, das wird heute manchmal von gewissen Leuten in Ungarn vergessen, die Reformkommunisten mit *Imre Pozsgay*, *Mátyás Szürős*, Außenminister *Gyula Horn* und Premier *Miklós Németh* an der Spitze getroffen. *Horn,* seit 1994 Ministerpräsident, war kurz davor noch bei einem Besuch der

Die Stephanskrone

„Dies ist meine leichteste Krone, denn auf ihr lasten keine Schulden."

Kaiser und König *Franz* über die Stephanskrone. Bezüglich der Schulden hatte er wohl Recht, allerdings war das 2,5 Kilo wiegende Stück auch seine schwerste Krone, deren längeres Tragen, so berichten Zeitgenossen, eine ausgesprochene Qual war.

Die Krönungsinsignien

Es gibt wohl kaum ein Herrschaftszeichen, das eine derart große Verehrung und dabei eine so spektakuläre wie umstrittene Geschichte aufzuweisen hat wie die ungarische Krone. Wegen ihr wurden Verrat, Verschwörung und Verbrechen begangen, ja es wurde regelrecht Krieg geführt, es wurde Lösegeld erpresst, das Kreuz wurde abgebrochen, sie wurde vergraben, versteckt, gestohlen, verkauft und verschenkt. Sie ist legendenumwoben und wird von den Ungarn schon seit frühester Zeit als **Heilige Krone** verehrt. Sie ist eine Art nationaler Talisman, wegen ihr gab es Volksfeste, Glockenläuten und Dankgottesdienste. Dabei hat sie nie auf dem Haupt *König Stephans* geruht, ihre Herkunft ist ungeklärt wie überhaupt viele Fragen bezüglich der ungarischen Krönungsinsignien, die zu den am besten erhaltenen mittelalterlichen Herrschaftszeichen gehören.

Zu den traditionellen Insignien Krone, Zepter, Reichsapfel und Schwert gehörten in Ungarn früher noch die Lanze sowie verschiedene andere Gegenstände. Dem **Krönungsmantel** wird in Ungarn besondere Bedeutung beigemessen, weil er als einziges Stück erwiesenermaßen vom Staatsgründer *Stephan* stammt. Laut den daraufgestickten Inschriften wurde er 1031 gefertigt und der Marienkirche in Székesfehérvár gestiftet. Allerdings kann der König den Mantel dann nicht am 1. Januar 1001 zu seiner Krönung getragen haben.

Das **Zepter** aus dem 12. Jh. ist in seiner Streitkolbenform einmalig in Europa. Ähnliches gibt es nur in den alten Kulturen des Ostens und der südrussischen Steppe. Der Knauf ist aus einem Bergkristall von sieben Zentimeter Durchmesser gefertigt.

Der **Reichsapfel** ist wahrscheinlich eine Kopie aus späterer Zeit, da er „nur" aus vergoldetem Silber besteht und ein Doppelkreuz trägt, das auf frühen Darstellungen des Reichsapfels nicht vorkommt und in Europa gänzlich unüblich war.

Das im Vergleich zu den damals üblichen Prunkschwertern ziemlich bescheidene **Schwert**, von dem man gar nicht weiß, wann es in die Insignien aufgenommen wurde, ist eine venezianische Arbeit vom Anfang des 16. Jh. Vielleicht ist das Original wirklich jenes normannische Schwert mit Knochengriff, das in der Schatzkammer des St.-Veit-Domes zu Prag aufbewahrt wird und bereits in einem Inventar aus dem 14. Jh. als das Schwert des heiligen Stephans erwähnt wurde. Im Polnischen Nationalmuseum hingegen kann man eine Königinnenkrone aus dem Árpádenschatz bewundern.

Der **Heiligkeitsnimbus der Krone** geht einher mit deren Unersetzbarkeit und rührt wahrscheinlich daher, dass sie entweder als die vom Papst *Sylvester II.* übersandte Krone galt, mit der *Stephan* gekrönt wurde, oder weil das ursprüngliche Kreuz auf der Krone durch eine heilige Reliquie, nämlich

DIE STEPHANSKRONE

einen Splitter des Kreuzes Christi, gestärkt wurde. Die **tatsächliche Stephanskrone** gelangte nach dem Tod des Königs (1038) wieder nach Rom. Der Verbleib der anderen Herrschaftszeichen ist offen.

Wann und wie die **heutige Krone** auftauchte, ist ebenso unklar, man geht jedoch davon aus, dass sie Ende des 11. Jh. gefertigt wurde. Als gesichert gilt, dass sie aus zwei Teilen zusammengefügt und später mehrfach umgearbeitet wurde. Der Kronreif enthält griechische Inschriften, ist wahrscheinlich ein Geschenk aus Byzanz und wird als „corona graeca" bezeichnet, während auf dem Kreuzbügel, der „corona latina", lateinische Inschriften zu sehen sind. Der hinten zusammengelötete Kronreif besteht aus 1,5 mm dickem Goldblech und hat einen erstaunlichen Innenumfang von 63,9 cm, ist also für einen normalen Kopf viel zu groß (der Kopfumfang des Autors beträgt 57 cm) und rührt daher, dass man solche Kronen auf einer Mütze zu tragen pflegte, die auch den Druck des Metalls milderte. Die Edelsteine (53 Saphire, 50 Rubine, ein Smaragd sowie 838 Perlen) sind, an heutigen Maßstäben gemessen, nicht besonders wertvoll. Das Kreuz, das einige Historiker für ein von *König Stephan* getragenes Brustkreuz halten, ersetzte vermutlich ein älteres Stück. Zu seiner Befestigung wurde – so Experten – geradezu „barbarisch" ein Christusbild durchbohrt.

Die Odyssee einer Krone

Die sakrale Verehrung der Insignien ging so weit, dass eine Krönung weder als vollständig noch als rechtmäßig galt, solange sie nicht mit den Originalinsignien, vor allem der Krone, ausgeführt wurde. Das führte zu allerlei Verwicklungen, denn wer die Krone hatte, ließ sich meist krönen, und so wundert es nicht, dass es des Öfteren zwei „rechtmäßige" Könige gab. Im Jahre 1301 beispielsweise, als die männliche Linie des Árpádenhauses ausstarb, wurde der Favorit des Papstes, *Karl Robert von Anjou*, mit einer Behelfskrone gekrönt, während in Székesfehérvár *Wenzel von Böhmen* König wurde – mit den echten Insignien. Um die Macht *Karl Roberts* zu sichern, wurde dieser 1309 mit einer neuangefertigten, kostbaren Krone gekrönt. Ohne nennenswerten Erfolg; erst als man die inzwischen nach Siebenbürgen gelangten echten Insignien bekam (man drohte dem Wojwoden von Siebenbürgen mit Exkommunikation) schien die Macht nach der am Stephanstag (20. August) 1310 erfolgten dritten Krönung *Karl Roberts* legitim. Angesichts dieser Wirren kann man verständnisvoll nachvollziehen, warum er sich fortan nicht mehr von dem Juwel trennte und die Krone sogar auf seine Reise nach Neapel mitnahm.

Reichlich hundert Jahre später hatte sich *Kaiser Friedrich III.* der Krone bemächtigt. Als *Matthias* zum König gewählt wurde, war die Krone jedenfalls nicht da. Eine Behelfskrone lehnte der edle Herrscher strikt ab und machte in seinem ersten Dekret die Wiedererlangung der Krone zur Chefsache. Es kam zum Waffengang und, nach wiederholten Niederlagen des Kaisers, zu dem Versprechen, das Objekt der Begierde zurückzugeben. Allerdings vertrat der Kaiser das Prinzip „Rückgabe und Entschädigung" und so verlangte *Friedrich* noch 80.000 wohlfeile Dukaten. Nach einer einmaligen Besteuerung des ganzen Landes berappte *Matthias* die Summe anstandslos. Nachdem die Krone entgegen hartnäckigen Gerüchten als echt identifiziert werden konnte – was nicht einfach war, denn 23 Jahre lang hatte sie kein Ungar zu Gesicht bekommen –, wurde *Matthias* am 26. März 1464 feierlich gekrönt. Wie Gesetzartikel II. festlegte, war der Schutz der Krone nunmehr Sache der Nation. Von nun an wachten in der Feste Visegrád 64 Soldaten und zwei hohe Würdenträger über sie.

Nach dem Türkeneinfall gelangte die Krone am Ende dramatischer Irrfahrten zu den **Habsburgern,** in deren Schatzkammern sie verschwand und nur zu den Krönungen ans Tageslicht kam. 1608 gelangte sie wieder in ungarischen Besitz, und ein Gesetz verbot es fortan, selbige außer Landes zu bringen. Das hielt *Joseph II.* allerdings nicht davon ab, das Erbstück wieder in den Habsburger Schatzkammern verschwinden zu lassen. Das Recht dazu hatte er ja, denn er ließ sich einfach nicht krönen. Der Grund: *Joseph,* der „König mit dem Hut", hatte keine Lust, die ungarischen Gesetze einzuhalten, was mit einer Krönung verbunden gewesen wäre. Erst 1790, nach seinem Tod, kam die Krone wieder nach Ungarn, wo der Triumphzug mit Feuerwerken, Böllerschüssen und Dankgottesdiensten begleitet wurde.

Von Buda wurde die Krone zweimal vor Napoleons Truppen in Sicherheit gebracht, und erst die **Revolutionsereignisse** von 1848 brachten wieder größere Abenteuer. Nach einer zeitweiligen Verlegung nach Debrecen (im Sonderzug) wegen der Besetzung Budas durch *Windischgrätz'* Truppen, sollte angesichts der Niederlage die Krone vor den Habsburgern in Sicherheit gebracht werden. *Kossuths* Kriegsminister *Szemere* brachte mit vier Getreuen die Insignien im Sommer 1849 nach Orçova (Rumänien), einem kleinen Donaustädtchen, nicht weit vom Eisernen Tor. Zunächst vergruben sie die unscheinbare rohe Holzkiste mit dem kostbaren Inhalt unter den Dielenbrettern ihres Quartiers. Weil das indessen bald schon unsicher erschien, wurde die Kiste wieder ausgegraben und später – am Stephanstag – bei Nacht und Nebel am Fuße eines Berges am Stadtrand, gut getarnt unter Sträuchern, abermals „beerdigt". Nachdem die fünf feierlich einen Schwur unbedingter Verschwiegenheit geleistet hatten, flüchteten sie über Rumänien in die Türkei.

Die Habsburger hatten bald von der Aktion erfahren und beauftragten eine Wiederauffindungskommission mit dem Aufspüren. Fast ein Jahr lang durchwühlte man erfolglos Gärten, Häuser, Kirchen, Friedhöfe und Felder des Ortes.

Das Schlagwort vom „Kronenräuber Kossuth" wurde in Umlauf gesetzt, obwohl *Lajos Kossuth* erst viel später im Exil von dem Husarenstückchen erfahren hat.

Vier Jahre lang lag der Schatz unter der Erde, bevor man nach gewissen „Hinweisen" die Kiste am Morgen des 8. September 1853 aufstöberte. Es sollte sich nie herausstellen, wer letzten Endes das Versteck preisgab.

Krone und Zepter blieben in ihrem Futteral unversehrt, das Schwert hatte Rost angesetzt, der Krönungsmantel war stark durchfeuchtet und die anderen Bekleidungsstücke völlig zerfallen.

Ein Patrouillenschiff brachte die Insignien nach Buda, wo es wiederum Böller, Dankgottesdienste etc. gab. Die Krönung von Kaiser Franz Joseph zum ungarischen König 1867 bedeutete den Beginn der k. u. k. Monarchie.

Die **letzte Krönung** in der Geschichte Ungarns fand am 30. Dezember 1916 in Buda statt, als *Karl I.* König wurde. Schon zwei Jahre später musste er abdanken. Die Krone blieb dann bis 1944 in Budapest.

Zwischen den beiden Weltkriegen, als Ungarn ein Königreich ohne König war, übte Horthy seine Macht „im Namen der Krone" aus, Gerichtsurteile wurden in ihrem Namen getroffen, und selbst die faschistische Pfeilkreuzerregierung legte ihren Amtseid „vor der Krone" ab.

Auf der Flucht vor der Roten Armee gelangte der Kronschatz nach Österreich und wurde in der Nähe des kleinen Dorfes Mattsee (bei Salzburg) in einem Fass vergraben. Eine leere Kiste mit den angeblichen Insignien übergab man den **Amerikanern.** Einige Wochen stand diese, man hatte den Schwindel noch gar nicht bemerkt, im USA-Hauptquartier bei Frankfurt, bis ein Offizier der ungarischen Kronenwache das Versteck des Fasses bekannt gab. So gelangten die Insignien im Juni 1945 unter die Obhut der Vereinigten Staaten.

In den **Jahren des kalten Krieges** gab es nur Vermutungen über ihren Verbleib. 1965 erschien die erste Verlautbarung, wonach diese als „Spezialeigentum" des ungarischen Volkes in Fort Knox, wo die amerikanischen Goldreserven liegen, aufbewahrt werden. Nach über dreißig Jahren Verschluss wurden die Insignien auf Präsident *Carters* Entscheidung hin am 6. Januar 1978 vom amerikanischen Außenminister *Cyrus Vance* **an Ungarn zurückgegeben.** Ob man damals die Echtheit überprüfte, ist mir nicht bekannt. Fortan waren die Insignien im Nationalmuseum zu sehen.

Ein Ende 1999 verabschiedetes „Gesetz über die Stephanskrone" sah als neuen Aufbewahrungsort das Parlament vor, um die politische Dimension der Insignie zu unterstreichen. So wurde die Krone am 1. Januar 2000 in einem Staatsakt ins Parlament überführt. 15.000 Menschen säumten die Straßen, die die feierliche Prozession passierte.

Die Krone ist heute Teil des ungarischen **Staatswappens** und damit als Monarchiesymbol wohl einmalig im Wappen einer Republik.

Ach so – um die am häufigsten gestellte Frage zu beantworten: Warum das Kreuz auf der Krone schief ist, weiß man nicht …

DDR von deren Führung unter Druck gesetzt worden. 1990 erhielt er den Karlspreis der Stadt Aachen.

Noch eine historische Großtat muss man den Reformern der Kommunisten anrechnen. Obwohl auch sie keine demokratisch legitimierten Referenzen vorweisen konnten, gaben sie die Macht ohne Blutvergießen, ohne nationalistische Phrasen, ohne Geheimdienstaffären und ohne allgemeines Chaos ab. Dafür saßen sie nach den ersten freien Wahlen 1990 nicht nur wieder im Parlament, sondern errangen 1994 sogar die absolute Mehrheit! Außerdem hatten die Kommunisten schon lange eine progressive Außenpolitik betrieben. 1989 nahm Ungarn als erstes Ostblockland diplomatische Beziehungen zu Südkorea und wieder zu Israel auf. Die freiheitlichen Bewegungen in den Baltenstaaten, im Westen noch argwöhnisch beäugt, wurden unumwunden begrüßt.

Die ersten freien Wahlen

Die im Mai 1990 nach Gesprächen zu Stande gekommenen ersten freien Wahlen folgten auf das Einparteiensystem der **Ungarischen Sozialistischen Arbeiterpartei (USAP)**. Es gab also keine gleichgeschalteten „Blockparteien" wie in der Ex-DDR, denn alles, was nach Opposition aussah, wurde nach dem Zweiten Weltkrieg aus der politischen Landschaft entfernt.

Als wichtigste Bewerber waren angetreten: das **Ungarische Demokratische Forum** (Ungarisch: MDF), eine national-konservative Partei, die mo-

Verblasster Stern: Kreml-Silhouette am ehemaligen sowjetischen Kulturinstitut

derne Zentrumspartei **Bund Freier Demokraten** (Ungarisch: SzDSz) mit ihrer intellektuellen Führungsspitze, die traditionsreiche **Partei der Kleinlandwirte,** die die ersten Nachkriegswahlen mit absoluter Mehrheit gewonnen hatte, dann aber auseinander fiel. Heute sind die Kleinlandwirte vor allem durch den autoritären und teilweise skandlösen Führungsstil ihres Vorsitzenden *György Torgyán* ins Gerede gekommen, sowie die **Christdemokratische Volkspartei.** Die 1890 gegründete **Sozialdemokratische Partei** wurde 1948 von den Kommunisten, ähnlich wie in der DDR, zwangsassimiliert. Die **Sozialistische Partei** ging aus dem Reformflügel der USAP hervor, während der Rest die **Kommunistische Partei** bildete. Ein Exot im Parteispektrum ist der **Bund Junger Demokraten** (FIDESZ), der vor allem durch spektakuläre Aktionen – wie dem Sitzstreik vor der chinesischen Botschaft – und seinen radikalen Standpunkt in Bezug auf den Abzug der sowjetischen Truppen auf sich aufmerksam gemacht hatte.

Das Zeichen der FIDESZ ist übrigens die Orange, und zwar als Anspielung auf die Absurdität des alten Systems. Es gab nämlich Versuche der Kommunisten, in Ungarn Südfrüchte anzubauen. Das schlug natürlich fehl; die Thematik wurde im Film „A tanú" (Der Zeuge) hübsch aufgearbeitet.

Die Wahl selbst brachte nach erbittert geführtem Wahlkampf, schwer verständlichem Wahlsystem und peinlichen technischen Pannen folgendes **Wahlergebnis:**

● Wahlgewinner wurde das MDF, das mit den Kleinlandwirten und den Christdemokraten eine Regierungskoalition bildete.
● Der Bund freier Demokraten wurde die zweitstärkste politische Kraft im Land.
● Kommunisten und Sozialdemokraten erlitten schwere Niederlagen, schafften also die auch in Ungarn geltende Fünf-Prozent-Hürde nicht und saßen folglich nicht im Parlament. Die Sozialdemokraten zerstritten sich danach und zersplitterten in ein knappes halbes Dutzend sozialdemokratischer Parteien.

Erster frei gewählter Ministerpräsident wurde der MDF-Vorsitzende *Jósef Antall*. Nach seinem Tode während der Amtszeit 1993 übernahm *Peter Boros* die Führung. Das eher repräsentative Amt des Staatspräsidenten erhielt allerdings der Freidemokrat *Árpád Göncz*. Der Grund dafür war eine „Abmachung" zwischen den Freien Demokraten und dem MDF, die Ungarn nach den Wahlen erst regierbar machte. Das alte Parlament beschloss nämlich kurz vor seiner Auflösung ein Gesetz, das eine Zweidrittel-Mehrheit für einen Großteil zukünftig zu verabschiedender Gesetze vorschreibt. Da die Regierungsparteien jedoch nur über etwa knapp 60 Prozent der Sitze verfügten, war an eine normale Regierungstätigkeit nicht zu denken. Um die Zweidrittelklausel zu Fall bringen und durch eine übliche einfache Mehrheitsregelung ersetzen zu können, brauchte man die Schützenhilfe der Opposition. Der „Pakt" mit den Freien Demokraten sah nun vor, die Gesetzesänderung mit deren Stimmen vorzunehmen, wobei die Freien Demokraten als „Dank" den Staatspräsidenten stellen durften und die Regierung sich auch verpflichtete, ein unparteiisches Kontrollorgan für die Medien zu schaffen. Letzterer Punkt wurde allerdings lange Zeit nicht erfüllt, und so regelte kurioserweise eine Verordnung aus dem Jahre 1974 die Belange der Medien.

● Geradezu sensationell war, dass das Jungvolk der frechen FIDESZ ins Parlament einzog und sich mit seiner unkonventionellen und frischen Art, Politik zu machen, auch bei Älteren allgemeiner Beliebtheit erfreut. 1998 gewannen sie sogar die Wahlen.

Doch zunächst kehrten die Wahlen von 1994 die Vorzeichen wieder um. Die Sozialisten unter *Horn* erlangten die absolute Mehrheit, entschlossen sich allerdings trotzdem zur Koalition mit den Freien Demokraten, die mit *Árpád Gröncz* einen geachteten und integren Präsidenten stellten.

POLITIK

Politische Zielsetzung

Wichtigstes Ziel der postsozialistischen Regierungen wurde die politische, wirtschaftliche und militärische Einbindung Ungarns in westeuropäische Strukturen, d. h. die EU und die Nato. Letzteres gelang Anfang 1999, der EU-Beitritt fand im Mai 2004 statt.

Die neue Politik

Nicht weniger interessant ist die **Politikerlandschaft Ungarns.** In den Chefetagen der neuen Parteien sitzen vornehmlich entweder Altkader oder ehemalige Oppositionelle, meist Intellektuelle der Geisteswissenschaften oder Anwälte. *József Antall,* der erste frei gewählte Premier, war Historiker und *Gáspár Miklós Tamás,* einer seiner großen Gegenspieler in der Opposition, Philosophieprofessor. Das führt zwar zu grandiosen Redeschlachten im Parlament, gibt aber wegen der Wirtschaftslage Anlass zur Kritik wegen diesbezüglicher Inkompetenz.

Ein anderer Problempunkt war lange Zeit die **Minderheitenpolitik.** Vertriebene erhielten keine Entschädigung, Minderheiten waren nicht im Parlament vertreten und kulturelle Autonomie nur teilweise verwirklicht. Hier hat sich mittlerweile viel getan. Nicht nur das Entschädigungsgesetz ist in Kraft, sondern auch das in der Region bislang einmalige Nationalitätengesetz. Dies räumt den 12 Minderheiten umfangreiche kollektive Rechte ein. Es ist zu hoffen, dass das Schweiz-Zentrum der Wirtschaftswissenschaftlichen Universität – immerhin die einzige universitäre Einrichtung außerhalb der Schweiz, die sich ausschließlich dem Studium der Eidgenossenschaft widmet – der Nationalitätenpolitik weitere positive Impulse verleiht.

Andererseits werden die Rechte zum Schutz ethnischer Minderheiten der in den Nachbarländern lebenden ungarischen Volksgruppe in Ungarn sensibel registriert und, wenn nötig, vehement eingefordert. Das **Verhältnis zu Rumänien** ist deshalb nach wie vor belastet.

Probleme gibt es gleichfalls mit dem neuen Nachbarn **Slowakei.** Nicht nur wegen des umstrittenen Wasserkraftwerkes Bős-Nagymaros, einem einstigen Gemeinschaftsprojekt, das Ungarn im Gegensatz zur Slowakei aus Umweltschutzgründen weiterzubauen nicht bereit ist. Vor allem die Beschneidung der Rechte der in der Slowakei lebenden ungarische Minderheit belastet die Beziehungen nach wie vor.

József Antall, verstorbener MDF-Vorsitzender und erster frei gewählter Ministerpräsident, war einer der wenigen Führungskräfte seiner Partei, die nicht umstritten waren. Vorwürfe richten sich gegen das MDF, vor allem wegen nationalistischer Töne, Vetternwirtschaft und antisemitischer Tendenzen, die sich in erster Linie gegen den Lieblingsfeind des MDF, den Bund Freier Demokraten, richtet. Was den **ungarischen Nationalismus** anbelangt, so ist pikanterweise gerade einer seiner Hauptverfechter ein Berliner und darüber hinaus noch Jude gewesen, ein gewisser *Karl Beck*, Redakteur der Zeitschrift „Der Ungar" – die Internationalität des Nationalismus ist wahrlich beachtlich.

Dass die **Vergangenheitsbewältigung** auch in Ungarn nicht konfliktfrei ist, beweist die Tatsache, dass die Regierung Horn zum 40. Jahrestag des Aufstandes von 1956 keine offiziellen Feierlichkeiten veranstaltete.

Auch die Suche nach in Ungarn gewaschenen **Stasi-Geldern** war unter *Horns* Regierung zum Stillstand gekommen. Erst unter *Orbán* wird die Expertenkommission wieder aktiv.

Zweifellos eine begrüßenswerte Novität der Neuen Politik ist das Recht der Bürger, ein Prozent ihrer Einkommensteuer an gemeinnützige, kulturelle oder wissenschaftliche Institutionen ihrer Wahl zu überweisen.

Geld, das man suchen muss

„A pénz nem boldogít – ha nincs."
(Geld macht nicht glücklich – wenn man es nicht hat.)

Frigyes Karinthy

Das ungarische Geld heißt **Forint** (= 100 Fillér) und wurde im 14. Jh. von *König Karl Robert* als Goldwährung eingeführt. Der Name verweist auf Florenz, und die Währung war 200 Jahre lang solide wie ein Panzerschrank. Immerhin war Ungarn im 14. und 15. Jh. der größte Goldproduzent Europas.

Der Forint war immer ein Politikum, wie ein Blick auf die ungarischen Banknoten zeigt. Auf dem 500-Forint-Schein sieht man den antihabsburger Freiheitskämpfer *Fürst Ferenc Rákóczi II.,* der während der Freiheitskriege eine neue Währung installierte, indem er die in Umlauf befindlichen Habsburger Münzen in den Werten von 1, 10 und 20 Poltur mit seinem Siegel überprägen ließ (so genannte Kontramarkierungen). Um die neue Währung zu unterlaufen, fälschten die Habsburger schließlich sogar ihre eigenen Münzen mit *Rákóczis* Siegel.

Letztlich endete auch dieser Freiheitskrieg, wie viele andere davor und danach, mit einer Niederlage. Und so wundert es nicht, dass sich auf den ungarischen Geldscheinen fast immer die großen Helden der großen Tragödien fanden. Auf dem Zehner war das auf dem Schlachtfeld verschollene junge Dichtergenie *Sándor Petőfi* abgebildet und auf dem Zwanziger-Schein der nach grausamen Folterungen hingerichtete Bauernführer *György Dózsa*. (Bis auf den 5000er sind die anderen Scheine inzwischen aus dem Verkehr gezogen worden.) Auf dem Hunderter der im italienischen Exil gestorbene 1848er Revolutionsführer *Lajos Kossuth*, auf dem Fünfhunderter der an Syphilis zugrunde gegangene Lyriker *Endre Ady*, auf dem Tausender der bis zu seinem Tode in der amerikanischen Emigration lebende Komponist *Béla Bartók* und auf dem ganz neuen Fünftausender der große Reformer *István Széchenyi*, den man in einer Wiener Nervenheilanstalt praktisch zum Selbstmord zwang.

Selbst die **Einführung des Forints** am 1. August 1946 hängt mit einer nationalen Katastrophe zusammen, und zwar dem Zusammenbruch der Vorgängerwährung, des 1927 eingeführten Pengő. Im Juni 1946 erlebte dieser eine sensationell hohe Abwertung, die im Guinness-Buch offiziell als Inflationsweltrekord geführt wird. Damals wurde ein Goldpengő von 1931 mit 130 Trillionen ($1,3 \times 10^{20}$) Papierpengő bewertet. Am 3. 6. 1946 wurden Noten im Wert von 100 Trillionen Pengő in Umlauf gesetzt und am 11. Juli wieder eingezogen. Im Finish wurden sogar 1000-Trillionen-Noten gedruckt, aber nicht mehr in Umlauf gebracht. Dagegen nimmt sich die Forintinflation des Jahres 1991 mit 36 Prozent geradezu lächerlich aus. Aber auch der Pengő hatte schon bessere Zeiten gesehen. Der Humorist *Frigyes Karin-*

Zurzeit gültige Münzen und Banknoten

GELD, DAS MAN SUCHEN MUSS

thy ließ einmal, übrigens an keinem geringeren Ort als dem Kaffeehaus New York, den stadtbekannten Satz fallen: „In Budapest existiert insgesamt nur ein einziger 100-Pengő-Schein, aber der zirkuliert mit einer solchen Geschwindigkeit, dass es nach belebter Wirtschaft aussieht." Angesicht von 160 damals in Budapest vertretenen Banken dürfte es durchaus nach belebter Wirtschaft ausgesehen haben.

Es gab sogar eine florierende **Börse** von europäischem Rang, deren eindrucksvoller Palast am Szabadság tér heute das Gebäude des Fernsehens ist. Mit dieser Börse hängen die ersten einschlägigen Erfahrungen des internationalen ungarischen Börsengurus, *André Kostolany,* zusammen. *Kostolany*, Musterexemplar des „Homo spekulans", ist eine Legende, und Offenbarungen wie „Es gibt keinen guten Finanzminister, nur noch schlechtere" zeugen von biblischer Weisheit. Inzwischen gibt es in Budapest wieder eine funktionierende Börse.

Ein anderer gebürtiger Ungar, der in der Finanzwelt von sich reden machte, heißt *William G. Stern;* er sorgte im Februar 1983 für den bis dahin zweitgrößten Bankrott in der Geschichte der Menschheit, als seine Londoner Immobilienfirma Wilstar Group Holding Co. mit umgerechnet 297 Mio. Euro in der Kreide stand.

Der bekannte ungarischstämmige Investor *György Soros* ist u. a. durch seine erfolgreiche Spekulationen um das das britische Pfund bekannt geworden. Er finanziert in Budapest die Central European University.

Doch zurück zu kleineren Beträgen. Als Tourist steht man zunächst vor dem Problem des **Geldtauschens.** Es gibt zumindest in Budapest genügend Wechselstellen, und Geldautomaten. Vom (Schwarz-)Tausch auf der Straße ist – auch wenn die Kurse noch so verführerisch klingen mögen – wegen unvermeidlichen Betruges unbedingt abzuraten.

Für viele Ungarn ist der Übergang zur Marktwirtschaft hart, und das tägliche Geld wird für viele zum zentralen Problem. Das monatliche **Durchschnittseinkommen** beträgt etwa 100.000 Forint, was nicht einmal 500 Euro entspricht. Die Durchschnittsrente beträgt etwa 40.000 Forint. Der Mittelstand droht in die **Armut** abzurutschen, Bettler und Obdachlose gehören zunehmend zum Straßenbild, die Kriminalität steigt. Aus offiziellen Einkommen ist kaum ein Lebensunterhalt zu bestreiten, Schattenwirtschaft sowie Zweit- und Drittarbeitsstellen sind an der Tagesordnung. Allein in Budapest werden jährlich über 8000 Verkehrsschilder von Metalldieben entwendet.

Kostolany zeigt da eine tragikomische, ja geradezu schicksalhafte Sprachironie des Geldverdienens in Ungarn auf. Während Deutsche „Geld verdienen", „machen" die Amerikaner welches *(to make money),* und nur die armen Ungarn müssen wörtlich übersetzt ihr „Geld suchen" *(pénzt keresni).*

Wer oder was sind die Ungarn?

„Ein merkwürdiges Volk,
aber mir gefällt es!"
Bismarck über die Ungarn

Das ist vielleicht die ehrlichste Antwort auf die Frage nach dem Wesen der Ungarn. Gänzlich unbescheiden merkte der erste deutsche Kanzler noch an: „... Verwaltungskenntnis, staatsmännisches Wissen, Intelligenz und Begabung sind besonders bei der deutschen und ungarischen Rasse vorhanden".

Die **ersten authentischen Berichte** über die Ungarn stammen von arabischen Händlern aus der Zeit, als die Ungarn noch an Don und Dnjepr lebten. Sie behaupteten: „Die Magyaren sind eine Art Türken ... hübsch und von gutem Äußeren", während in der skandinavischen Heimskringla-Saga von „kleinen und hässlichen, doch sehr geschickten" Menschen die Rede ist. Die wohl **extravaganteste Beschreibung** stammt meines Erachtens vom Nobelpreisträger *Enrico Fermi*, der auf die Frage seiner Schüler, ob es Außerirdische gebe, antwortete: „Natürlich; sie sind schon unter uns, man nennt sie Ungarn ...". Er muss es schließlich wissen, denn zusammen mit dem ungarischen Physiker *Leó Szilárd* erhielt er das Patent für den Atomreaktor.

Die **gemeinste Definition** ist aus dem Mittelalter überliefert, als der deutsche Bischof *Otto von Freising* – offenbar in einem Anfall der äußerst seltenen Hungarophobie – die Ungarn „menschliche Bestien" nannte, denn „als menschliche Wesen kann man sie nicht bezeichnen". *Anatole France* hat im „Livre de mon Ami" bereits die Verwechslung der Ungarn *(le Hongres* oder *Hongrois)* mit den Menschenfressern *(les ogres)* entkräftet. In einem Buch von 1911 können wir erfahren, welch tugendhafte Eigenschaften schon die Land nehmenden Stämme auszeichnete: „Die gedrungenen Gestalten bedienten sich der ugrischen, d. h. magyarischen Sprache, hatten kastanienbraunes Haar, gelblichen Schnurrbart und grüne Augen. Es war ein nachgiebiger, gehorsamer, fleißiger Schlag ... der spezifisch magyarisch-nationale Typ ist jene ruhige, würdevolle, ernste und doch heitere Menschenrasse, die an Ehrenhaftigkeit, Verlässlichkeit, Intelligenz und zäher Arbeitskraft ohnegleichen dasteht". Der an *Matthias'* Hof wirkende italienische Humanist *Bonfini* bezeichnet „skytische Grobheit und ungebildete Manieren" als die charakteristischen ungarischen Züge. *Arthur Koestler* postuliert dagegen: „Ungar sein ist eine kollektive Neurose."

Thomas Mann wiederum war recht positiv vom Ungarn angetan: „Die Mischung Ihrer Rasse, wie diejenige Ihrer Sprache, mit leisen mongolischen und türkischen Einschlägen, schmeichelt dem Exotismus des deutschen Weltfreundes und erzeugt einen Menschentyp, der namentlich in seinen tiefbrünetten Fällen von origineller Schönheit ist."

Wer oder was sind die Ungarn?

Was stimmt nun? Alles und nichts! Das geschichtliche Paradoxon der Existenz Ungarns hat in den Menschen ganz spezifische und nicht weniger paradoxe Eigenschaften zu Tage treten lassen. Ich weiß nicht, worin der Grund liegt, dass es dieses Volk immer wieder geschafft hat, sich zu behaupten und nicht im Dunkel der Geschichte zu verschwinden wie viele Völker vor ihm und um es herum. Aber es beweist einen **ausgeprägten Überlebenssinn.**

Es überrascht keineswegs, dass der Entfesselungskünstler *Harry Houdini* (bürgerlich *Erich Weisz*) seine Karriere in Ungarn begann, bevor er mit seiner Familie nach Amerika auswanderte. Ungarn war jahrhundertelang von ausländischen Mächten besetzt, rang um seine Freiheit und kassierte Niederlage um Niederlage, und doch entstanden fast alle Bauwerke, Brücken, Denkmäler und Bäder, die jeder Ungar heute stolz präsentiert, in Zeiten mehr oder weniger stark zu spürender Fremdherrschaft. Viele der Großen der ungarischen Kunst und Wissenschaft verdienten sich ihre Lorbeeren im Ausland, und heute, da Ungarn endlich frei ist, braucht man das westliche Ausland vielleicht mehr denn je, um den Anschluss an Westeuropa zu schaffen.

Husaren live

Wer oder was sind die Ungarn?

Die historische **Hassliebe zwischen Ungarn und dem Ausland,** besonders natürlich Österreich, prägte die Menschen genauso wie der Freiheitsgedanke und das Bewusstsein vergangener – und möglicherweise sogar zukünftiger – Niederlagen. Dieses hochherzige Volk gehört zu den großen Verlierern der Geschichte, es ist „vom Schicksal zerrissen", wie es in der Nationalhymne heißt, und gleichzeitig gehört es zu den großen Überlebenden der Geschichte.

Auf die Dauer aber kann man alle diese Widersprüche nicht schlucken, man braucht Ironie dazu, schwarzen Humor und **aufrichtigen Zynismus, gesundes Selbstmitleid,** manchmal auch Alkohol und immer **überdurchschnittlichen Starrsinn.** Den zeigten eindrucksvoll die Herausgeber von Samisdats, die sich im Laufe der politischen Wende weigerten, legal zu werden. Denn, so argumentierten sie, welche Daseinsberechtigung hat ein Untergrundblatt, das offiziell erlaubt ist?

Doch das Spektrum der Widersprüche ist noch breiter. Um das Jahr 1304 gaben die Budaer Patrizier die wohl spektakulärste Probe ihrer **sprichwörtlichen Arroganz** ab. Nachdem die Bürger die fälligen Fährabgaben an die Kirche verweigert hatten, wurde die Stadt mit dem Kirchenbann belegt, woraufhin die Widerspenstigen kurzerhand bei brennenden Kerzen *Papst Bonifaz VIII.* exkommunizierten, und die Erzbischöfe sowie alle Priester Ungarns sicherheitshalber gleich mit.

Am 11. September 1741 dann das totale Gegenteil. Gegenüber der frisch gebackenen Thronfolgerin *Maria Theresia* meldete halb Europa Anspruch auf das Habsburger Erbe an. Die arg bedrängte Frau wandte sich tränenden Auges, auf dem Arm ihren zwei Monate alten Sohn *Joseph* (er sollte den Ungarn noch Kopfzerbrechen bereiten), auf dem Ungarischen Reichstag an „ihre treue ungarische Nation", damit diese den Thron schützen möge. Die versammelten Stände des Reichsrates antworteten mit dem Rufe: „Moriamur pro Rege nostro Maria Theresia!" (Für unsere Königin Maria Theresia lasst uns sterben! Anderen Quellen zufolge riefen sie: „Vitam et sanguinem ...", also „Unser Leben und Blut ..."). Ein Szenario beängstigender Unterwürfigkeit, das aus einem schlechten Gladiatorenfilm stammen könnte. Dabei lag der letzte niedergeworfene Freiheitskampf gerade erst 30 Jahre zurück.

Hinter den Niederlagen wiederum verbirgt sich nicht selten Entschlossenheit und der **Mut der Verzweiflung,** ja zum Unmöglichen, aber immer (leider zu spät) mit dem Seitenblick auf das Mögliche. 1835, wenige Jahre vor dem Freiheitskrieg, vermerkt *Moltke* in seinem Tagebuch über Ungarn: „Lieber opfert es die Möglichkeit eines materiellen Aufschwungs, als dass es sich der Herrschaft fremder Gesetze unterwerfen würde."

Die Revolution von 1848 konnte erst im August 1849 mit russischer Hilfe erstickt werden. Und doch hat sich diese Revolution am längsten halten können, auf ihr ruhten viele Hoffnungen in Europa. *Alexis Champagne,* der Barrikadendichter von 1848, drückte das

Wer oder was sind die Ungarn?

folgendermaßen aus: „O Freiheit, die man überall unterdrückt, du kannst auf das Schwert der Ungarn rechnen!" Nach der Niederlage schrieb *Heine* in seinem Gedicht „Im Oktober 1849" enttäuscht und zugleich anerkennend:

> ...
> Es fiel der Freiheit letzte Schanz'
> Und Ungarn blutet sich zu Tode –
> Doch unversehrt blieb Ritter Franz *
> Sein Säbel auch –
> er liegt in der Kommode
> ...
> Wenn ich den Namen Ungarn hör,
> Wird mir das deutsche Wams zu enge,
> Es braust darunter wie ein Meer,
> Mir ist, als grüßten mich Trompetenklänge!
>
> (*Heine meinte damit den unpatriotischen Franz Liszt)

Auch *Mark Twain* fiel die Freiheitsliebe der Ungarn auf. Nach einem Besuch des Parlaments schrieb er, dass „die Gedanken der Ungarn frei fliegen können und dass sie es nicht zulassen, dass sie gestutzt werden."

Ähnlich sind die Ereignisse des Jahres 1956 nicht nur Trauma, sondern greifbare Tatsache eines **erstaunlichen Mutes.** In keinem anderen osteuropäischen Land hat man es davor oder danach gewagt, mit der Waffe die Freiheit gegen sowjetische Panzer zu verteidigen. Im kleinsten Land wagte man es. Vielleicht ist gerade dieses scheinbar fehlende Bewusstsein für das politisch Opportune einer der Gründe, warum dieses Volk die Geschichte überlebt hat. Die übermächtige Wirkung der „Droge Freiheit" beschreibt auch *Petőfi* in seinen berühmten Zeilen von „Freiheit und Liebe" (siehe Kapitel „Literatur"). Die ausländische Kritik pflegte diesen Zug im ungarischen Wesen mit dem Hinweis zu kommentieren, dass „die Ungarn zu Revolutionen neigen".

Das Bewusstsein der Niederlagen hat in den Ungarn einen spezifisch **national-melancholischen Zug** hervortreten lassen, für den es sogar ein Wort gibt – honfibú. Nicht umsonst beginnt die ungarische Hymne mit „Gott, segne den Ungarn mit guter Laune".

Und dann wieder das Gegenteil. Für *Carl Sandburg* verkörperten ungarische Familien das „Glücklich-Sein" schlechthin (Chicago Poems).

Nach 1956 folgten schwere Repressalien bis hin zur Hinrichtung von *Imre Nagy*, und man hätte meinen können, es folge eine stalinistische Terrordiktatur in Reinkultur mit einem Stasi-Krebsgeschwür ähnlich wie in der DDR. Doch es gab eine erstaunliche Konsolidierung, und später konnte man sogar in den Westen reisen! Der Preis dafür war jedoch wie überall im real existierenden Sozialismus eine loyale Haltung zum System. Entweder man war unpolitisch oder hatte, wie überall im Ostblock, eine öffentliche und eine private Meinung. Der Lukács-Schüler und Schriftsteller *István Eörsi*, der wegen seiner Beteiligung am 1956er Aufstand fast vier Jahre im Gefängnis saß, bemerkte dazu: „Als eine Art Humorist genoss ich es, dass sich die gesamte erwachsene Bevölkerung eines Landes dümmer stellte, als sie war. Klug hatten wir begriffen, dass Dummheit in unserem elementaren Interesse lag. Mich ärgerte manchmal, dass der eine oder andere Intellektuelle mit Begeisterung dumm war oder scharfsinnig nachwies, dass Dummheit eigentlich von Verstand zeugte."

In derart absurden Situationen gibt es oft nur noch irrationale Lösungen wie das Wegspülen mit Wein und **bissigem Spott.** Es gab einen hübschen Witz über die Alternativlosigkeit des politischen Lebens: Wie waren die Wahlen im kommunistischen Regime? Biblisch! – Genauso wie damals, als Gott Eva aus einer Rippe Adams formte und dann zu ihm sprach: „Suche dir eine Frau aus ..."

Doch Anfang der 1980er Jahre brachen die wirtschaftlichen Probleme vehement an die Oberfläche, Lebensstandard und -erwartung sanken ständig, und zum Spott gesellte sich die **Armut mit sarkastisch-schwarzem Humor** wie in dem weitverbreiteten Witz über den Unterschied zwischen den Ratten und den Rentnern, nämlich dass die Ratten vier Beine hätten, um schneller die Mülltonnen zu erreichen als die Rentner.

Der 1956 zu einer mehrjährigen Gefängnisstrafe verurteilte klassenkämpferische Schriftsteller *Tibor Déry* bezeichnete seinerzeit das eigentlich Ungarische sogar als „ein Witz, der über Katastrophen tanzt".

Auf der anderen Seite war in Ungarn die Privatwirtschaft nie so paralysiert und zerschlagen worden wie anderswo, und es gab hier verhältnismäßig früh eine neureiche Elite. Wie wenig der neue Geldadel allerdings zur geistigen Elite zählt, bezeugt die akzeptierte Feststellung, dass in so manchen Villen die einzige Person mit Hochschulabschluss die Putzfrau sei.

Künstler auf einem Straßenfest

Wer oder was sind die Ungarn?

Das Land befindet sich wieder im frühkapitalistischen Aufbruch, allerorten herrscht hektische **Goldgräberstimmung**, hier gilt das Gesetz des Stärkeren, hier finden die Glücksritter den Nährboden, um Pläne für glänzende Unternehmen zu schmieden, hier wird von berauschendem Erfolg geträumt. Und hier ist der Misserfolg kein Misserfolg, sondern das private Abbild des Schicksals einer leidgeprüften Nation, deren Zukunft sogar der französische Astrologe *Nostradamus* (1503–1566), dessen Prophezeihungen bis in die heutige Zeit Beachtung finden, in düsteren Farben malte:

> Par vie et mort changé regne d'Ongrie,
> La loy fera plus aspre que feruice:
> En grand cité urlemens plains et crys,
> Castor et Pollux ennemis dans la lyce.
> (II, 90)
>
> (Wenn aufgrund von Leben und Tod die Macht in Ungarn wechselt, wird die Rohheit des Gesetzes die Grausamkeit überflügeln, die Hauptstadt wird von Wehklagen und Geschrei erfüllt, Castor und Pollux stehen sich im Kampf als Feinde gegenüber.)

Gedeutet werden kann dies für fast jeden Machtwechsel, denn Türken, Habsburger, Kommunisten, Horthy-Truppen, Pfeilkreuzler, deutsche Nazis, Russen und ungarische Stalinisten brachten alle Terror nach Budapest.

Und Budapest ist fast Ungarn. Das **Gewicht der Hauptstadt** ist im Gegensatz zu anderen Ländern erdrückend. In Ungarn gibt es Budapest und den Rest, die Provinz.

Jeder fünfte Ungar wohnt in der Hauptstadt, und das Stadt-Land-Gefälle ist gewaltig, nicht nur wirtschaftlich und kulturell. Man spricht offen von den Budapestern, auch vom Budapester Humor schlechthin. *Frigyes Karinthy* stellte unmissverständlich und autoritär klar: „Beim Humor verstehen wir keinen Spaß!"

Erwähnt werden muss auch, dass sich das Typische an Budapest nicht auf das typisch Ungarische reduzieren lässt, sondern dass diese Stadt immer gekennzeichnet war vom Nebeneinander mit den hier lebenden Nichtungarn, vor allem Deutschen und Juden.

Das Wesen der Budapester ist für den Schriftsteller *György Sebestyén* „die ständige Bereitschaft, lieber durch Einfälle zu glänzen als durch kontinuierliche Arbeit, manchmal eher durch List und Tücke, etwas noch nie Dagewesenes zu erreichen, als durch Ausdauer." *István Széchenyi*, der große Reformer in der ersten Hälfte des 19. Jh., fasste diesen Zug im ungarischen Wesen schon damals treffend folgendermaßen zusammen: „In seinem unbändigen Stolz meidet der Ungar die Arbeit."

Für den ungarischen Filmproduzenten *István Vajda* lebt man „in Budapest auch schneller, intensiver als anderswo in Europa, man macht aus einem Tag zwei, aus einem Jahr drei, um das kurze, schauderhaft schöne Dasein vertikal in die Höhe und in die Tiefe zu verlängern …". Vielleicht hat der deutsche Journalist Recht, der bewundernd feststellte, dass Budapest die „Stadt der zwei Millionen Lebenskünstler" sei.

Das jüdische Budapest

> „Es gibt Sterne, deren Strahlen man noch auf der Erde sieht, obwohl sie selbst schon längst verloschen sind. Es gibt Menschen, deren glanzvolle Erinnerung noch leuchtet, obwohl sie selbst schon nicht mehr unter uns sind. Diese Lichter funkeln besonders hell, wenn die Nacht dunkel ist. Sie weisen der Menschheit den Weg."
>
> Aus dem Tagebuch der *Hannah Senesh*

Erste Zeugnisse jüdischer Kultur gehen bis in die Zeit der römischen Provinz Pannonien zurück. Mit der Entstehung der Stadt Buda auf dem Burgberg siedelten sich im 13. Jh. auch viele Juden, hauptsächlich aus Frankreich kommend, an. Diese wohnten vornehmlich in der heutigen Táncsics Mihály utca, wo das Haus Nr. 26 als sephardische Synagoge diente.

Im 19. Jh. war die jüdische Gemeinde in Budapest derart groß, dass Budapest zur **Großstadt mit dem höchsten jüdischen Bevölkerungsanteil** avancierte. Der Assimilationsgrad war hoch. Hauptsächlich wohnten die Juden im VII. Stadtbezirk, der Erzsébetváros (Elisabethstadt), wo man noch viele Beispiele jüdischer Vergangenheit findet, wenn auch oft in katastrophal vernachlässigtem baulichem Zustand. Es gibt inzwischen wieder zwei oder drei jüdische Restaurants in der Stadt.

Man geht davon aus, dass heute etwa 80.000 Juden in Budapest leben. Vor dem Zweiten Weltkrieg waren es über 200.000.

Allein in Budapest gibt es 22 **Synagogen,** deren größte am Anfang der Dohány utca steht. Diese im byzantinisch-maurischen Stil errichtete Synagoge gehört zu den größten Europas. Die Mittel für ihre derzeitige Restaurierung stellt teilweise eine Stiftung von *Tony Curtis* zur Verfügung, der ungarisch-jüdischer Abstammung ist. Angeschlossen sind ein jüdisches Museum und der Heldentempel für die im Ersten Weltkrieg gefallenen Juden. An der Synagoge erinnert zudem eine Gedenktafel an das Geburtshaus von *Theodor Herzl,* den Begründer des Zionismus. *Ephraim Kishon* (alias *Ferenc Hoffmann*) stammt ebenfalls aus Budapest, wo er später auch studierte. Er überlebt den Holocaust in einem Keller in der Rózsa utca.

Überhaupt ist die Geschichte der **Judenverfolgung** so alt wie die Geschichte des Judentums. Juden gehörten mit zu den frühesten Einwanderern in Ungarn, aber schon 1360 erfolgte die erste Vertreibung aus Buda. Ungarn erlangte den traurigen Ruhm, im 20. Jh. als erstes Land gesetzlich gegen Juden vorgegangen zu sein. Schon 1920 wurde das Hochschulstudium der Juden gesetzlich eingeschränkt. Trotzdem waren die ungarischen Juden während des Zweiten Weltkrieges bis zum Einmarsch deutscher Truppen relativ sicher vor der Vernichtung.

Erst als im März 1944 deutsche Truppen Ungarn besetzten und die Pfeilkreuzler an die Macht brachten, begann der **Holocaust,** dem etwa 60 Prozent der eine Million ungarischen Juden zum Opfer fielen. *Eichmann*

DAS JÜDISCHE BUDAPEST

persönlich traf in Budapest ein, um die Liquidierung zu organisieren. Die Elisabethstadt wurde zum Getto. Im Hof der Synagoge erinnert der Friedhof des Gettos an 4000 Opfer. Die Deportation sah vor, dass zuerst die jüdische Bevölkerung der Provinz und erst am Schluss die der Hauptstadt liquidiert werden sollte. Die Kriegsereignisse verhinderten dann die schon geplante Deportation der Budapester Juden.

Es gab auch hier wie überall **Widerstand namenloser Helden** und solcher, deren Namen wir kennen. *Raoul Wallenberg*, ein schwedischer Diplomat, rettete durch persönlichen Einsatz vielen Tausend Juden das Leben. Nach dem Krieg wurde der damals 35-Jährige von sowjetischen Diensten verhaftet und nach Moskau gebracht, wo er angeblich 1947 im berüchtigten Lubjanka-Gefängnis des KGB an einem Herzinfarkt starb. Seine Familie und verschiedene Komitees haben diese Angaben immer angezweifelt und forschen bis heute nach dem Verbleib *Wallenbergs* und den mysteriösen Umständen seines Verschwindens (siehe im Internet unter www.raoul-wallenberg.de). Heute erinnern Gedenktafeln in der Wallenberg utca (XIII. Bezirk) sowie am Haus der österreichischen Botschaft (VI. Benczúr utca 16) an den Diplomaten.

Weitgehend unbekannt als Retter sind der Schweizer Konsul *Carl Lutz* sowie der italienische Kaufmann *Giorgio Perlasca*, der sich in den Kriegsjahren als spanischer Konsul ausgab. Seine Geschichte wurde in „Ein ehrlicher Mensch" verfilmt.

Die beeindruckendste Gestalt des Widerstandes ist jedoch *Hannah Senesh (Anna Szenes)*, eine junge Jüdin, die 1939 Budapest verließ und nach Palästina ging. Sie schrieb Gedichte und führte ein Tagebuch, das an *Anne Frank* erinnert. Um ungarische Juden zu retten, meldete sie sich freiwillig zu einem Fallschirmkommando, das von den Briten ausgebildet wurde. Am 13. März 1944 wurde sie über Jugoslawien abgesetzt, geriet aber bald nach dem Grenzübertritt zu Ungarn in Gefangenschaft, wurde gefoltert, verriet nichts und kam am 28. Oktober 1944 vor das Militärgericht in Budapest.

Turm der Synagoge in der Dohány utca

Man konnte in Budapest die näherkommende Front bereits hören, als sie am 7. November 1944 ohne Gerichtsurteil kurz nach 10 Uhr vormittags im Militärgefängnis an der Margareten-Ringstraße erschossen wurde. (Am selben Tag wurde *Dr. Richard Sorge* in Japan hingerichtet.) Heute heißt diese Straße „Mártirok útja" (Straße der Märtyrer), und ein Denkmal erinnert an die Opfer. Unbekannte beerdigten *Hannah* auf dem Jüdischen Märtyrerfriedhof in Budapest (ein Gedenkstein steht noch), von wo sie 1951 nach Jerusalem überführt und mit allen militärischen Ehren beigesetzt wurde. Sie ist Nationalheldin in Israel, und jeder dort kennt ihre Gedichte. Ihr letztes schrieb sie am 20. Mai 1944 im Gefängnis. Es endet mit den Zeilen:

> I could have been
> twenty-three next July;
> I gambled on what mattered most,
> the dice were cast. I lost.
>
> (Ich hätte dreiundzwanzig sein können im Juli; Ich habe gewagt, worauf es am meisten ankam, die Würfel sind gefallen. Ich habe verloren.)

Ein Park im VII. Stadtbezirk ist nach ihr benannt. Wer mehr über ihr Leben wissen möchte, sehe sich am besten den Film „Hannah's War" an.

Leider gibt es ernst zu nehmende **Ansätze von Antisemitismus** in Ungarn. Und nicht etwa irgendwann und irgendwo, sondern in Äußerungen hoher Politiker, die bis hin zu tendenziösen Statements im Parlament reichten. Hauptsächlich wird gegen den Bund Freier Demokraten (SzDSz) Stimmung gemacht. Ich erinnere mich an eine Titelseite der Satirezeitung „Ludas Matyi", auf der sich eine arabische Delegation im Parlament informiert, um Erste-Hand-Erfahrungen über Antisemitismus zu sammeln.

Auf der anderen Seite gab es schon zu Zeiten *Kádárs* weicher Diktatur erstaunliche Freiräume und eine Konsolidierung der **Beziehungen zu Israel.** Die Budapester Rabbinerschule war die Einzige des ehemaligen Ostblocks. Im Gegensatz zu den anderen kommunistischen Ländern funktionierten hier übrigens auch kirchliche Gymnasien, die man ohne spätere Benachteiligungen besuchen konnte. Auch nahm Ungarn als erstes sozialistisches Land wieder diplomatische Beziehungen zu Israel auf. 1987 fand die erste Tagung des *World Jewish Congress* im Ostblock, in Budapest, statt. Die ungarische Fluggesellschaft MALÉV flog und fliegt sehr viele Juden aus der ehemaligen Sowjetunion nach Israel aus, was auch offene Drohungen bis hin zu einem Sprengstoffanschlag auf einen Bus mit jüdischen Aussiedlern nach sich zog. Als Folge gab es eine ständige Präsenz der Anti-Terror-Einheit „Komondor" auf den Flughäfen. Ähnlich den Stasi-RAF-Kontakten gab es auch Verstrickungen des Geheimdienstes mit dem internationalen Terrorismus. So konnte sich z. B. *Carlos* lange Zeit frei in Ungarn bewegen.

Tanzende Roma:
Nur von der Tourismusindustrie geschätzt?

Die Roma

„Einen dummen Zigeuner oder einen beschränkten Zigeuner gibt es nicht."
Cervantes in „Die kleine Zigeunerin"

In einem Gedicht des Lyrikers *Endre Ady* heißt es: „In Budapest, hier ist das Leben hässlich / Und tausendmal hässlicher ist der Tod ..." Und für manche kommt er statistisch 20 (in Worten: zwanzig) Jahre früher als für die übrige Bevölkerung. Für die etwa 500.000 bis 700.000 Roma.

Gehätschelt, wenn es um ihren touristischen Marktwert als fiedelnde Zigeuner geht, eher geduldet, wenn es sich um erfolgreiche Sportler oder Jazzmusiker handelt, und vergessen sonst. Ein Drittel sind Analphabeten, gerade die Hälfte schafft acht Schuljahre, wegen Krankheiten sind viele schon in jungen Jahren arbeitsunfähig. Was folgt, ist oft Betteln, Blumenverkauf in der Metro, Prostitution, Kriminalität, Alkohol und Gefängnis. Zerrüttete Familien bedeuten Kinderarbeit statt Schule. Schlechte Ausbildung und dunkle Haut verhindern beruflichen Erfolg, der Teufelskreis schließt sich. Die logische Folge: Das Verhältnis der Ungarn zu den Roma ist von Ablehnung und seitens rechtsgerichteter Kräfte auch von offener Gewalt geprägt. Im Jahre 2000 baten zahlreiche ungarische Roma in Frankreich und Kanada um politisches Asyl, da sie sich in Ungarn benachteiligt fühlten.

Aus Nordindien wurden die Roma im 10. Jh. vertrieben und waren danach ständig auf der Flucht. So wurden sie nirgends sesshaft und blieben gesellschaftlich stets isoliert. Dabei war ihr Los in Ungarn keineswegs einfacher als anderswo. Auch hier übertraf die Verfolgung im Dritten Reich die finstersten Perioden des Mittelalters.

Zu dem von der Werbung immer wieder strapazierten romantischen Ungarnbild gehört der Primás ebenso wie Paprika und Puszta. Und deshalb finanziert der Staat weiterhin die musikalische Ausbildung der Romatalente, gründet gleichzeitig eine Polizei-Sonderkommission zur Bekämpfung der Kriminalität unter den Roma und erwägt die **kostenlose Abgabe von Verhütungsmitteln,** um bei sechs bis acht Kindern pro Familie die „Reproduktion des Elends" einzudämmen. Doch da viele Touristen, die nach Ungarn kommen, ihre Erwartungshaltung bestätigt finden wollen, gibt es nur eine Möglichkeit: The show must go on!

Kleine und große Skandale

„Ungarn ist das Land der beschränkten Unmöglichkeiten."
Redensart in Ungarn

Vielleicht geben die Skandale einen besseren Einblick in das Wesen einer Gesellschaft, als es detaillierte Analysen tun. Deshalb möchte ich einige davon erwähnen.

Viele Jahre war der **4. April** in Ungarn Feiertag. An diesem Tag des Jahres 1945 befreite nämlich die Rote Armee den letzten Teil Ungarns. Doch wie sich herausstellen sollte, stimmte das Datum gar nicht, denn noch nach dem 4. April gab es Kampfhandlungen und auch Opfer. Um aber die Heilige Kuh nicht opfern zu müssen, ließ man das Todesdatum auf den betreffenden Grabsteinen fälschen. Weil aber seit 1990 der 4. April kein Feiertag mehr ist und inzwischen auch schon alle sowjetischen Truppen abgezogen sind, ist der Skandal nun auch kein richtiger Skandal mehr.

Der ungarische Nationaldichter *Sándor Petőfi* verscholl als Major der Revolutionsarmee am 31. 7. 1849 auf dem Schlachtfeld von Segesvár (Sighiçoara, Rumänien). Nun gab es niemanden, der sagen konnte, ob er tot war oder doch in russische Gefangenschaft geraten und in Sibirien darbte. In ganz Europa tauchten Schein-Petőfis auf, aber auch die Legende von der russischen Gefangenschaft hielt sich hartnäckig. Erst 1882, als man sich seines Todes sicher glaubte, wurde das Petőfi-Denkmal am Pester Brückenkopf der Elisabethbrücke errichtet.

Da taucht plötzlich 1989 aus dem Nichts der neureiche Kesselfabrikant *Ferenc Morvai* auf, ein Selfmade-Unternehmer wie aus dem Bilderbuch, der, alle Petőfi-Spezialisten beiseite lassend, eine Expedition ins sibirische Bargusin ausrüstet, um dort nach dem Grab eines gewissen Majors *Alexander Petrowitsch* (das ist der Geburtsname des Dichters) zu suchen, der Ungar

KLEINE UND GROSSE SKANDALE

und zudem Dichter gewesen sein soll. Als man bei der Öffnung des Grabes ein Skelett findet, das Petőfis Anatomie und Alter entspricht, löst dies eine ungeahnte Diskussion aus. Unerhört! Da zerstört ein hergelaufener Fabrikant eine Legende, noch dazu ein gänzlich unbeschriebenes Blatt in der Phalanx der offiziellen Petőfi-Forscher. Eine üble Schlammschlacht entwickelt sich. Die Gegner Morvais, mit der ungarischen Akademie der Wissenschaften an der Spitze behaupten, das Skelett wäre das einer Frau, obwohl eine Chromosomenanalyse das Gegenteil bewies. Der einzige Weg, die Zweifel zu beseitigen, wäre die DNS-Printanalyse einer Knochenprobe von Petőfis Mutter, die auf dem Kerepsi-Friedhof liegt. Die Genehmigung will die Stadt nur dann erteilen, wenn die Akademie es für angebracht hält, doch diese weigert sich bis heute.

Das Gezerre um die **Weltausstellung 1996** war eine regelrechte Hanswurstiade. Ganz am Anfang gab es eine gemeinsame Bewerbung von Wien und Budapest, eventuell zusammen mit Bratislava. Da meldeten sich in Budapest die Skeptiker und verkündeten, das Ganze sei zu teuer und eine zu große Belastung für das Land. Da-

So stellte sich Munkácsy 1896 Petőfi im Lager vor

raufhin ließen einflussreiche Kreise in Wien durchblicken, dass man die Weltausstellung notfalls auch allein realisieren wolle. Budapest blieb schwankend. Nun gab es aber in Wien eine Volksabstimmung, und die nahm der Ausstellung den Wind aus den Segeln. Das Volk sagte, man wolle und brauche so etwas nicht. Budapest, durch soviel Starrsinn wohl angestachelt, schwang sich nun seinerseits dazu auf, das Milliardenprojekt alleine auszurichten. Am Ende scheiterte der Plan dann doch.

Eine unglaubliche Geschichte betrifft eine **Straße** im XIII. Stadtbezirk Budapests. Diese wurde nach dem Zweiten Weltkrieg nach dem im KZ Dachau ermordeten Kommunisten *Sándor Muk* benannt und hieß während der ganzen Zeit des ungarischen Stalinismus so. Nun stellte sich nach etlichen Jahren (zu *Kádárs* Zeiten) heraus, dass eben dieser *Sándor Muk* nur der Bruder des Kommunisten und zum Entsetzen aller sogar ein Pfeilkreuzler (Hungarofaschist) gewesen war. Der Kommunist hieß mit Vornamen *Lajos*. Der Straßenname wurde natürlich sofort in Muk Lajos utca geändert. Im Zuge der Wende wollte man dann keinen der beiden Namen haben, und so heißt die Straße jetzt Thurzó utca.

Skandalträchtig sind auch immer wieder die **Miss-Hungary-Wahlen.** Aufsehen löste 1986 der Selbstmord der Miss Hungary *Csilla Molnár* aus, und die Erste und Zweite im Miss-Hungary Wettbewerb 1991 mussten ihre Titel abgeben, nachdem Nacktaufnahmen in einschlägigen Magazinen bekannt geworden waren.

Immer gut für einen Skandal ist auch die gebürtige Ungarin **Ilona Staller** (alias *Cicciolina*) als Abgeordnete der pseudoanarchistischen Radikalen Partei im italienischen Parlament und Gründerin der Liebespartei. Zwischenzeitlich war sie amtsmüde geworden, hatte in Ungarn den amerikanischen Kitschbildhauer *Jeff Koons* geheiratet und sich der Familienvergrößerung gewidmet. Nach kurzer Zeit hat sie *Koons* wieder verlassen ...

Skandalös ist offenbar der Zustand der ungarischen **Sicherheitsorgane.** Allein 1999 wurden aus dem Fuhrpark der Regierung ca. 20 Dienstfahrzeuge – ausschließlich deutsche Fabrikate – gestohlen. Der BMW des Generalstaatsanwalts ist später in Moskau aufgetaucht. Das Ausrüsten mit Diebstahlsicherungen scheitert an Geldmangel.

Derzeit bewirbt sich Budapest als Austragungsort für die **Fußball-EM 2008** sowie für die **Olympischen Spiele 2012.** Weitere Skandale sind vorprogrammiert.

Csárdás-Tänzerin:
Für die Touristen wird das Klischee gepflegt

TYPISCH UNGARISCH!

Nun zum **Paprika.** Man verbindet zwar Ungarn schlechthin mit Paprika, aber Kochpapst *Gundel* klärt auf: „Was ich über den Paprika zu sagen habe, wird den Leser bestimmt einigermaßen enttäuschen. Ich muss eingestehen, dass dieses Gewürz, das allgemein als ungarisches Nationalgewürz bekannt ist, in Ungarn erst vor einem Jahrhundert Verbreitung fand. In ungarischen Kochbüchern aus der ersten Hälfte des 19. Jh. wird Paprika kaum erwähnt, und vor 200 Jahren war er noch gänzlich unbekannt." Man nimmt allgemein an, dass *Kolumbus'* Leibarzt *Chanca* die Pflanze nach Europa brachte. Von der Iberischen Halbinsel aus verbreitete sie sich dann weiter, und nach Ungarn gelangte der Paprika offenbar durch die Türken. Der Anbau der Pflanze begann in Ungarn aber erst gegen Ende des 17. Jh. Heute ist diese etwa 50 Zentimeter hohe Pflanze aus Ungarn nicht mehr wegzudenken. Es war ein ungarischer Arzt, der den die Schärfe des Paprikas verursachenden Wirkstoff Capsaicin 1878 entdeckt hat. Und auch die revolutionäre Erfindung, getrockneten Paprika als Gewürz zu verwenden, wird allgemein den Ungarn zugeschrieben.

Kuriosum im Lokal Kulács:
Der Primas, Zsuzsa Horváth, ist eine Frau

Typisch ungarisch!

Die zum Trocknen dienenden Paprikakränze sind ein unverwechselbares Aushängeschild südungarischer Dörfer. Getrockneten und gemahlenen Gewürzpaprika gibt es in bis zu sechs verschiedenen Sorten. Von dem feuerroten und harmlosen Extra Paprika, dem milden oder scharfen Delikatesspaprika über Edel- und Halbsüßpaprika bis zum Rosenpaprika und zum bräunlich-gelben und höllisch scharfen Paprika reicht die Schärfeabstufung der Sorten. Wie berechtigt der Begriff einer „feurigen Speise" ist, weiß man erst seit kurzem, als der Nachweis gelang, dass Capsaicin in uns dieselben biochemischen Prozesse auslöst wie eine Verbrennung.

Daraus folgen dann eigentlich schon mit zwingender Logik gastronomische Eckpfeiler wie Paprikahuhn oder *Halászlé* (ungarische Fischsuppe). Früher trank man in manchen Gegenden als Medizin sogar mit Paprika gewürzten Schnaps. Heute ist Paprika aus der ungarischen Küche nicht mehr wegzudenken, ja nachgerade die Seele der magyarischen Nationalküche. Und wer der roten Gefahr dieses satanischen „Scharfmachers" nicht traut, dem sei gesagt, dass Paprika eine der gesündesten Früchte überhaupt ist. Keine andere Gemüsesorte enthält so viel Vitamin C (4- bis 5-mal mehr als die Zitrone), nicht von ungefähr gewann der ungarische Nobelpreisträger *Albert Szent-Györgyi* Vitamin C aus Paprikafrüchten. Die weitverbreitete Annahme, dass ungarisches Temperament nichts weiter heißt, als Paprika im Blut zu haben, hängt aber vielleicht nicht nur mit den Vitaminen zusammen, denn Paprika gilt auch als Aphrodisiakum. Neuerdings wird in Ungarn reines **Paprikaöl** angeboten.

Paprika Jancsi ist das ungarische Pendant des deutschen Hanswurst oder des englischen Jack Pudding.

Ungarische **Salami** der Marken Herz und Pick ist in Touristenkreisen sehr beliebt. Pick wird seit mehr als 120 Jahren nach einem Geheimrezept hergestellt. Die Salamis reifen 100 Tage und werden angeblich mit speziellem Akazienholz geräuchert. Das **Letscho,** ein Gemüsegericht aus Zwiebeln, Paprika und Tomaten, ist vermutlich eine ungarische Erfindung und wird meist als Soße zu Fleischgerichten serviert.

Ganz sicher aber ist **Gulasch** typisch ungarisch. Allerdings ist der „echte" Gulasch ein Suppengericht, und das, was in deutschen Landen als Gulasch angesehen wird, heißt in Ungarn *Pörkölt*. Als typisch ungarisch würde ich auch die **Halászlé** (Fischsuppe) bezeichnen, eine stattliche Hauptmahlzeit in sattem paprikanischen Rot, die in einem, wie *Fühmann* berichtet, „dampfenden Höllenkessel" serviert wird.

Lángos ist ein in Fett oder Öl gebackener Brotfladen mit Knoblauch und Salz, als Zwischendurchhappen auf der Straße so beliebt wie gekochte Maiskolben (*főtt kukorica*).

Der **Tokajer** Wein ist so ungarisch, dass es typischer gar nicht mehr geht. Es ist sogar verboten, Trauben in das 28 Dörfer umfassende Gebiet von Tokaj einzuführen.

Michael de Kováts diente unter *Maria Theresia* und *Friedrich dem Großen,* bevor er sich der amerikanischen Flagge anschloss und im Unabhängigkeitskrieg die erste amerikanische Kavallerie ausbildete. *Kováts* wurde zum Helden, als er am 11. Mai 1799 bei einem Ausbruch aus dem belagerten Charleston tödlich verwundet wurde. Er war der erste Ungar, der für die amerikanische Unabhängigkeit sein Leben gab.

Die **Uniform der Husaren** ist etwas fürs Auge. Sie entwickelte sich aus der ungarischen Nationaltracht. Deren kurze, mit quer laufenden Schnüren besetzte Jacke heißt der oder die *Attila* und wurde nach dem gleichnamigen Hunnenkönig benannt. Daraus entwickelte sich der *Dolman,* die pelzbesetzte Schnürenjacke der Husaren, zu deren schneidigem Outfit auch eine Pelzmütze gehörte. Als *Zar Peter I.* im Sommer 1698 in Bratislava von den in Nationaltracht erschienenen Ungarn begrüßt wurde, machte das offenbar einen so großen Eindruck auf ihn, dass er die in Moskau und den anderen Städten lebenden Offiziere, Adeligen, höheren Händler und Bürger innerhalb kurzer Zeit ohne Ausnahme zum Tragen der ungarischen Husarentracht verpflichtete. Die Husarenuniform fand aber auch namhafte Kritiker. Der Großreformer *Széchenyi* schrieb beispielsweise über die Prachtkleidung: „Es wäre beinahe unmöglich, mit der größten Anstrengung einen hässlicheren Anzug zu erfinden." Nicht eben ein Kompliment!

Im Gegensatz zu dieser eher militärischen Tracht gibt es keine einheitliche ungarische **Volkstracht,** sondern regional verschiedene Typen. Bunte Stickereien gehören aber meist dazu.

Der gemeinhin als Schäfermantel geltende **Suba** ist dies erst seit dem 20. Jh. Davor war er alltägliches Kleidungsstück der Dorfbewohner. Im Winter trug man ihn mit dem Fell nach innen, im Sommer mit dem Fell nach außen. Er ist oft mit Stickereien verziert wie auch der **Szűr,** ein Flauschumhang mit langen Ärmeln als Männerbekleidung.

Der **Csíkós** (Tschikosch) ist ein ungarischer Pferdehirt, während ein **Tschako** eine hohe, oben abgeflachte Haube bei Militär und Polizei ist – *András Hadik* ist auf seinem Reiterdenkmal mit Tschako dargestellt.

Als typisch ungarisch gelten auch die **Budapester,** handgearbeitete, echt rahmengenähte Schuhe mit einem markanten Schiffchen.

Tschango hingegen ist eine vorwiegend jenseits der Karpaten lebende, kaum mehr als dreihundert Personen umfassende ungarische Volksgruppe ungeklärter Herkunft.

Székler nennt man die am Osthang der Karpaten lebende Bevölkerung in Siebenbürgen. Als freie Bauern hatten sie eine gewisse Autonomie und bewahrten ihre traditionelle Kunst.

Die **Heiducken** sind Bauern, die vor den Türken und feudaler Unterdrückung geflohen sind, sich zu Haufen zusammenrotteten und gelegentlich auch Söldnerdienste leisteten.

Kurutzen hingegen hießen die ungarischen Aufständischen gegen die Habsburger und ihre Getreuen, die *La-*

banzen. Der Name ist eine Hommage an das von den tapferen Kämpfern der Bauernaufstände getragene Kruzifix.

Kumanen und **Jazygen** waren Turkvölker, deren Stämme seit dem 13. Jh. in Ungarn siedelten. Ihre Privilegien wurden bis 1876 durch Gesetze geregelt, sie verschmolzen jedoch vollständig mit den Ungarn. Ihr ehemaliges Siedlungsgebiet (Jászkúnság) war der nördlichste Teil des Donau-Theiß-Zwischenstromlandes. In Jászberény findet man ein Museum zur Geschichte der Jazygen.

Die **Petschenegen,** ebenfalls ein nomadisierendes Turkvolk, siedelten sich schon im 10./11. Jh. in den südlichen und den westlichen Grenzgebieten Ungarns an. Auch sie wurden völlig assimiliert.

Das kleine Völkchen der **Palócen** (Herkunft unbekannt) lebt im Raum des Börzsöny- und Mátragebirges in Nordungarn. Ihr Zentrum ist der Ort Balassagyarmat. Ihr schönstes Dorf heißt Hollókő und liegt im Cserhát-Gebirge. Bekannt sind die sehenswerten Osterbräuche der Palócen.

Das südslawische Volk der **Schokazen** lebt in der Gegend um Mohács, seit es sich nach der Niederlage gegen die Türken (1526) in die dortigen Sumpfgebiete geflüchtet hatte. Sie haben ihre Kultur und Sprache erhalten können und sind in der heutigen Zeit berühmt für das spektakulärste Faschingstreiben in ganz Ungarn.

Betyaren schließlich waren Straßenräuber, die im Volk ein Robin-Hood-Image hatten. Als *Bismarck* durch Ungarn reiste, erlebte er die Erschießung von zwei Betyaren und schrieb: „Dergleichen erlebt man in unseren langweiligen Gegenden gar nicht."

Für den Gast von heute gehören Betyaren-Partys ebenso wie die „echten" Dorfhochzeiten zum täglichen touristischen Standardangebot.

Ungarisch – ein Annäherungsversuch

„Es gibt zwei sehr schwere Sprachen in Europa, die eine ist Portugiesisch und die andere ist Ungarisch. Aber Ungarisch ist so schwer, dass nicht einmal die Portugiesen es verstehen."
Friedrich Dürrenmatt

Nach dieser ebenso entmutigenden wie richtigen Feststellung fällt es mir schwer, überhaupt etwas Vernünftiges über diese bizarre Sprache mit ihrem rätselhaft fremden Klang und ihrer eigenartigen Melodie zu sagen. Nun, zunächst gehört das Ungarische mit der chantischen und mansischen Sprache zur ugrischen Hauptgruppe der finnisch-ugrischen Sprachfamilie, die wiederum zusammen mit dem Nenzischen der uralischen Sprachgruppe angehört. Das Finnische ist die dem Ungarischen am nächsten stehende europäische Sprache, aber selbst die ist so weit entfernt, dass Finnen und Ungarn sich nicht verstehen. Allenfalls zwei Dutzend Wörter klingen ähnlich.

Das alles ist zwar interessant und bei der Forschung über die Urheimat der Ungarn von Bedeutung, hilft aber jetzt

UNGARISCH – EIN ANNÄHERUNGSVERSUCH

wenig, denn kaum jemand wird sich in den erwähnten Sprachen auskennen. Dazu kommt, dass das Ungarische eine komplizierte Geschichte ist, denn die Tücke liegt im Detail, wie schon *Franz Fühmann* zu berichten weiß: „Verwechslung von langen und kurzen Vokalen oder stimmhaften und stimmlosen Konsonanten führt oft zu fantastischen Missverständnissen. Voriges Jahr, da ich in einem Dorfkonsum Grünzeug erwerben wollte und den dazu nötigen Fragesatz lange vorher memorierte, habe ich schließlich die Verkäuferin gefragt, ob sie einen schönen grünen Arsch habe, und das nur, weil bei sonst gleichem Klang „Arsch" kurz und „Zeug" lang ausgesprochen wird. Sie, höchstens siebzehn, schrie auf und floh, und ihr Vater erschien, und er wog drei Zentner."

Dabei ist das Ungarische phonetisch, d. h. alles wird streng so **ausgesprochen,** wie es geschrieben steht, es gibt kaum mundartliche Unterschiede, und selbst Endungen dürfen nicht verschluckt werden, denn gerade auf die kommt es an. Überhaupt wird im Prinzip fast alles durch Nachsilben ausgedrückt (wenn das nicht reicht, verlängert man das Wort nach vorn), die schön der Reihe nach an den Wortstamm angehängt werden und mächtige Konstrukte wie *ételkülönlegességek* oder *Illetékteleneknek* verursachen können. Aber auch ohne Endung hat die Sprache Wörter respektabler Länge zu bieten. *Hódmezővásárhelykutasipuszta* z. B. ist der Name jener Eisenbahnstation, die in dem das deutsche Ungarnbild maßgeblich beeinflussenden Film „Ich denke oft an Piroschka" vorkommt.

Erhebliche **Schwierigkeiten** beginnen aber schon, wenn man sich das lateinische Schriftbild vergegenwärtigt, welches die frühere Keilschrift verdrängte. Nirgendwo finden sich bekannte Strukturen, selbst fantasievolle Menschen sind mit Worten wie *rendőrség, étterem, szálloda, képma gnó* oder *Bécs* (Polizei, Restaurant, Hotel, Videorecorder, Wien) hoffnungslos überfordert.

Nicht weniger anspruchsvoll ist die Mehrzahl. Im Sprachführer steht dazu: Die Bildung der Mehrzahl geschieht in jedem Fall durch Anfügen des Buchstabens „-k".

Solange das Substantiv auf einen langen Vokal endet, stimmt das tatsächlich, z. B. *ajtó – ajtók* (Tür). Endet das Wort aber mit einem kurzen Vokal, wird dieser lang, z. B. *törpe – törpék* (Zwerg). Endet das Wort auf einen Konsonanten, muss der Aussprechbarkeit wegen vor dem „k" ein Bindevokal eingefügt werden. Aus *ablak* (Fenster) wird *ablakok*. Warum hier gerade ein „o" eingefügt wird, merkt man am Klang. *Ablakek* klingt für einen Ungarn dermaßen schräg, dass so etwas allenfalls ein jedes harmonischen Empfindens verlustig gegangener Sprachbarbar zustande bringt. Bei *hegy* (Berg) kommt deshalb nur *hegyek* in Frage. Man nennt das Vokalharmonie. Die Vokalharmonie ist ein Grundpfeiler der Sprache, denn in einfachen Wörtern kommen meist jeweils nur helle oder dunkle Vokale vor, Ausnahmen bestätigen auch im Ungarischen die Regel. So wird beispielsweise bei *levél* (Brief) das lange „é" durch ein kurzes in *levelek* ersetzt, die Mehrzahl von *ló* (Pferd) ist *lovak*, aus *só* (Salz) wird aber verrückterweise *sók*, aus *tó* (See) gar *tavak* und *bagoly* (Eule) wird zu *baglyok*. Bei bestimmten Besitzerkonstruktionen muss anstelle des „k" ein „i" (ganz richtig, ein „i"!) an der richtigen Stelle im Wort eingefügt werden. Wie sehr diese Sache etwas für Fortgeschrittene ist, mag das nachstehende Vokalmonster „*fiaiéi*" beweisen, in welches jenes Mehrzahl-„i" gleich zweimal geschmuggelt wurde und das in etwa „seinen/ihren Söhnen gehörend" bedeutet.

Die Komplikationen mit dem Plural kann man jedoch spielend umgehen, denn das Ungarische bietet einen überraschend einfachen wie sympathischen Ausweg: Wenn die Mehrzahl bereits durch ein voranstehendes anderes Wort eindeutig ist, bleibt das Substantiv jeweils in der Einzahl.

Auf Deutsch heißt das Folgendes: Nach Zahlwörtern und Wörtern wie „unzählige", „viele", „einige", „wenige" usw. steht auf jeden Fall die Einzahl. In dieser Beziehung wird im Ungarischen nicht doppelt gemoppelt! ... dafür wird aber doppelt verneint. *Tizenhárom szék* (dreizehn Stühle) heißt also wörtlich „dreizehn Stuhl" und *sok ember* (viele Menschen) heißt „viel Mensch". Logisch, aber ungewohnt. Man muss also nur die Zahlwörter und den Namen des gewünschten Artikels, sagen wir Bier, kennen, um beliebige Mengen davon fehlerfrei zu bestellen. Zwei Bier sind folglich *két sör*. Beruhigend, dass es hier tatsächlich keine Ausnahmen gibt.

Ein allgemeines Prinzip im Ungarischen besagt: Man geht immer **vom Wichtigen zum Unwichtigen.**

Das scheint logisch, bringt aber auch Verwirrung, da das Deutsche oft ganz anders ist.

Was man im Ungarischen betonen will und was wichtig ist, steht im Allgemeinen am Satzanfang. Betont wird stets nur die erste Silbe eines Wortes, selbst wenn danach noch zehn Silben folgen. Beim Datum beginnt man mit dem Jahr, dann folgen Monat und Tag. Bei Namen wird grundsätzlich zuerst der Nachname, dann der Vorname genannt, bei Zahlen fängt man mit dem höchsten Stellenwert an und arbeitet sich bis zu den Einern durch. Eine ungarische Adresse beginnt gewöhnlich mit der Stadt, dann folgen Straße und Hausnummer. Vielleicht ist dieses klare Ordnungsprinzip die Lösung für das bisher ungeklärte Phänomen, dass Ungarn so viele gute Mathematiker und Schachspieler hervorgebracht hat. Manchmal jedoch negiert die Sprache das Kompakt-Logische: „*Esik az eső!*" heißt wörtlich übersetzt „Es fällt das Fallende" und bedeutet schlicht, dass es regnet.

Nun zu einigen interessanten Eigenschaften der Sprache. Das Ungarische kennt keine grammatischen Geschlechter, keine Präpositionen und auch keine vorgeschriebene Wortfolge. Gerade letzte Eigenschaft ermöglicht eine äußerst **nuancenreiche Ausdrucksweise.** Auch hat die Sprache die Fähigkeit, dass aus Substantiven

UNGARISCH – EIN ANNÄHERUNGSVERSUCH

überaus elegant neue Verben erzeugt werden können. So folgt aus *kávé* (Kaffee) einfach *kávézni* (Kaffee trinken). Das funktioniert mit Tee und Bier, aber auch mit Fahrrad oder Tischtennis.

An **Schimpfwörtern** herrscht überhaupt kein Mangel. Eine Übersetzung der meisten davon verbietet sich an dieser Stelle aus Anstandsgründen, aber ein sanftes „hülye" (Idiot) sollte man schon in petto haben. Wer zu seinem Gegenüber „Te bunkó állat!" sagt, kann sich schon mal einen Sekundanten suchen.

Die Ungarn haben seltsamerweise kein Wort für **„haben".** Man muss es umschreiben. Für Sünde und Verbrechen gibt es nur ein einziges Wort – *bűn*. Ebenso für Freiheit und Urlaub – *szabadság* – oder für Tomate und Paradies – *paradicsom*. Dafür gibt es für den jüngeren und älteren Bruder bzw. Schwester verschiedene Wörter und für „wie viel" gibt es ebenfalls zwei Ausdrücke: *hány* fragt nach der Anzahl; *mennyi* nach der Menge: *Mennyi kenyér?* – „Wie viel Brot?"; *Hány kenyér?* – „Wie viel Brote?". Nach der Uhrzeit kann man trotzdem mit beiden Wörtern fragen: *Mennyi ay idő?* bzw. *Hány óra van?*

10,7 Millionen
Menschen sprechen Ungarisch

Mit dem **Zuprosten** ist es schon schwieriger, man sagt, je nach Situation, *egészségére, egészségedre, egészségünkre* bzw. drei andere Varianten. Als Anfänger sagt man am Besten *egészség* und murmelt nach dem „g" irgendetwas.

Verblüffend kompakt ist die ungarische Version von **„Ich liebe dich."** – nämlich schlicht und ergreifend *szeretlek*. Nicht mehr und nicht weniger. Das „Ich" steckt im „k", das „Du" im „l" und das Verb „lieben" ist *szeret*.

Ebenfalls beeindruckend kurz ist das ungarische Wort für **„nicht"** oder „nichts". Es heißt *nincs*. Fragt man etwa in einem Laden oder Restaurant nach etwas, was es nicht gibt, bekommt man als Antwort präzise, kurz und trocken: *Nincs!* Dieses Wort hat etwas von einer liebenswert-kaltschnäuzigen Endgültigkeit, die keine Fragen mehr offen- oder zulässt. So ein Wort fehlt im Deutschen!

Mein Lieblingswort ist allerdings *Buék*, was präzise übersetzt eigentlich „IwegnJ" heißen müsste. Kennen Sie nicht? Ich kannte *Buék* auch nicht und fand es bisher in keinem Wörterbuch. Trotzdem sieht man es zu Silvester überall, und um 12 Uhr sagt einem jeder Fremde schonungslos *Buék* mitten ins Gesicht. Des Rätsels Lösung: *Buék* sind die Anfangsbuchstaben von *Boldog új évet kívánok* – „Ich wünsche ein glückliches neues Jahr" –, und vermutlich aus Faulheitsgründen benutzt man einfach die **Kurzform.** Man sagt auch statt *Köszönöm* (Danke) kurz *Kösz* oder *Köszi*, statt *Bocsánat* (Entschuldigung) knurrt man einfach *Bocs*, und selbst der Balaton wird oft nur *Balcsi* genannt.

Ansonsten sind **Abkürzungen** ein Kapitel für sich, mit pu. – Bahnhof, db – Stück, dkg – 100 Gramm, de., du. – Vormittag, Nachmittag sollte man eigentlich über die Runden kommen. Angaben wie f8, h3 sind Zeitangaben, wobei „n" – viertel, „f" – halb und „h" – viertel vor bedeutet.

Bei **Vornamen** gibt es ein ähnliches Phänomen. Sobald man sich etwas kennt, werden diese durch Kurzformen ersetzt. So wird aus László Laci, aus István Pisti oder aus Katalin Kati. Wenn man sich näher kennt, ist die Verkleinerungsform fast Pflicht. Man hängt einfach ein „ka" bzw. „ke" an den betreffenden Kosenamen. Ferike hieße dann in etwa „Franzilein". Den i-Punkt setzt man durch eine lockere Besitzerkonstruktion wie z. B. „Ferikém", was man etwa mit „mein kleines Franzilein" übersetzen könnte. Wer nun meint, das wäre in einer so konsequenten und logischen Sprache anachronistisch, der irrt. Es ist keineswegs unnormal, dass man auch schon nach kurzer Bekanntschaft mit *angyalkám* (mein Engelchen), *drágám* (mein Teurer) oder *édeském* (mein Süßchen) angeredet wird.

Vielleicht sind das Rudimente des österreichischen Einflusses, auf jeden Fall ist es auch heute höflich, ältere Frauen mit **csókolom** (Kurzform von „Küssdiehand") zu begrüßen und zu verabschieden. Kinder sprechen Erwachsene grundsätzlich so an – wenn sie dazu aufgelegt sind. Das Ungarische ist ein idealer Nährboden für sol-

UNGARISCH – EIN ANNÄHERUNGSVERSUCH

che Art Konversation und damit auch für zuckersüße Ironie und reizende Unfreundlichkeiten. *Ephraim Kishon* bemerkte dazu hübsch: „ ... und meine Familie paukte ihrerseits die hübsche Höflichkeitsfloskel "légyszives kérlekalásan", die woanders "bitte" heißt."

Trotz all diesen Wortreichtums ist es im Ungarischen nach wie vor ein Problem, eine **Frau mit Namen** höflich anzusprechen. Es gibt eigentlich kein passendes weibliches Pendant zu „úr" (Herr). Bis in die 1980er Jahre verlor eine Frau bei der Heirat sogar ihren vollständigen Namen. Heiratete also eine *Kis Katalin* einen Herrn namens *Nagy András*, hieß sie fortan schlicht *Nagy Andrásné*, also Frau von Herrn Nagy. Diese patriarchalische Regelung erwies sich sogar im präfeministischen Ungarn als nicht mehr haltbar und wurde ersetzt. Der Witz dabei ist, dass man nun unter fünf Möglichkeiten wählen kann:

1. wie bisher *Nagy Andrásné*
2. *Nagy Katalin*
3. *Kis Katalin*
4. *Nagyné Kis Katalin*
5. *Nagy Andrásné Kis Katalin*

„Jeder ist farbig,
sonst würde man ihn nicht sehen!"

Interessant wird die Angelegenheit, wenn ein **Doktortitel** ins Spiel kommt. Beispielsweise hieß eine stellvertretende Justizministerin Ungarns *Fluckné Dr. Papácsy Edit*, was bedeutet, dass sie die Frau eines gewissen Herrn *Fluck* ist und selbst promoviert hat. Bekäme ihr Mann einen Doktortitel, hieße sie *Dr. Fluckné Dr. Papácsy Edit*. Das ist doch ein beeindruckender Name, nicht wahr?

Einen ungarischen **Adelsnamen** erkennt man dagegen im Allgemeinen nur an einem profanen „y" am Ende des Nachnamens, was so viel wie „von" bedeutet.

Die eingangs erwähnte Feststellung, dass ungarische Wörter mit denen anderer Sprachen nichts gemein haben, ist nicht ganz korrekt. Der jahrhundertelange kirchliche, türkische und Habsburger Einfluss hatte natürlich auch Auswirkungen auf die Sprache. So war lange Zeit Lateinisch die Sprache des Landtages. Ein Ergebnis der Reformation war dann 1590 die erste ungarische Bibel. Trotz 150-jähriger Besatzung wurden nur erstaunlich wenige Wörter wie z. B. *kávé* (Kaffee) aus dem Türkischen übernommen. **Deutsche Lehnwörter** gibt es dagegen zuhauf. Unter *Joseph II.* sollte das Deutsche gegen Ende des 18. Jh. sogar einmal Amtssprache werden, was jedoch am ungarischen Widerstand scheiterte. Die meiner Meinung nach schönsten Germanismen im Ungarischen sind:

fukar	geizig, knauserig (von Fugger)
brudert inni	Brüderschaft trinken
klappol	etwas klappt, funktioniert
kvitt	quitt sein
muszáj	etwas muss sein
pertu	per Du sein
stimmel	etwas stimmt
svung	Schwung
trotli	Trottel

Beachtenswert ist das Wort *élmény*, dem man seinen deutschen Ursprung nicht ansieht; es ist jedoch eine Spiegelübertragung des deutschen Wortes „Erlebnis". Das ist interessant, weil hier beide Sprachen ein Wort gemeinsam haben, das es so weder im Englischen noch im Französischen gibt.

Aus dem Ungarischen wurden ins Deutsche solche Wörter wie „Puszta", „Paprika" und „Husar", aber auch „Kutsche" **übernommen,** das auf das ungarische *kocsi* zurückgeht. Im Dorf Kocs, das etwa auf halber Strecke zwischen Wien und Budapest liegt und als Relais diente, bauten Stellmacher einen leichten und komfortablen Pferdewagen, der schnell zum Trendsetter in ganz Europa wurde. Deshalb Englisch „coach", Französisch „coche", Italienisch „cocchio". Das am weitesten verbreitete ungarischstämmige Wort ist „Hallo". Als der Erfinder *Tivadar Puskás* 1877 in Boston die erste Telefonzentrale konstruierte, rief er laut „Hallom!" (Ich höre!) in den Hörer, als die erste Verbindung zustande kam. Aus „Hallom" wurde dann „Hallo" und „Hello", das man heute auch in Ungarn so verwendet.

Das Wort **Magyar** kommt von „Sprechender" und entstand schon in prähistorischer Zeit, als die Ungarn auf

Tokány ist meist so etwas wie Pörkölt, nur dass das Fleisch in kurze, dünne Streifen geschnitten ist. Es gibt sehr viele Varianten davon, und ich kann schwer etwas Besonderes hervorheben.

Krautgerichte

Eine besondere Kategorie sind die Krautgerichte – O-Ton *Pablo Neruda*: „fürstlich". **Széklergulasch** *(Székely gulyás,* benannt nach dem Schriftsteller *József Székely* und nicht nach den *Széklern)* schmeckt besser, als er aussieht, und besteht hauptsächlich aus Sauerkraut und Schweineragout. Außerdem ist saure Sahne ganz wichtig. **Siebenbürger geschichtetes Kraut** *(Erdélyi rakott káposzta)* und **gefülltes Kraut** *(rakott káposzta)* sind andere prominente Vertreter dieser Kategorie.

Sehr empfehlswert sind **gefüllte Paprikaschoten** *(töltött paprika)*. Diese sind mit einer Reis-Hackfleisch-Mischung gefüllt und werden mit einer Art Tomatensoße zusammen serviert.

Fleischgerichte

Auch das deftige **Holzplattenfleisch** *(fatányeros)* ist eine wohlschmeckende Sache. Verschiedene gegrillte Fleischsorten werden dabei auf einer Holzplatte serviert. Obendrauf liegt normalerweise gegrillter Räucherspeck, den man auch bei anderen Gerichten findet und der meist vorzüglich schmeckt.

Schweinshaxe oder Eisbein wird *csülök* genannt. In Ungarn pökelt man es, und es wird mit Meerrettich, Paprika und anderen Beilagen serviert. Dazu isst man Brot. Ein Gedicht!

Nachdenklich stimmt, dass 2001 in Ungarn neun Fälle der Creutzfeldt-Jakob-Krankheit registriert wurden, obwohl kein einziger BSE-Fall nachgewiesen wurde.

Fisch, Wild und Geflügel

Berühmt sind die ungarischen Fisch-, Wild- und Geflügelgerichte inklusive **Gänseleber.** Da man weiß, wie tierquälerisch letztere „produziert" wird, sollte darauf verzichtet werden. Zu den **Fischgerichten,** die sämtlich aus Süßwasserfischen zubereitet werden, kann man allgemein sagen, dass der ungarische Spezialfisch der Zander *(Fogasch)* ist. Meister *Gundel* weiß außerdem zu berichten, offenbar aus verlässlichen Quellen, dass „die ungarischen Karpfen dankbar sind, wenn sie mit einem erlesenen, harmonisch abgerundeten ungarischen Weißwein heruntergespült werden." Zu Wild und Geflügel kann ich weniger sagen. Es gibt sehr viele Gerichte, deren bekanntestes zweifellos das immer wieder gern gegessene Paprikahuhn ist. Ansonsten lässt man sich am besten überraschen.

Noch ein Wort zum **Paprika.** Nicht selten haben die unscheinbaren Früchte (bzw. Pulver) die geballte Wirkung, und die gefährlich aussehenden Vertreter sind geschmacklich eher harmlos. Im Notfall nützt Weißbrot, das ohnehin fast immer auf dem Tisch steht, mehr als irgendeine Flüssigkeit.

Beilagen und Salate

Beilagen und Salate sind sehr saisonabhängig. Oft verbirgt sich dahinter schlicht sauer eingelegtes Kraut, Paprika oder Gurken. In den normalen Preisregionen kann man Vitaminsuchern und Vegetariern die Salatbuffets bei „Marcello" und „Kanári" mit gutem Gewissen anraten. Ansonsten sollten sie auf den Speisekarten das Wort **sopszka** suchen. Das ist ein oft angebotener bulgarischer Salat mit Schafskäse und verschiedenem frischen Gemüse. Auch gebackene Pilzköpfe oder Käse findet man häufig.

Nachtisch

Beim Thema Nachtisch kommt der Genussmensch leicht ins Schwärmen ... und ins Übergewicht. Dabei sind die bereits erwähnten Gundel-Palatschinken nur eine Facette in der Artenvielfalt der Palatschinken.

Mir haben es allerdings die **Schomlauer Nockerln** (Somlói galuska) angetan, auch eine der Speisen, die viel besser schmecken, als sie aussehen. Drin sind u. a. Stücke von Biskuitteig, Kakao, Nüsse und Rosinen und obendrauf Schlagsahne und Schokoladensoße. Das Ganze ist übrigens die Komposition eines Oberkellners aus Gundels Restaurant.

Wer **Quark- und Pflaumenknödel** (túrós gombóc bzw. szilvás gombóc) kennt, wird ebenfalls leicht zum Wiederholungstäter, von der Doboschtorte oder den verschiedenen Strudeln (rétes) ganz zu schweigen, deren Herstellung der Schriftsteller Mór Jókai in seiner Erzählung „Frau am Herd" genießerisch beschreibt: „Der Teig wird auf einem ganz großen, ausziehbaren Tisch dünn ausgestreckt, wobei zwei Mädchen von beiden Seiten her ein faustgroßes Stück Teig so weit ausziehen, wie das Tischtuch reicht, sodass es eine Römerin der Antike als Toga hätte tragen können. Dieser hauchdünne Teig wird in Ungarn nunmehr mit saurer Sahne, Fett, Mandeln und Rosinen bestreut, dann zusammengerollt, in der Form einer Boa Constrictor in die Bratpfanne gelegt, mit der Raffinesse eines spanischen Inquisitors auf langsamem Feuer knusprig gebraten – und sodann bemitleidet man jene barbarischen Völker, die dies nicht kennen."

Die zahlreichen speziell ungarischen Desserts verdienten einen eigenen Führer. Kuchen und Torten mit exotischen Namen wie Eszterházy, Lúdláb, Rákóczi-túrós, Sarokház oder Dobos sollte man unbedingt versuchen. Letztere Torte wurde von József Dobos, dem Chefkonditor des Gerbeaud aus Anlass eines Budapest-Besuches von Sissi kreiert. Ebenfalls sehr zu empfehlen sind Weinbrandkirschen (Konyak-Meggy), in Kognak eingelegte und mit Schokolade umhüllte Sauerkirschen, die 1958 auf der Weltausstellung in Brüssel eine Goldmedaille gewannen.

Unbedingt sollte man auch Desserts kosten, die unter Verwendung essbarer Kastanien kreiert wurden. **Kastanienpüree mit Schlagsahne** (gesztenye-püré) ist vielleicht die am häufigste Variante. Obligatorisch nach einer Fischsuppe sind **Quarkfleckerln** (túrós csusza), eine beliebte und vorzüglich mundende Nachspeise, allerdings keine süße, denn es handelt sich um eine gekochte Mehlspeise mit

Quark, saurer Sahne und Speckgrieben. Unvergesslich bleibt mir jene Theaterszene, in welcher ein Restaurantgast, der gerade Quarkfleckerln isst und dabei mit der aufgetischten Menge Schwierigkeiten hat, von einem wildfremden Menschen wiederholt und bestimmt darauf hingewiesen wird, er solle gefälligst aufessen. Auf die Frage des Verdutzten erklärte der Fremde: „Sie sind nur zufällig hier, ich aber bin hier Stammgast. Und wenn Sie nicht aufessen, glauben die in der Küche, dass die Portionen zu groß sind ..."

Trinkerambiente zwischen
Destruktivismus und Junk-Design

Trinken ist Pflicht

„Vina bibant homines animalia coetera fontes"
(Menschen mögen Wein trinken,
die Tiere Quellwasser)
Inschrift eines Trinkpokals
von *Matthias Corvinus*

In Ungarn trinkt man. Egal ob Mineral- oder Leitungswasser, Bier, Kaffee, Sekt, Palinka, Milch, Unicum oder Wein: man trinkt eben.

Der **Anbau von Wein** ist nach wie vor Steckenpferd und Stolz vieler Ungarn – ebenso das Trinken desselben. Man nutzt selbst kleinste Flächen und kommt mit dem Selbstgemachten über den Winter. Auf dem Land braucht man bei der ungarischen Gastfreundschaft manchmal gar nicht viel Glück, um sich plötzlich in einem der zahlreichen kleinen privaten Weinkeller wiederzufinden, wo man die guten wie schlechten Sorten probieren darf.

Das Wesen einer **Trinkinstitution** ist recht eindeutig am Namen identifizierbar. So ist *borozó* (*bor* = Wein) eine Weinstube, *söröző* (*sör* = Bier) eine Bierstube, *kávézó* (*kávé* = Kaffee) ein Café und *teázó* (*tea* = Tee) eine Teestube. Milchbars sind so selten und suspekt, dass ihnen der Sondername *tejbar* gestattet ist.

In den Dörfern trinkt man sonst in einem *bisztro* und in den Städten in einer *borozó*. Diese haben ganz unterschiedliches Niveau, und einige dürfen mit Recht als Spelunken bezeichnet werden, doch gerade die sind die typischen, auch wenn hier die Zahl der absturzgefährdeten Gäste höher ist! Die **Borozó** liegen normalerweise unter der Erde, weshalb man schnell das Zeitgefühl verlieren kann, und führen im Allgemeinen minderwertigen Wein (billiger als Benzin), den man im Stehen trinkt.

Außerdem ist wichtig, dass man in einer *borozó* trinkt und nicht isst. Sollten sich, so schreibt ein ungarischer Autor treffend, aber doch einmal ein paar Schmalzbrote oder gekochte Eier auf der Theke herumlümmeln, würden sie von einem echten Trinker ignoriert; er lebt allenfalls in friedlicher Koexistenz mit ihnen, kurz: Er duldet sie ...

Gewöhnlich trinken die Ungarn ihren **Wein mit Soda,** was man allgemein *fröccs* (sprich: frötsch) nennt. Entweder steht eine jener altmodischen Sodaflaschen auf dem Tisch, oder man verlangt eine der gebräuchlichen Wein-Soda-Kombinationen, die da heißen:

Háziúr (Hausherr)	4:1
Fröccs (Gespritzter)	2:1
Házmester (Hausmeister)	3:2
Kisfröccs (kleiner Gespritzer)	1:1
Viceházmester (Vizehausmeister)	2:3
Hosszúlépés (langer Schritt)	1:2
Lakófröccs (Mieter-Gespritzer)	1:4

Die drohende übermäßige Verdünnung des Weins hat schon Mitte des 19. Jh. zur Gründung einer Weintrinkergesellschaft geführt, deren edle Aufgabe das regelmäßige Gruppentrinken signifikanter Quantitäten ungarischer Weine war. Der Erfolg war offenbar durchschlagend. Heute werden pro Kopf und Jahr 10 Liter reinen Alkohols konsumiert. Über 10 Prozent der Bevölkerung gelten als – zumindest leicht – alkoholabhängig.

Mineralwasser *(ásványvíz)* gibt es in etlichen Sorten, und manche Thermalbäder verfügen auch über Trinkbrunnen.

In Studentenkreisen ist **laza** ein beliebtes und in der Tat außerordentlich süffiges Getränk, ein Gemisch aus Rotwein und Cola, das den Vorteil hat, dass man aus schlechtem Rotwein und warmer Cola noch etwas Vernünftiges zustande bringt.

Bier *(sör)* wird in Ungarn immer häufiger getrunken, wobei oft nur westliche Sorten angeboten werden.

Das Geheimnis des Tokajers

Worin liegt nun das Geheimnis des Tokajers? Genau genommen im komplexen Zusammenspiel mehrerer Faktoren wie Bodenbeschaffenheit, Klima, Rebsorten, Weinbereitung und Kellerbehandlung.

Der Boden der von der UNESCO zum Weltkulturerbe erklärten **Tokajer Weingegend** im Nordosten Ungarns (etwa 6500 Hektar groß) ist vulkanischen Ursprungs, vermischt mit Löss, und bietet durch die von Nordwind geschützte Lage sowie die vielen Sonnentage im Jahr und den langen warmen Herbst günstige Bedingungen für eine späte Reife der Trauben. Übrigens dürfen ausschließlich die in den 28 zum Weingebiet gehörenden Orten gelesenen Trauben zu Tokajer verarbeitet werden. Andere Weine wie der Tokay d'Alsace oder der Tocai in Italien haben mit dem ungarischen Tokajer weder Rebsorte noch Herstellungsweise gemein.

Da der lange Herbst gut ausgenutzt werden soll, werden **späte Rebsorten** angebaut. Traditionell sind das Furmint und Lindenblättriger sowie ein geringer Anteil Muscat lunell (Gelber Muskateller) zur Erhöhung der Duft- und Aromastoffe. Die Tokajer Weine entstehen aus einem zielbewussten Verschnitt dieser drei Rebsorten

Wenn in anderen Landesteilen die **Weinlese** schon beendet ist, beginnt sie hier erst und ist oft vor Mitte November nicht beendet. Früher begann die Lese traditionell am 28. Oktober, dem Simon-Judas-Tag. Die für den Tokajer Aszú so wichtigen Trockenbeeren werden erst dann abgenommen, wenn durch Wasserverdunstung die Beeren zusammengeschrumpft sind. Man spricht von „Edelfäule", die durch die Einwirkung des Grauschimmelpilzes *Botrytis cinerea* hervorgerufen wird und auch die Grundlage für andere große Dessertweine wie etwa den Sauternes bildet. Der Zuckergehalt ist dann besonders hoch, und im Traubensaft bilden sich durch den Schimmelpilz feine aromatische Edelsubstanzen, die die Trockenbeeren von der Rosine oder anderen künstlich getrockneten Weinbeeren unterscheiden.

Die geschrumpften Trockenbeeren werden separat gelesen und in Bütten (*puttony*) von etwa 28–30 Liter gesammelt. Dort, wo die Auslese der Trockenbeeren nicht lohnt, werden die geschrumpften Beeren zusammen mit den prallen Trauben gelesen und verarbeitet. Daraus entsteht je nach Trockenbeerenanteil der trockene oder süße **Szamorodner** (polnisch: *samo rodni* – so wie es wächst). Der Name weist darauf hin, dass die Trockenbeeren und die übrigen Trauben nach ihren natürlichen Anteilen verarbeitet werden.

Man unterscheidet nunmehr die folgenden **Qualitätsstufen:** Die Trockenbeerenauslese für den Aszú, die gemeinsame Lese von Trockenbeeren und anderen Trauben für den Samorodner und die nach der Lese der Trockenbeeren zurückbleibenden Trauben, die als Tokajer Furmint bzw. Tokajer Lindenblättriger in den Handel kommen.

Zur Herstellung des **Tokajer Aszú** (Ausbruch) werden die Trockenbeeren zusammen mit einem sorgfältig ausgewählten so genannten Grundwein vergoren. Abhängig davon, wie viele Bütten (ca. 20 kg) Ausbruchteig man einem Göncer Fass (136 Liter) Grundwein beigibt, unterscheidet man drei- bis sechsbüttigen Aszú. Je mehr Bütten, desto feiner, süßer, bemerkenswerter und teurer.

In den Göncer Fässern **reifen** die Weine dann vier bis sechs Jahre in Kellern, welche in den Fels getrieben wurden und eine konstante Temperatur von 10 °C gewährleisten. Die Kellerwände sind vom Schimmelpilz *cladosporium cellara* bedeckt, der bisweilen auch in Weinstuben besonders auffällt, da eingedrückte Münzen an der Wand haften bleiben.

Bis zur Zeit der Reife lagert der Wein in diesen Holzfässern und wird dann in spezielle 0,5-Liter-Flaschen mit langem Hals und breitem Körper abgefüllt. Geschmack, Aroma und Duft entwickeln und verfeinern sich dann weiter bis ins hohe Alter des Tokajers. Eine Faustregel besagt, dass ein Tokajer wenigstens zwei Jahre älter sein sollte als die Büttenzahl.

Es gibt sogar, und das wissen wenige, einen König unter den Tokajer Weinen. Man nennt diese in nur sehr kleinen Mengen hergestellte und sündhaft teure Seltenheit **Eszencia**. Mindestens 15 Jahre muss dieser Wein in Holzfässern reifen, damit Geschmack, Duft und Aromastoffe sich entwickeln, und so kommt er nicht in einem Alter unter 20 Jahren in den Handel. Da man aus einer Bütte höchstens eineinhalb Liter Essenz gewinnt, ist dieser Wein so selten wie teuer und wird nur bei ganz besonderen Anlässen und selbst dann nur ganz am Schluss gereicht. Durch den extrem hohen natürlichen Zuckergehalt gärt die Essenz im Laufe der Jahre nur sehr langsam. Dabei verwandelt sich nur ein kleiner Teil des Zuckers in Alkohol, welcher in der fertig gereiften Essenz nicht mehr als sechs bis zehn Prozent ausmacht. Der Tokajer Essenz soll sogar den Madeira an Langlebigkeit übertreffen. Essenz ist im Handel praktisch nicht erhältlich. Allerdings findet man mit Essenz angereicherten Aszú-Wein unter dem Namen Aszú-Eszencia.

Der Vollständigkeit halber seien hier noch einige seltene Varianten des Tokajer aufgeführt. Dazu gehören der Máslás und der Fordítás, deren Qualität zwischen Szamorodni und Aszú einzuordnen ist. Desweiteren bekommt man zuweilen Muskotályos Aszú, d. h. Aszú, der ausschließlich aus Muskateller-Trauben gekeltert ist und demzufolge einen noch charakteristischeren Geschmack hat. Weinbrand aus Tokajer Wein existiert gleichfalls.

Rotweine

Man könnte nun meinen, dass neben dem Tokajer Überwein die anderen nicht der Rede wert seien. Dem ist nicht so, nur sind sie kaum bekannt. Dabei gibt es durchaus interessante Sorten. Die Ungarn betrieben früh Weinbau. Es ist überliefert, dass 1189

UNGARISCHE WEINE – MEHR ALS NUR TOKAJER

der ungarische König *Béla III.* Kaiser *Friedrich Barbarossa* und seine Kreuzfahrer bei der Graner Burg (Esztergom) erwartete und ihn und sein Heer mit Wein und Brot bewirtete. Das waren ausschließlich Weißweine *(fehér bor)*. Rotweine *(vörös bor)* erschienen erst Anfang des 15. Jh. in Ungarn, erfreuten sich aber bald großer Beliebtheit. Über den in Visegrád ausgegrabenen Palast von *König Matthias* schreibt ein Chronist: „In der Mitte erhebt sich ein Brunnen aus rotem Marmor von herrlicher Kunst ... Aus diesem Brunnen fließt auf Befehl des großen Königs Matthias Corvinus zu Siegesfesten mal roter, mal weißer Wein, der weiter oben, am Fuße des Berges, künstlich in die Leitungen gefüllt wird". Diesen achteckigen Herkulesbrunnen kann man noch heute besichtigen.

Heute ist der aus mindestens drei Rebsorten hergestellte samtig-herbe, tieffarbene **Egri Bikaver** (Erlauer Stierblut) der bekannteste ungarische Rotwein. Einem Erlauer Sprichwort zufolge ist dieser Wein mehr wert als Medizin. Seinen Namen verdankt er einer Legende über die Verteidigung der Erlauer Burg gegen die Türken.

Aufmarsch der
Weinorden beim Weinfestival

Der Burgkommandant *István Dobó* soll seinen Kämpfern mit diesem Wein neue Kräfte verliehen haben. Als die Türken die von roter Flüssigkeit tropfenden und hart kämpfenden Verteidiger sahen, glaubten sie, die Ungarn tränken Stierblut und erlangten dadurch überirdische Kräfte; entmutigt gab man die Belagerung auf.

Den etwas schwereren **Erlauer Medoc Noir** sollte man ebenfalls probieren. Eger ist schon deshalb den Weintrinkern zu empfehlen, weil sich hier das **Szépasszonyvölgy** (Tal der schönen Frauen) befindet, wo dem Gast in Dutzenden von Weinkellern der meist anspruchslose Wein der umliegenden Weinberge kredenzt wird. Unseren Erfahrungen vertrauend, sollte der Laie lieber erst am Ende eines Tagesprogrammes das berühmt-berüchtigte Tal aufsuchen.

In den letzten Jahren konnte man in Ungarn dank engagierter Winzer einen erfreulichen Trend zu guten bis sehr guten Weinen vor allem in Eger und Villány verzeichnen. Aus letzterer Gegend, dem ungarischen Bordeaux, sind vor allem die Weine des Winzerquartetts Tiffán, Gere, Polgár und Bock zu nennen. Von den Rotweinen der Szekszárder Gegend ist das **Szekszárder Bikavér** (Szekszarder Stierblut) zu nennen, den *Franz Liszt* besonders schätzte, sowie der **Kadarka**, der den zeitgenössischen Aufzeichnungen zufolge *Schubert* inspirierte, das „Forellen-Quintett" zu komponieren.

Der in Deutschland angebotene Rotwein „Balaton" kann nicht empfohlen werden.

Weißweine

Die bekanntesten Weißweine kommen aus der Balatongegend. Heute sind vor allem der **Csopaki Olaszrizling** (Csopaker Welschriesling) und die Weine aus dem Badacsony-Gebiet erwähnenswert. Der Badacsony ist ein tafelbergähnlicher, 436 Meter hoher vulkanischer Basaltkegelstumpf. Er erhebt sich am Nordufer des Balatons und dient an seinem Fuße als Weinberg. Besonders der **Badacsonyi Kéknyelű** (Badacsonyer Blaustängler), trocken und mit feiner Säure und der **Badacsonyi Szürkebarát** (Badacsonyer Grauer Mönch), ein aromatischer Wein mit dominantem Bukett, haben sich einen Namen gemacht.

Bemerkenswerte Weißweine findet man nicht nur am Balaton. Somló (Schomlau) ist mit 500 Hektar das kleinste der 20 ungarischen Anbaugebiete. Der **Schomlauer** Wein soll der Legende nach bei der Zeugung männlicher Nachkommen helfen. Dieser Glaube war so verbreitet, dass Kaiserin *Maria Theresia* den jungen Habsburger Erzherzögen verordnete, ein Glas Schomlauer in ihrer Hochzeitsnacht zu trinken, um die männliche Linie des Hauses Habsburg zu bewahren. Diese Weine werden, ebenso wie die Tokajer, aus mehreren Rebsorten bereitet. Die bekanntesten Weine sind **Furmint** und der **Juhfark** (Lämmerschwanz).

Gefragte Weißweine sind weiterhin der **Debrői Hárslevelű** (Debrőer Lindenblättriger), der **Siklósi Olaszrizling** (Siklóser Welschriesling) und der **Pécsi Cirfandli** (Pécser Zierfandler).

Verbreitet sind in Ungarn noch **Veltlini** (Veltliner), **Muskotály** (Musketeller), **Tramini** (Traminer), **Szilvány** (Silvaner) und **Chardonnay**.

Hinweise zum Kauf

Wer Weine selbst aussucht, für den einige Tipps zum Entziffern der Etiketten, auf denen mit Ausnahme von Weinen mit speziellen Namen (Tokajer, Stierblut, ...) sowie Tischweinen sowohl Herkunft als auch Rebsorte angegeben sind. Ein „i" am Ende der Ortsbezeichnung darf ignoriert werden. Der **Zuckergehalt** verbirgt sich hinter den Zauberwörtern *száraz* (trocken), *félszáraz* (halbtrocken), *félédes* (lieblich) und *édes* (süß). Die **Qualität** erkennt man aus den Vermerken *asztali bor* (Tischwein), *minőségi bor* (Qualitätswein) und *különleges minőségü bor* (Wein besonderer Qualität). Die Büttenzahl der Tokajer Aszú-Weine steht meist auf dem Halsetikett.

Hervorragende Qualität garantiert in der Regel der seit 1991 jährlich von der Ungarischen Weinakademie vergebene Titel: **„Winzer des Jahres"**. Die begehrte Auszeichnung ging in den vergangenen Jahren an folgende Winzer bzw. Regionen:
2003: János Árvay (Tokaj)
2002: Ernő Malya (Etyek)
2001: István Szepsy (Tokaj)
2000: Mihály Figula (Balaton)
1999: Ákos Kamocsay
 (Mór, Neszmély)
1998: Tibor Gál (Eger)
1997: József Bock (Villány)
1996: Zoltán Polgár (Villány)
1995: Vilmos Thummerer (Eger)
1994: Attila Gere (Villány)
1993: Ferenc Versztergombi
 (Szekszárd)
1992: Tibor Báthori (Etyek)
1991: Ede Tiffán (Villány)

Soviel zur Theorie! Trinken muss man die Weine schon selber – Rotweine wie bekannt bei Zimmertemperatur, Weißweine bei Kühlschranktemperatur und Tokajer Aszú bei Kellertemperatur (10–12 °C).

Ungarische Badekultur

> „Es ist schwer, alle Spezialitäten von Budapest einzeln aufzuzählen, aber wir müssen feststellen, dass es wirklich eine der schönsten und (infolge des Spezialwertes ihrer Heilquellen) als Kurort geeignetsten Städte der Welt ist."
> *Gustaf Adolf*, Prinz von Schweden

Obwohl Ungarn seit 1920 Binnenland ist, spielte Wasser hier immer eine besondere Rolle. Die Donau als zweitlängster Fluss Europas, der Balaton als größter See Mitteleuropas, der berühmte natürliche Thermalsee in Hévíz (der größte in Europa) und über 400 Thermalbäder, Heil- und Mineralquellen in etwa 100 Orten prägten schon immer das innige und elementare **Verhältnis** der Ungarn **zum nassen Element.** Wer einmal in einem der orientalischen Bäder Budapests war, wer einmal gesehen hat, wie Menschen mit allerlei Behältnissen geduldig in der Schlange vor einer Trinkquelle warten, oder miterlebt hat, wie dieses Wasser

Ungarische Badekultur

theatralisch „verkostet" wird, der bekommt einen Eindruck davon. Selbst die Erfolge ungarischer Sportler in den Wassersportarten sind erstaunlich angesichts der Tatsache, dass die Urheimat der Ungarn wohl das am weitesten von einem Meer entfernte Gebiet der Erde war. Aber auch im Alltag kann man beobachten, dass man des Öfteren zum Kaffee ein Glas Wasser serviert bekommt. Auch ist kein Kellner erstaunt, wenn man Wasser verlangt. In manchen Restaurants steht selbstverständlich Wasser auf dem Tisch, und schließlich trinken ja auch viele Ungarn ihren Wein mit (nicht zu viel) Sodawasser.

Das erste Budapester Wasser, das man zu Gesicht bekommt, ist wahrscheinlich das der **Donau.** Es ist gar nicht so lang her, dass Dichter die Klarheit des Donauwassers noch mit der eines Gebirgssees verglichen – und möglicherweise nicht einmal logen – und man ohne Bedenken in der Donau baden konnte. Heute nähern sich nur noch Angler und Paddler dem Fluss.

Baden wie ein Fürst: Gellért-Bad

Ungarische Badekultur

Aber die Stadt hat mehr zu bieten – beispielsweise die größten erschlossenen **Thermal- und Mineralwasservorkommen** Europas. Beschrieben hat diese Quellen als Erster der einstige Chemnitzer Bürgermeister *Georg Agricola*, eher bekannt als Begründer der Mineralogie und Bergbaukunde. Allein aus Budapests 123 Thermalquellen und 400 Bitterwasserquellen strömen täglich 70 Millionen Liter Heilwasser, nicht nur ergiebig genug, um an die 50 Heil- und Schwimmbäder zu speisen, sondern in Anbetracht der vielen westlichen Badegäste so nützlich wie eine Lizenz zum Gelddrucken.

Budapest ist die einzige Hauptstadt der Welt, die sich **Heilbad** nennen darf (seit 1937). Zu Recht, denn die Bäder gehören zu den Juwelen der Stadt, oft so kunstvoll ausgestaltet, dass manche Besucher nur deswegen kommen. Die legendären Kräfte des Thermalwassers bezeugen nicht nur die Dankestafeln im Lukács-Bad. Auch die verblüffenden Zuchterfolge bei den Flusspferden im Budapester Zoo schreibt man nicht zuletzt dem Thermalwasser zu.

In den alten Bädern scheint die Zeit stehengeblieben zu sein. Die atemlose Hast der Metropole ist vergessen in den jahrhundertealten Mauern und Becken.

Budapest war in der **Geschichte** schon immer ein Mekka für Wasseranbeter. Schon der Name der keltischen Siedlung vor der Zeitrechnung lässt darauf schließen, denn *Ak-ink* bedeutet „wasserreich". Die Römer nannten dann ihre Siedlung in Anlehnung an diesen Namen *Aquincum* und errichteten prächtige Bäder.

Später, im Mittelalter, so berichteten Reisende, badete man sogar im Winter in den warmen Quellen. Vom Königspalast aus führten überdachte Gänge in die Vorläufer des Rác- und des Rudasbades. Die **orientalischen Bäder** der Stadt wurden von den Türken gebaut und belegen deren Wasserkult. Die türkischen Bäder wurden zwar inzwischen erneuert und erweitert, aber in den Kuppelhallen und den Becken mit ihrer seltsam-oktogonalen Symmetrie ist bis heute der Hauch des Morgenlandes erhalten geblieben – und ein Hauch Anachronismus, denn Männer und Frauen müssen noch heute in manchen Bädern zeitlich oder räumlich getrennt baden. Die Krönung ist der generell nur für Männer zugelassene Kuppelsaal des Rudasbades. Offiziöse Erklärung: Das Wasser sei nur für Männer geeignet.

Von den **neueren Bädern** sind zweifellos das Lukács-Bad, das Gellért-Bad und das majestätische Széchenyi-Bad die bemerkenswertesten.

Was bei den Bädern sofort auffällt, ist der baulich vernachlässigte Zustand und auch die Tatsache, dass darin oft ältere Menschen unter sich sind. Warum, kann ich nicht sagen. Klar ist aber, dass es nicht nur Entspannung oder Heilung ist, weswegen Menschen hierher kommen. Die Bäder sind nach wie vor **Orte des öffentlichen Lebens,** wie es *Franz Fühmann* treffend beschrieben hat: „... Oder in den Thermalbädern die Plauder- und Tratschstündchen, im Wasser sitzend, richtig auf steinernen Sesseln und Stühlen, im Wasser rauchend, im Wasser Konfekt knabbernd, im Wasser Schach spielend, im Wasser Mineralwasser trinkend, im Wasser von Badeerlebnissen schwärmend, ganz ungeniert im Behagen der heiß und schweflig umspülten Leiber ... Damals in Héviz, dies Suhlen im blutwarmen Modder war orgienhaft ..."

Ob so oder so, die Bäder Ungarns sind ein Muss, nicht nur für Wasserfanatiker (siehe Kapitel „Bäder").

Sport in Ungarn

„Micsoda csapás!"
(Was für ein Schlag!)

Ungarischsprachiger Titel eines Artikels in einer Londoner Tageszeitung nach der 6:3 Fußballniederlage Englands gegen Ungarn am 25. November 1953 in Wembley vor 105.000 Zuschauern. Das war die erste Heimniederlage der Engländer überhaupt.

Dieses denkwürdige Spiel war eines derjenigen, die gern als **Jahrhundertmatch** bezeichnet werden. Die Niederlage gegen das „Goldene Team" um das legendäre Idol der Idole *Ferenc Puskás* (der Major) betrachteten die Engländer als unwiederholbaren Fehltritt. Als England die Revanche in Budapest mit 7:0 verloren hatte, war ein Denkmal endgültig gestürzt.

Das folgende Jahr brachte dann aus ungarischer Sicht die **Jahrhundertniederlage** in der hier zu Lande populärsten Sportart. Ungarn hatte seit 1950 kein Spiel verloren und 1952 Olympiagold gewonnen. Bei der Weltmeisterschaft in der Schweiz standen sich nach einem 8:3-Vorrundensieg (*Herbergers* Taktik?) über Deutschland beide Mannschaften am 4. Juli im Finale im inzwischen abgerissenen Berner Wankdorf-Stadion erneut gegenüber. Viereinhalb Minuten vor dem Spielende brachte *Helmut Rahn* mit seinem Tor zum 3:2 Deutschland den Weltmeistertitel. Das „Wunder von Bern" wurde von *Sönke Wortmann* verfilmt.

Über dieses Spiel wird noch heute in Ungarn diskutiert, vielleicht auch deshalb, weil seit dem Ende der 1960er Jahre vom ungarischen Fußball nicht mehr viel zu hören war. Ein später Trost war erst der 2:0-Sieg gegen Deutschland zum 50-jährigen Jubiläum des WM-Finales mit *Matthäus* als Teamchef der Ungarn. Die Bild-Zeitung titelte: „Ungarn machten Gulasch aus uns".

In Zusammenhang mit den Ereignissen von 1956 verließen einige Spieler der großen Elf das Land. **Puskás** ging zu Real Madrid, das mit ihm fünf Mal den spanischen Titel und drei Mal nacheinander den Europapokal gewann. Außerdem wurde er mehrfach spanischer Torschützenkönig und spielte vier Mal in der spanischen Nationalelf.

Obwohl Ungarn drei Olympiasiege im Fußball (1952, 1964, 1968) errang, insgesamt neun Mal in eine WM-Endrunde gelangte und bis heute eine recht ausgeglichene Spielbilanz mit

Sport in Ungarn

Deutschland hat, ist der ungarische Fußball heute ein Schatten seiner selbst. Zuletzt war Ungarn 1986 in Mexiko bei einer WM-Endrunde dabei. Die bittere 6:0-Niederlage damals gegen die Sowjetunion kam einem nationalen Debakel ersten Ranges gleich, denn Sport hatte in Ungarn immer eine politische Dimension. Zahlreiche Politiker waren oder sind im Sportsystem verhaftet. So ist *József Torgyán,* der ehemalige Agrarminister und Vorsitzende der Kleinlandwirte-Partei Präsident des populärsten ungarischen Sportvereins *FTC,* und der ehemalige Verteidigungsminister *János Szabó* stand eine Zeit lang an der Spitze des Klubs *Kispest.* Bis heute wird allerdings gefragt, wie sich in einer Zeit dunkelster stalinistischer Diktatur eine solche Fußballmannschaft profilieren konnte, deren Namen wie *Puskás, Bozsik, Hidegkuti* oder *Grosics* bei Fußballkennern einen genauso legendären Ruf haben wie *Fritz Walter.* Heute macht nur selten ein ungarischer Spieler von sich reden, zuletzt der ungarische Nationaltorhüter *Gábor Király* bei Hertha BSC.

Doch nicht nur im Fußball war Ungarn in dieser Zeit eine Großmacht. Der Mittel- und Langstreckenläufer *Sándor Iharos* wurde „Weltsportler des Jahres 1955", und *László Papp* war der erste Amateurboxer, der bei drei Olympischen Spielen Gold gewann. *Papp* wechselte 1957 offiziell – als erster Sportler eines Ostblockstaates – ins Profilager und wurde fünf Jahre später Europameister im Mittelgewicht. Erst Jahrzehnte später brachte Ungarn wieder einen Spitzenboxer hervor. 2001 wurde *István „Koko" Kovács,* der Olympiasieger von Atlanta, WBO-Profiweltmeister im Federgewicht.

Die große ungarische Tradition im **Modernen Fünfkampf** begann 1960. Damals gewann *András Balczó* mit der Mannschaft Olympiagold. Zwei weitere Siege folgten 1968 und 1972. Mit 13 Weltmeistertiteln ist er nach wie vor der erfolgreichste Fünfkämpfer aller Zeiten.

Sehr erfolgreich waren und sind auch die ungarischen **Fechter** (1908–1980 bei allen Olympiaden Gold), **Wasserballer** (sechsmal Olympiagold) und **Schwimmer.** *Tamás Darnyi und Krisztina Egerszegi* gehörten zu den erfolgreichsten Schützlingen von Startrainer *Tamás Széchy.* Einen guten Ruf genießen auch die **Kanuten,** während **Alleinsegler** *Nándor Fa* immer einmal bei Weltumseglungen auf sich aufmerksam macht.

Die **Gespannfahrer** gewannen seit der ersten Weltmeisterschaft 1971 zahlreiche Goldmedaillen.

Eine besondere Rolle nimmt in Ungarn der (Denk-)„Sport" **Schach** ein. So kennt man in der Eröffnungstheorie die Ungarische Verteidigung, ja mehr noch – das Budapester Gambit. Den größten Erfolg erreichten die Männer 1978 bei der Schacholympiade in Buenos Aires, als man vor der favorisierten Sowjetunion den Titel errang. *Lajos Portisch* war acht mal im Kandidatenturnier für die Weltmeisterkrone. Bei einem WM-Match war er *Karpows* Sekundant.

Sport in Ungarn

Noch phänomenaler ist die Karriere der drei **Polgár-Schwestern.** Die Wunderkinder spielen auf Papas Anweisung (er schrieb auch ein Buch „Wie erzieht man Genies?") fast nur gegen Männer. Ausnahmen hiervon sind die Schacholympiaden, wo es ihnen gelang, Titelanwärter Sowjetunion zu entzaubern. Die jüngste der drei Abräumerinnen, *Judit* (geb. 1976), von einer englischen Zeitung als „Mozart of Chess" bezeichnet, wurde mit 14 Jahren Großmeister bei den Männern. Jahrelang hatte sie das höchste Rating aller ungarischen Spieler, gewann souverän einen Zweikampf mit *Spasski* und ist die erste Frau, die jemals in das Finale eines WM-Interzonenturniers gelangte und es in die Top Ten der Männer schaffte. *Péter Lékó*, das nächste Wunderkind, wurde in noch jüngeren Jahren Großmeister und spielt inzwischen um WM-Titel.

Große Erfolge für ein kleines Land. Bei den olympischen Spielen in Sydney holte Ungarn achtmal Gold. Am erfolgreichsten war Ungarn 1952 in Helsinki mit 16 Mal Gold.

Tennisspielerin *Monica Seles* gehört zur ungarischen Minderheit im ehemaligen Jugoslawien. Der ungarischstämmige Volleyballer *Karch Király* ist der einzige Athlet seiner Sportart, der dreimal olympisches Gold gewann.

Judit Polgár rettet die Schachehre Ungarns.

Die am besten klingende Erfindung ist kaum ein paar Jahre alt. *Tibor Jeney* und *Edit Oborzil* erfanden eine Methode, **Glocken aus Aluminium** zu gießen. Das bedeutet weniger Material und nur ein Drittel der Zeit, die für eine herkömmliche Bronzeglocke benötigt wird. Der erzielte Tonumfang beträgt eine volle Oktave und *Penderecki* lobte brav: „In meinem „Te Deum" klangen die Glocken wundervoll." Der *Goldmark*-Familie verdankt die Musik nicht nur die Oper „Die Königin von Saba", sondern auch die **Mikrorillen-Schallplatte.**

Die verbreitetste Erfindung ist der **Kugelschreiber,** für den *László* und *György Biró* (1938) im wahrsten Sinne des Wortes verantwortlich zeichnen.

Die vielleicht genialste Erfindung stellt der nach dem Ersten Weltkrieg u. a. von *Todor Kármán* konstruierte **Hubschrauber** dar.

Große Namen in der ungarischen Erfinderkartei sind außerdem *Donát Bánki* und *Kálmán Kandó.* Ersterer patentierte sechs Monate vor *Maybach* zusammen mit *János Csonka* den **Vergaser** und konstruierte den ersten **Hochdruck-Explosionsmotor.**

József Galamb entwickelte das erfolgreiche Design des Ford-T-Modells und *Ferenc Pavlits* entwarf das Elektromobil für die Erkundung des Mondes.

Kandó hingegen plante die erste **elektrische Eisenbahnlinie** Europas und war ein bekannter Konstrukteur von Elektrolokomotiven. Die Elektrobranche haben auch *Miksa Déri, Ottó Bláthy* und *Károly Zipernowski* revolutioniert, als sie den ersten **Trafo** entwickelten. Auch der **Stromzähler** geht auf das Konto dieser drei Erfinder.

István Türr, ein General *Garibaldis*, Krimkrieger und späterer Regent von Neapel, war Mitkonstrukteur des **Panamakanals.**

Erwähnenswert ist auch Professor *Árpád Élő,* der das **Punktsystem** zur Bestimmung der Spielstärke eines Schachspielers entwickelte.

Auch *Estée Lauder,* die die Kosmetikindustrie revolutionierte, war ungarischer Abstammung.

Ungarische Entdeckungen in geographischer Hinsicht sind rar. Der oben genannte *Benyovszky* berichtete als Erster über die **Beringstraße.** *László Magyar* erforschte noch vor *Stanley* den **Lauf des Kongoflusses,** und nachdem er die Tochter des Königs von Bihé (Angola) geheiratet hatte – wurde er König des ganzen Landes.

Samuel Teleki, ebenfalls Afrikaforscher, entdeckte den **Rudolf- und den Stephanisee.** Ein von ihm in Kenia südlich des Rudolfsees entdeckter tätiger Vulkan ist nach ihm benannt. Möglicherweise war er der erste Mensch auf dem Kilimandscharo. 1873 entdeckte eine österreichisch-ungarische Expedition im Nordpolarmeer eine Inselgruppe und nannte sie nach dem Kaiser **„Franz-Joseph-Land".** Heute sind die Inseln mit Cap Buda-Pesth der nördlichste Teil Russlands.

Das Leben von *László Almási* bildete den Hintergrund für das Buch und den Film **„Der englische Patient".** Der Autopionier, Pilot und Wüstenforscher testete Almásy-Steyr-Modelle bei anspruchsvollen Wüstendurchquerungen und entdeckte die Oase *Zarzura* sowie die Felszeichnungen von *Gilf Kebir* im libyschen Teil der Sahara. Als Wüstenspezialist und Reserveoffizier der ungarischen Streitkräfte wurde er zu *Rommels* Afrikakorps befohlen. In der Geheimoperation „Salam" brachte er die deutschen Spione *Eppler* und *Sandstede* nach Kairo. Zwar wurden die Spione wenig später mit Hilfe des späteren Präsidenten *Sadat* enttarnt, aber die Almásys-Operation inspirierte nicht nur *Ondaatje* zu seinem „Englischen Patienten", sondern auch *Ken Follett* zum Bestseller „The Key to Rebecca".

Erwähnenswert sind auch die Orientalisten *Sándor Kőrösi Csoma* und *Ignác Goldziher*. *Kőrösi Csoma* hatte mit einem englischen Stipendium in Göttingen studiert und gab 1834 in Kalkutta das erste **englisch-tibetanische Wörterbuch** nebst Grammatik heraus. *Goldziher* gilt als Begründer der **modernen Islamwissenschaft.**

Der Mathematiker *János Neumann* gehört zu den schillerndsten Gestalten in der Wissenschaft des 20. Jh. Er kam vom Evangelischen Fasori-Gymnasium, wie auch *Teller, Wigner, Lukács, Kandó* oder der Dirigent *Doráti*. Mit 23 Jahren war der Senkrechtstarter jüngster Habilitant der Berliner Universität, und sogar Nobelpreisträger sagten über ihn: „Die meisten Wissenschaftler entdecken, was sie entdecken können. Neumann hingegen entdeckt, was er entdecken will." Er schuf Grundlegendes zur Algebra, Spiel- und Automatentheorie, Mengenlehre sowie zur Theorie der Computer. Aber er hatte seine Probleme mit Autos. Eine Straßenkreuzung in Princeton taufte er *Neumann Corner*, da er dort einige Blechschäden verursacht hatte.

Gleichfalls in der Computerbranche ist *András Gróf* bekannt geworden. Der 1956 als 20-Jähriger aus Ungarn Geflüchtete schreibt sich inzwischen *Andrew Grove* und leitete mehrere Jahre den Hardwaregiganten *Intel*. Das *Time-Magazin* wählte ihn 1998 zum „Mann des Jahres".

Ungarische Nobelpreisträger

Sechs Ungarn erhielten bisher den Nobelpreis, da aber die politische Situation viele Wissenschaftler ins Ausland zog, hatten nur drei davon zum Zeitpunkt ihrer Entdeckungen einen ungarischen Pass.

Der Arzt und Biochemiker *Albert Szent-Györgyi* erhielt 1937 den **Medizinnobelpreis** für die Entdeckung des Vitamin C und der chemischen Prozesse der Muskelkontraktion. Der bescheidene Gelehrte („die meisten meiner Entdeckungen basierten auf falschen Theorien") freute sich, dass seine Ergebnisse nur guten Zwecken dienen können. Während des Zweiten Weltkrieges erfuhr er dann, dass die deutschen U-Boote deshalb monatelang auf dem offenen Meer bleiben konnten, weil das nach einer von ihm ausgearbeiteten Methode hergestellte billige Vitamin C Skorbut verhinderte. *Szent-Györgyi* erfand auch eine Paprikapaste (Dritamin).

Der Physikochemiker *György Hevesy* hatte zwar noch einen ungarischen

Pass, als er 1943 den **Chemienobelpreis** für die Anwendung von Isotopen bei der Erforschung chemischer Prozesse erhielt, arbeitete aber schon seit 1918 in Kopenhagen am Institut von *Niels Bohr*. Er fand zusammen mit *D. Coster* das Element Nr. 72, das sie nach dem lateinischen Namen für Kopenhagen (Hafnia) Hafnium nannten.

1961 ging der **Medizinnobelpreis** an *György Békésy* für seine Ergebnisse auf dem Gebiet der mechanisch-physikalischen Prozesse des Hörens.

Der Physiker *Jenő Wigner* erhielt den Preis 1963 für seine Erkenntnisse zur Theorie der Atomkerne und Elementarteilchen.

1971 ging der **Physiknobelpreis** an *Dénes Gábor* für die theoretischen Grundlagen der Holographie. *Imre Kertész* wurde 2002 mit dem **Literaturnobelpreis** für seine literarisches Werk, insbesondere die Holocaust- und Anti-Diktatur-Literatur ausgezeichnet, das laut Jury „die Möglichkeit erforscht, noch als Einzelner in einem Zeitalter zu leben und zu denken, in dem die Menschen sich immer vollständiger staatlicher Macht untergeordnet hatten." Weitere Preisträger ungarischer Abstammung sind *Isidor Rabi*, *John Polányi*, *Philip Lenard*, *Robert Bárány*, *Richard Zsigmondy*, *Elie Wiesel* und *John Harsanyi*.

Der **Pulitzer-Preis,** eine der angesehensten Auszeichnungen für Literatur und Journalismus, wurde vom ungarischstämmigen *Joseph Pulitzer* gestiftet. *Pulitzer,* der Ungarn 1864 als 17-Jähriger verließ, kämpfte zunächst im amerikanischen Bürgerkrieg, bevor er zum einflussreichen Zeitungsmacher aufstieg.

Die „ungarische Atombombe"

Beachtenswert ist der ungarische Beitrag zur amerikanischen Atombombe, die Probleme der Genies mit Autos sowie den ungeheuren Erfolg vieler ehemaliger Absolventen des Evangelischen Fasori-Gymnasiums in Budapest, in dessen Vorgänger schon *Petőfi* gelernt hat, das jedoch 1952 von der Kirche an den Staat übergeben und von diesem geschlossen wurde. Im Zuge der Wende wurde es 1990 wieder eröffnet.

Leó Szilárd, János Neumann, *Jenő Wigner* und *Ede Teller* gehörten zu den wesentlichen Kopfarbeitern um *Oppenheimer* im Atombombenprojekt. Schon vor der Bombe hatte der Physiker *Szilárd* mit Einstein zusammengearbeitet. Beide hielten zahlreiche Patente und entwickelten u. a. einen neuartigen Kühlschrank ohne bewegliche Teile am AEG-Forschungsinstitut in Berlin. Obwohl das Modell wegen der Weltwirtschaftskrise nie in Produktion ging, wurde das Kühlprinzip später bei schnellen Brütern verwendet. *Szilárd* war es auch, der im Sommer 1939 jenen berühmten Brief an *Roosevelt* formulierte, in dem *Einstein* vor einer deutschen Bombe warnte und der zum Ausgangspunkt des Manhattan-Projekts in Los Alamos wurde. Diesen Brief unterschrieb *Einstein* nach einem Gespräch in Princeton, zu dem ihn *Szilárd, Wigner* und *Teller* besucht hatten. *Teller,* der Mitentdecker des ß-Zerfalls, erinnerte sich später an die Fahrt

LITERATUR

Lesen – eine große Leidenschaft der Ungarn

zu *Einstein*: „Szilárd konnte alles, nur eines nicht, Auto fahren. So wurde ich zum Chauffeur."

Szilárd war gegen den Einsatz der Bombe gegen Menschen. Er setzte sich für atomare Sicherheit ein. So stand er im Briefwechsel mit *Chruschtschow* und schlug raffinierte Methoden der gegenseitigen Sicherheit vor, zum Beispiel sollte jede Seite unter der gegnerischen Hauptstadt eine eigene Bombe installieren dürfen. Er verfasste den Antiatomwaffen-Roman „Die Stimme der Delphine". *Fermi* und *Szilárd* erhielten nach dem Zweiten Weltkrieg das Patent für den Atomreaktor, das die amerikanische Regierung ihnen symbolisch für 1$ abkaufte.

Literatur

„An Ungarn liebe ich das Verwobensein von Leben und Poesie, von Geschichte und Poesie, von Zeit und Dichter ... In Ungarn ist jeder Dichter schon vor seiner Geburt verpflichtet. József Attila, Endre Ady, Gyula Illyés sind Naturerzeugnisse eines mächtigen Pendelns zwischen Pflicht und Musik, zwischen Vaterland und Schatten, zwischen Liebe und Schmerz."

Pablo Neruda

Das Wesen der ungarischen Literatur

Die historischen Traditionen der Literatur, ja der Kunst überhaupt, waren und sind in Ungarn immer mit den akuten Interessen des Landes verbunden.

Schriftsteller und Dichter waren oft **politisch und gesellschaftlich** engagiert und damit direkt involviert bzw. betroffen. *Imre Kertész*, Literatur-Nobelpreisträger des Jahres 2002, wurde 1944 nach Auschwitz deportiert. Schon der Nationaldichter *Sándor Petőfi* kämpfte in der Revolutionsarmee von 1848/49, der bekannte Philosoph *Lukács* war Volkskommissar während der Räterepublik und 1956 Bildungsminister in *Imre Nagys* Revolutionsregierung. In der Vorwendezeit hat ein vom damaligen Kultusminister *Béla Köpeczi* herausgegebenes, sehr umfangreiches Werk, die „Geschichte Siebenbürgens", zu politischen Angriffen von rumänischer Seite geführt, denn dieses berührte ein äußerst sensibles Thema der Beziehungen zwischen beiden Ländern. Der erste Staatspräsident nach der Wende, *Árpád Göncz*, ist Schriftsteller und Übersetzer. Er eröffnete 1999 die Frankfurter Buchmesse, als Ungarn im Focus der Messe stand. *Göncz* kämpfte 1944 im Widerstand gegen die deutsche Besatzung und saß wegen seiner Teilnahme am Aufstand 1956 acht Jahre im Gefängnis. Sein Stück „Die ungarische Medea" wurde bereits 1978 in Leipzig aufgeführt.

Als zweite Eigenschaft der ungarischen Literatur würde ich die erstaunliche **Stellung der Dichtkunst** nennen. Der Umgang mit Lyrik ist geradezu befreiend natürlich. Gedichte in Tageszeitungen oder im Fernsehen sind keineswegs eine Seltenheit. Jeder Ungar kennt die besten Werke der Dichter des Landes auswendig, und ich erinnere mich gut daran, wie im Studentenwohnheim plötzlich ein junger Mann in der Tür stand und uns erklärte, er sei Dichter und habe ein kleines Büchlein mit seinen Gedichten drucken lassen, das er nun verkaufen wolle. Meine ungarischen Kommilitonen lasen sich mit gelassener Selbstverständlichkeit einige Gedichte durch, nickten fachkundig – und kauften das Buch.

Die dritte Eigenheit der ungarischen Literaturszene ist ihre Isoliertheit. *Iván Boldizsár*, der ehemalige Präsident des ungarischen PEN-Clubs, äußerte dazu: „Ich weiß sehr wohl, dass die Deutschen die Ungarn mögen, oder das Bild, das sich über die Ungarn herausbildete. Darin ist eine Portion Paprikaromantik, das aufregende Pusztaerlebnis ... ein wenig schulterklopfende Geringschätzung und hauptsächlich die wohlwollende und gänzliche Unkenntnis der ungarischen Geschichte und Literatur."

Auf der anderen Seite war und ist in Ungarn sehr wohl bekannt, was im Ausland geschrieben wird. Viele gute ungarische Schriftsteller haben auch übersetzt, und so liegen die größten Werke der Weltliteratur in Ungarn in der Übersetzung der besten Schriftsteller vor. Vielleicht ist das einer der Gründe, warum in Ungarn mehr Bücher pro Kopf verkauft werden als in jedem westeuropäischen Land. Und schließlich stand in Ungarn auch die erste öffentliche Bibliothek Europas. Über die literarische Schubkraft aus dem Ausland hinaus entwickelte die ungarische Literatur eine enorme Eigendynamik.

Um Herrn *Boldizsár* nicht Recht behalten zu lassen, folgt nun ein kurzer geschichtlicher Streifzug durch die unbekannte Welt der ungarischen Bücher.

Ein Streifzug durch die ungarische Literatur

Das **älteste bekannte Schriftdokument** mit ungarischen Wörtern ist die ansonsten lateinische Gründungsurkunde der Abtei in Tihany aus dem Jahre 1055. Man benutzte gemeinhin die lateinische Schriftsprache und bediente sich lateinischer Buchstaben, aber es gibt bis in das 17. Jh. auch Schriftdenkmäler in Kerbschrift, die aus in Kerbholz geschnittenen, von rechts nach links zu lesenden Runen bestand. Außer diesem **Runen-ABC** *(Futhark)* benutzten die alten Magyaren noch eine andere Schrift, die den in Holz geritzten Runen der Germanen oder Skandinavier ähnelte.

Kálmán, der zehnte ungarische König (reg. 1095–1116), führte den Beinamen „der Bücherfreund" und zählte zu den gebildetsten und aufgeklärtesten Herrschern seiner Zeit; so verbot er z. B. die Hexenprozesse.

Im 13. Jh. verfasste der königliche Hofschreiber die erste Chronik der Ungarn, die **„Gesta Hungarorum"**, die erst im 18. Jh. aufgefunden wurde. Die Gesta fasst aufgrund älterer, verlorengegangener Schriften den hunnisch-ungarischen Sagenkreis über die Landnahme und die ersten Árpádenkönige zusammen. Die Ungarn hielten sich für die Nachfahren der Hunnen. Man nennt diesen Chronisten allgemein *Anonymus,* denn seine Identität ist bis heute ungeklärt. Er selbst nannte sich in seinen Werken „Magister P.". Deshalb ist sein Gesicht auf dem Denkmal im Városliget, wo er als Mönch dargestellt ist, verdeckt.

Aus etwa dieser Zeit stammt auch das **älteste aufgezeichnete Gedicht.** 1922 fand man dieses altungarische Sprachdenkmal zufällig in einem Kodex, allerdings als Einband. Das ist kein Einzelfall, denn Pergament war rar, und so verwendete man auch beschriebene Blätter dafür.

An *König Matthias'* Hof erlebten Bücher einen regelrechten Boom. Zwanzig Jahre nach dem Erscheinen der Gutenberg-Bibel druckte der aus Deutschland stammende *András Hess* 1472 das erste Buch in Ungarn, die **„Chronicon Budense"**. Damit war Ungarn das sechste Land, in das sich die zentrale Erfindung *Gutenbergs* verbreitete. *Matthias* legte eine berühmte Handschriftensammlung, die **„Bibliotheca Corviniana"** an, die Zeitgenossen zufolge der Medici-Bibliothek gleichrangig war und Humanisten aus ganz Europa anzog. Den Grundstock der Sammlung bildeten lateinische und griechische Schriften, die *Matthias* nach dem Fall von Konstantinopel auf dem Balkan hatte aufkaufen lassen. Nach dem Tode des Königs verlor sich der größte Teil der ca. 2000 Bände. Nach dem Fall Budas wurden die Reste von den Türken nach Konstantinopel gebracht. Im Laufe der Zeit tauchten wieder einige Bände

LITERATUR

auf. So schenkte anlässlich der Eröffnung des Suezkanals *Sultan Abdul Aziz* vier Bände dem König *Franz Joseph I.,* der sie dem Nationalmuseum übereignete. *Sultan Abdul Hamid II.* schenkte 1877 den Ungarn weitere 35 Bände als Dank für die Unterstützung der Türkei im Krieg gegen Russland. Heute kennt man 216 dieser so genannten Corvinen in 16 Ländern.

Nachdem 1541 bereits eine ungarische Übersetzung des **Neuen Testaments** gedruckt worden war, erschien knapp fünfzig Jahre später die **erste ungarischsprachige Bibel,** die der reformierte Prediger *Gáspár Károlyi* nach Studien in Wittenberg übersetzt hatte.

Der Lehrer und Philosoph *Csere János Apáczai* veröffentlichte 1653 die **erste „Ungarische Enzyklopädie",** in der er das grundlegende Wissen seiner Zeit zusammenfasste.

Die **erste Zeitung Ungarns,** der „Mercurius Veridicus", erschien 1705 in lateinischer Sprache und wurde von *Ferenc Rákóczi II.,* einem Freiheitskämpfer, ins Leben gerufen. Das Blatt diente dazu, das Ausland über die Gründe und Ziele des Kampfes zu informieren und der Wiener Propaganda etwas entgegenzusetzen.

Sándor Petőfi

Im 19. Jh. begann ein grandioser Aufschwung in der Literaturlandschaft. Da sind beispielsweise die politischen Reformschriften *Széchenyis*. *Géza Gárdonyi* schrieb den Roman „Sterne von Eger", der heute Pflichtlektüre in den Schulen ist. Die Revolution von 1848 zog viele Schriftsteller und Dichter wie *János Arany* und *Mór Jókai* in ihren Bann, vor allem den Kreis um *Petőfi*.

Als der Dichtersoldat *Petőfi* am 31. 7. 1849 im Alter von nur 26 Jahren auf dem Schlachtfeld von Segesvár (Schäßburg) verschollen, hinterließ er ein beeindruckend umfangreiches und gleichzeitig politisches und tiefschürfendes Werk: über 850 Gedichte, ein Drama, einen Roman, neun Versepen sowie Erzählungen und Reisenotizen. (*Heine* lobte seine Gedichte und stellte ihn *Burns* und *Béranger* gleich.) Sein „Nationallied" wurde zum Initialzünder der Revolution. Die schönsten Zeilen *Petőfis* sind:

„Freiheit und Liebe
sind all mein Streben!
Für meine Liebe
könnt ich das Leben,
doch für die Freiheit
die Liebe selbst geben"

János Arany gehört gleichfalls zu den bedeutendsten Dichtern des Landes, und der im Freiheitskrieg neben *Petőfi* stehende Schriftsteller *Mór (Maurus) Jókai* gilt als der ungarische Schriftsteller mit dem größten Wortschatz (ca. 20.000 Wörter). Seine bekanntesten Romane sind „Ein Goldmensch" und „Einer stach ins Wespennest". Das Libretto des „Zigeunerbaron" basiert auf einer seiner Novellen.

Imre Madáchs dramatische Dichtung „Die Tragödie des Menschen" mit „Faust"-ähnlicher Thematik ist eines der meistgespielten Werke in Ungarn. In Deutschland hat *Max Reinhardt* das Stück aufgeführt. Obwohl sich *Madách* nicht direkt an der Revolution beteiligte, wurde er doch zu einem Jahr Gefängnis verurteilt, weil er *Kossuths* Sekretär Unterschlupf gewährt hatte.

Zu Beginn des 20. Jahrhunderts machte eine erfolgreiche Schriftstellergeneration von sich reden – und deren intellektuelle Zeitschrift. Die seit 1908 erscheinende **Nyugat** („Westen") war das Blatt der bedeutendsten Dichter und Schriftsteller, hatte aber leider kaum Abonnenten.

Ferenc Molnár wurde durch seine Werke „Liliom" und „Die Jungen der Paulstraße" auch international bekannt. Von ihm stammt das Bonmot: „Wenn jemand aus einem Buche abschreibt, so ist das ein Plagiat. Wenn jemand aus zwei Büchern abschreibt, so ist das ein Essay. Wenn jemand aus drei Büchern abschreibt, so ist das eine Dissertation."

Frigyes Karinthy war auf allen literarischen Gebieten tätig, er schrieb sogar ein Buch zusammen mit Kochstar *Gundel*: „Gast bewirten, Gast sein". Nachdem er vorübergehend Mathematik, Physik und danach Medizin studiert hatte, entschied er sich für den Journalismus. Sein philosophisch-satirischer Stil ist so ausgeprägt wie sein Humor. In „Reise um meinen Schädel" beschreibt er die Umstände seiner Hirnoperation, bei der ein Tumor entfernt wird.

Der Schriftsteller *Dezső Kosztolányi* gilt als ein weiterer Großer der ungarischen Literatur, wenn auch seine Ansichten von Fehltritten nicht frei waren. Er war der erste Präsident des ungarischen PEN-Clubs. Über Kosztolányis Roman „Nero" schrieb *Thomas Mann*: „ ... dass das Werk mehr ist als ein Produkt der Kultur und eines nationalen oder selbst europäischen Niveaus; dass es Zeichen persönlicher Gewagtheit an der Stirne trägt, aus kühner Einsamkeit stammt und unseren Sinn mit einer Menschlichkeit, die wehe tut, so wahr ist sie, berührt ... Ja, das ist gut, ist vortrefflich, ist meisterhaft."

Thomas Mann hatte ein ausgesprochen enges Verhältnis zu Ungarn, das er in den 1930er Jahren mehrfach besuchte. Seinen warnenden Aufsatz „Achtung Europa!" veröffentlichte er erstmals in Ungarn. Nachdem er an

Endre Ady und Attila József sind die herausragenden ungarischen Lyriker des 20. Jh., und das Schicksal beider ist tragisch. Ady begann um 1900 als Journalist und saß für einen antiklerikalen Artikel auch gleich drei Tage im Gefängnis. 1905 begrüßte er die Ereignisse in Russland und wandte sich später gegen den Ersten Weltkrieg, was ihm wütende Angriffe der Reaktion einbrachte. Diese Belastungen und sein zerrüttetes Privatleben zermürbten seine Gesundheit.

Attila Józsefs erster Gedichtband erschien, als er 17 war. Als er wegen eines Gedichtes von der Szegeder Universität flog, ging er nach Wien und Paris, wo er kommunistische Ideen kennen lernte. Nach seiner Rückkehr nach Ungarn wurde er politisch tätig und stand wegen seiner Gedichte mehrmals vor Gericht. Nachdem er mit der Moskauer Linie der Kommunisten in Konflikt geraten war und sich seine Nervenkrankheit verschlimmerte, warf er sich 1937 in Balatonszárszó vor einen Zug.

Der linke Dichter Miklós Radnóti wurde schon 1931 für eine seiner Arbeiten verurteilt. Mit suggestiver Kraft prangerte er faschistische Unmenschlichkeit an. Weil er Jude war, wurde er 1944 erschossen. Seine letzten Gedichte fand man in seiner Manteltasche im Massengrab bei Abda.

Der Schriftsteller Tibor Déry schloss sich in seiner Jugend der sozialistischen Bewegung an und übernahm Aufgaben während der Räterepublik. Nach deren Niederschlagung lebte er bis 1935 in der Emigration. Wegen sei-

den ungarischen Ministerpräsidenten appellierte, verurteilte Kommunisten zu begnadigen, wurde er bei der ungarischen Polizei als „ausländischer Kommunist" registriert. 1937, bei seinem letzten Besuch in Ungarn, wurde Thomas Mann vom ungarischen Dichter Attila József mit einem Gedicht begrüßt, in dem er Mann einen „Europäer unter Weißen" nennt. Heute kennt in Ungarn jedes Kind dieses Gedicht. Mann, der kurz zuvor vom Dritten Reich ausgebürgert worden war, las in Budapest das erste Kapitel von „Lotte in Weimar" – Weltpremiere. Auch war für ihn Budapest die „eleganteste Metropole Europas".

Endre Ady

LITERATUR

ner Teilnahme an den Ereignissen von 1956 und seinem Auftreten gegen die neue Regierung kam er ins Gefängnis. 1961 wurde das Urteil aufgehoben. Seine Romane bestechen durch psychologische Scharfsicht. Die bekanntesten sind: „Die Geschichte vom Leben und Sterben des heiligen Ambrosius", „Bischof von Mailand" und „Erdachter Report über ein amerikanisches Pop-Festival".

Nicht nur nach 1956 gab es rote Gewalt. Manche Schriftsteller, wie *György Faludy,* saßen schon vorher im stalinistischen Internierungslager Recsk.

Der kommunistische Philosoph, Literaturhistoriker und Ästhetiker und nicht zuletzt auch Politiker *György Lukács* gehört zu den größten, aber auch zu den umstrittensten Persönlichkeiten (wer kann schon solche Kritiker wie *Lenin, Brecht* oder *Seghers* aufweisen?) im geistigen Leben des 20. Jahrhunderts. So war er 1918 in der ungarischen Räterepublik Stellvertretender Volkskommissar für Kultur und nahm sogar aktiv an den Kämpfen der Roten Armee teil. Danach emigrierte er nach Wien, wo er zehn Jahre lang lebte und arbeitete, bevor er ausgewiesen wurde. *Thomas Mann* forderte daraufhin den österreichischen Bundeskanzler auf, die Ausweisung unverzüglich rückgängig zu machen. 1931 ging *Lukács* nach Deutschland, emigrierte 1933 wieder, diesmal in die Sowjetunion, wo er bis Kriegsende blieb. Nicht lange, nachdem er nach Ungarn zurückgekehrt war, wurde er wegen seiner Ansichten von den Stalinisten kritisiert. 1956 wurde er in der Regierung *Imre Nagys* Bildungsminister. 1967 trat er wieder in die Partei ein. Seine Hauptwerke sind „Geschichte und Klassenbewusstsein" und „Eigenart des Ästhetischen".

Die Dichterin *Ágnes Nemes Nagy* ist für *Franz Fühmann* die „Königin der magyarischen Dichtung". Sie über sich: „Die Materie der Natur mag ich und die der Sprache. Wie ein Tischler Bretter mag und Hobel."

Das Hauptwerk des Nobelpreisträgers *Imre Kertész* ist der „Roman eines Schicksallosen", der, angelehnt an seine eigene Biographie, den Leidensweg eines 15-Jährigen von Budapest nach Auschwitz und Buchenwald erzählt. Auch in seinen folgenden Romanen griff *Kertész* das Thema „Holocaust" auf.

György Lukács

Von den Schriftstellern der jüngeren Zeit sei der Schriftsteller *György Konrád* erwähnt, laut FAZ der „Urtypus des intellektuellen Dissidenten". Er wurde 1973 verhaftet, nach weltweiten Protesten aber bald wieder freigelassen. Es folgten zehn Jahre Publikationsverbot in Ungarn. 1990 wurde er Präsident des internationalen PEN-Clubs. *Konrád*: „Was Sozialismus heißt, wissen die Leute im Westen lediglich aus ihren Zeitungsartikeln und nicht wie wir, die wir ihn durch unsere Magengeschwüre kennen". 1991 erhielt er den Friedenspreis des Deutschen Buchhandels und 2001 den Karlspreis der Stadt Aachen. Seine wichtigsten Werke sind: „Der Besucher", „Der Komplize", „Die Intelligenz auf dem Weg zur Klassenmacht", „Antipolitik, Mitteleuropäische Meditationen". *Konrád* ist Präsident der Akademie der Künste Berlin-Brandenburg.

Zu den populärsten Gegenwartsschriftstellern im eigenen Land zählen *György Moldova, Péter Eszterházy,* ein Spross des berühmten Adelsgeschlechts und Friedenspreisträger des Deutschen Buchhandels 2004, *György Dalos, Péter Nádas, Tibor Fischer, Imre Kertész, Endre Kukorelli, Sándor Csoóri, István Eörsi, Magda Szabó* und *Ágóta Kristóf*.

Mittlerweile werden immer mehr Autoren auch in Deutschland veröffentlicht. Über 100 deutsche Verlage beschäftigen sich mit Ungarn, nicht zuletzt auch Dank der Aufmerksamkeit, die Ungarn als Schwerpunktland der **Frankfurter Buchmesse** 1999 erreichte. Unter den aus Ungarn stammenden und im Westen publizierten Autoren sind in erster Linie *Arthur Koestler, Gábor von Vaszary, George Mikes, Ephraim Kishon* und *George Tabori* zu nennen.

Bildende Kunst

„Ich wusste gar nicht, dass es außer mir noch einen großen Maler in unserem Jahrhundert gibt."
Picasso, nachdem er *Csontvárys* Bilder gesehen hatte.

Trotz *Picassos* Urteil ist nicht nur *Csontváry*, sondern ungarische Malerei insgesamt weitgehend unbekannt. Auch *Csontvárys* Werk wurde erst Ende der 1940er Jahre, dreißig Jahre nach seinem Tod, international anerkannt. Dass seine Bilder überhaupt überlebten, ist dem Architekten *Gedeon Gerlóczy* zu danken. Als dieser nämlich ein Atelier für seine Arbeit suchte, geriet er auf eine Annonce hin an die Erben *Csontvárys*, die seine Bilder zu verkaufen gedachten. *Gerlóczy* hatte zwar noch nie etwas von *Csontváry* gehört, war aber von seinen Bildern derart beeindruckt, dass er sie für sein gesamtes Vermögen von 20.000 Schweizer Franken ersteigerte. Und selbst dies gelang ihm nur gegen die offenen Drohungen einiger Fuhrunternehmer, die mitsteigerten und lediglich an den Leinwänden interessiert waren.

Csontváry ist der wichtigste Vertreter der ungarischen modernen Male-

BILDENDE KUNST

*Dem Nachwuchs eine Chance!
Portraitmaler auf dem Vörösmarty*

rei. Die größte Sammlung seiner Bilder befindet sich in Pécs.

Mihály von Munkácsy muss man in einem Atemzug mit *Csontváry* nennen. Er war **der** große realistische Maler im Ungarn des 19. Jh. Er arbeitete lange Zeit in Paris und Luxemburg. *Franz Liszt* widmete ihm eine Rhapsodie, während eines der bekanntesten Liszt-Portraits von *Munkácsy* stammt. Eine Zeichnung *Munkácsys* befindet sich im Weimarer Liszt-Museum.

Der Maler *Ádám Mányoki* war ein Meister der höfischen Porträtmalerei des Barocks und arbeitete auch am sächsischen und polnischen Hof. Bekannt sind Porträts von *Ferenc Rákóczi II.* (Museum der Bildenden Künste), *Gräfin Cosel* (Dresden) und *Gräfin Dönhoff* (Warschau).

Der Freskenmaler *Károly Lotz* hat an so ziemlich allen Gebäuden mitgearbeitet, die in Budapest bestaunt werden. Von ihm stammen die Deckengemälde des Völkerkundemuseums und der Stephansbasilika so wie Fresken in der Matthiaskirche, im Parlament und in der Oper.

Victor Vasarely (eigentlich *Győző Vásárhelyi*) ist einer der bedeutendsten abstrakten Maler unserer Zeit. Er begründete die dekorative „Op(tical) Art" und den „Kinetizismus", bei dem die optischen Effekte vom Blickwinkel des Betrachters abhängen. *Vasarely*, der seit 1930 in Paris lebt und Mitglied der Französischen KP wurde, stiftete in Gordes eine Schule für moderne Architektur. Ständige Ausstellungen seiner Werke in Ungarn gibt es in Budapest und in seinem Pécser Geburtshaus. Außerdem stammt eine Emailleplastik auf dem Budapester Südbahnhof (Déli pályaudvar) von ihm. *Vasarely* übernahm auch Designarbeiten für Rosenthaler Porzellan.

Ein besonderes Werk ist das monumentale Rundgemälde „Einzug der Magyaren" von *Árpád Feszty* (und neun Kollegen), das mit 1800 m² Fläche einst eine Sehenswürdigkeit Budapests war. Es stand im Stadtwäldchen, wurde im Zweiten Weltkrieg stark beschädigt, lange restauriert und ist nun im südungarischen Ópusztaszer (zwischen Szeged und Kecskemét) wieder aufgebaut.

Von den ungarischen Bildhauern sind zuerst die Brüder *Marton* und *György Kolozsvári* zu nennen, deren einziges erhaltenes Werk, das Denkmal des mit dem Drachen kämpfenden heiligen Georg auf dem Prager Hradschin (1373), zugleich eine der bedeutendsten gotischen Arbeiten darstellt. Die in Stein gehauenen Denkmäler des mittelalterlichen Ungarn sind während der Besetzung durch die Mongolen und Türken weitgehend zerstört oder zumindest beschädigt worden. Da der Islam die Darstellung des menschlichen Antlitzes missbilligt, findet man viele Statuen und auch Bilder ohne Kopf bzw. Gesichter. Sensationell sind deshalb auch die auf der Burg ausgestellten gut erhaltenen gotischen Statuen.

Von den moderneren Künstlern gehören *Miklós Ligeti* und der in Budapest praktizierende *Imre Varga* zu den einfallsreichen. *Ligeti* schuf eines der beliebtesten Denkmäler Budapests – das des Anonymus im Stadtwäldchen.

Eine ständige Ausstellung mit *Vargas* Werken gibt es unweit des Vasarely-Museums. Die von ihm geschaffenen Skulpturen sind äußerst unorthodox. Die bekanntesten sind das von *Raoul Wallenberg* (II. Szilágyi Erzsébet fasor 101), *Mihály Károlyi* (vor dem Parlament) und das jüdische Märtyrerdenkmal hinter der großen Synagoge, welches eine Trauerweide darstellt, mit den Namen der Holocaustopfer auf den Blättern. Eines der jüngeren Werke des Bundesverdienstkreuzträgers ist die Doppelstatue von *Charles de Gaulle* und *Konrad Adenauer* im Garten des Adenauer-Wohnhauses in Rhöndorf.

Besonders erfolgreich war auch die ungarische Bauhaus-„Fraktion". *László Moholy-Nagy* war Maler konstruktiver Richtung, Fotograf, Typograph, Mitarbeiter von *Gropius* und fünf Jahre lang Lehrer am Bauhaus. 1937 gründete er „The New Bauhaus" in Chicago. Der Architekt und Industriedesigner *Marcel Breuer* arbeitete oft mit *Gropius* zusammen. Wichtige Entwürfe sind der für das UNESCO-Center in Paris und das Whitney Museum of American Arts in New York. Außerdem stammt der Stahlrohrstuhl-Klassiker „Wassily" von ihm. Außer *Moholy-Nagy* und *Breuer* ist auch der ungarische Bauhausstudent *Amerigo Tot (Imre Tóth)* bekannt geworden.

Die Fotografen *André Kertész Brassaï (Gyula Halász)*, *Robert Capa (András Friedmann)* und *Paul Almásy* gehören zu den Kreativen und gelten als große Namen im Fach.

Die zeitgenössische ungarische Kunst leidet daran, dass es kein Museum für moderne Kunst gibt und sie deshalb im Wesentlichen auf Galerien angewiesen ist. Trotzdem hat beispielsweise Anfang der 1980er Jahre die Maler-Avantgarde mit verblüffenden Konzepten im westlichen Ausland für Aufmerksamkeit gesorgt.

Zum Schluss noch ein Wort zu *Albrecht Dürer*, zu dem die Ungarn eine besondere Affinität haben. Und zwar stammt *Dürers* Vater aus der ehemaligen ungarischen Ortschaft Ajtós. Der gelernte Goldschmied wanderte aus, und 1444 tauchte sein Name erstmals in einer Nürnberger Urkunde auf. *Dürer* ist lediglich eine Spiegelübersetzung des ungarischen Dorfnamens. *Albrecht Dürer* wurde von den Ungarn seltsamerweise mit dem Namen *Ajtósi Dürer* („Dürer von Ajtós") bedacht. Der große Maler schrieb in seiner Familienchronik, seine Vorfahren in Ungarn hätten sich „genährt von Ochsen und Pferd". Die Vorfahren sollen deutsche Zuwanderer gewesen sein.

Liszt (links), Brahms (rechts)

E-Musik

„Dem Ungarn liegt die Musik im Blut und in der Seele – jeder Musiker muss sich in der kulturellen Atmosphäre des herrlichen Budapest glücklich fühlen."
Bruno Walter

Budapest hat zwei Opernhäuser, drei große Symphonieorchester, eine bedeutende Musikgeschichte sowie Komponisten, Dirigenten und Solisten von Weltruf. Mit Budapest verbinden sich Namen wie *Liszt, Bartók, Kodály, Kálmán, Nikisch, Dohnányi, Cziffra* und *Solti*. An der Staatsoper arbeiteten Künstler wie *Mahler* oder *Puccini*.

Beethoven hatte eine ganz besondere Beziehung zur ungarischen Grafenfamilie *Brunswick (Braunschweig)*, in deren Schloss in Martonvásár er häufig weilte und das heute u. a. ein Beethoven-Museum beherbergt. Speziell war der Meister *Josephine Brunswick* zugetan, die man auch für die in seinen Briefen vom 6. und 7. Juli 1812 erwähnte „unsterbliche Geliebte" hält. *Josephines* Schwester *Therese* gründete später den ersten ungarischen Kindergarten. Ihrem Bruder *Franz* widmete *Beethoven* seine „Appassionata". Ebenfalls 1812 dirigierte *Beethoven* im Pester Theater die Uraufführung seiner Ouvertüre „König Stephan". In seinem Leben spielte auch die ungarische Gräfin *Anna Maria Erdődy*, eine Frau recht fragwürdigen Lebensstils, eine interessante Rolle. Heute befindet sich das Budapester Musikhistorische Museum im ehemaligen Palais der Familie *Erdődy* in der Táncsics Mihály utca auf dem Burghügel. Das Beethoven-Denkmal in Bonn wurde zum Teil von einem Musiker und Komponisten finanziert, der sich selbst als Ungar betrachtete, obwohl er kein Wort Ungarisch sprach und der zu den wichtigsten Personen des Musikschaffens seiner Zeit gehörte – *Franz Liszt*.

Liszt wurde nach begeisternden Konzertreisen in Westeuropa und 13 Jahren Tätigkeit als außerordentlicher Hofkapellmeister in Weimar Gründer und erster Leiter der Budapester Musikakademie. Er spielte auch die Orgel der Pfarrkirche, wobei nicht selten die Wagners unter den Zuhörern waren. In der Andrássy út 67, der alten Musikakademie, wo er zeitweilig wohnte, befindet sich heute das Franz-Liszt-Museum. Seine Wirkung auf die ungarische Kunstmusik ist gewaltig. Die „Ungarischen Rhapsodien", die „Graner Festmesse" und allein acht Fassungen des „Rákóczi-Marsches" sprechen für seine intensive Beschäftigung mit ungarischen Motiven.

Als 1849 nach der Niederschlagung der ungarischen Revolution viele ungarische und Roma-Musiker nach Deutschland gingen – und übrigens auch außerordentlich gastfreundlich aufgenommen wurden –, begegnete der junge *Brahms* in Hamburg dem Geigenvirtuosen *Ede Reményi*, mit dem er verschiedene Konzertreisen unternahm. (*Reményi* finanzierte übrigens das Petőfi-Denkmal in Pest.) Dadurch dürfte *Brahms* zu seinen „Ungarischen Tänzen" inspiriert worden sein, deren frühe Klavierfassung noch *Clara Schumann* spielte. Eine hübsche Begebenheit zwischen *Liszt* und *Brahms* („Orden sind mir wurscht, aber haben will ich sie") spielte sich auf einer Gesellschaft ab, zu der beide geladen waren. *Brahms*, im Zweifel, ob er seine Orden anlegen sollte, nahm das Blech in der Tasche mit. Im Saal erblickte er den dekorierten *Liszt*, stahl sich wieder hinaus und schmückte sich. Als er zurückkehrte, stand er plötzlich vor dem Kollegen, der seine

E-Musik

Orden abgelegt hatte. Auf die Frage des erstaunten *Brahms* antwortete *Liszt*: „Ich sah Sie vorhin am Eingang ohne Orden, und da bin ich rasch hinausgegangen ..."

1849 war auch das Jahr, in dem die bis heute gültige ungarische Hymne eingeführt wurde. *Ferenc Kölcsey*, ein Abgeordneter der Opposition, hatte 1827 den Text dazu geschrieben, der mit den Worten „Isten áldd a magyart" (Gott schütze den Ungarn) beginnt, einer Zeile, die selbst von Kommunisten aus ganzem Herzen gesungen wurde.

Apropos Hymne – *Haydn,* der Komponist der deutschen (und ehemals österreichischen Hymne) wirkte 30 Jahre lang als Kapellmeister am Schloss des Grafen *Esterhazy* in Fertöd. Hier schrieb er auch die Fis-Moll-Sinfonie Opus 45, die so genannte Abschiedssinfonie, bei der die Musiker einer nach dem anderen den Konzertsaal verlassen. Eine eigenwillige Form der Tarifdiskussion, denn damit sollte dem Grafen mehr Urlaub für die Musiker nahe gelegt werden.

Zu Beginn des 20. Jh. drang das Budapester Musikschaffen massiv in die europäische Musikszene vor. Sicherlich auch ein Erfolg der **Budapester Musikakademie,** an der alle wichtigen Persönlichkeiten des ungarischen Musiklebens studierten und – sofern sie nicht ins Ausland gingen – auch lehrten und die so immer wieder Künstler von Weltrang hervorbrachte. *Bartók* und *Kodály* sind zweifellos die namhaftesten Vertreter dieser Zeit. Zunächst veröffentlichten sie 1906 gemeinsam ihre epochalen Ergebnisse über das ungarische Volkslied. Die Pentatonik ist charakteristisch für das ungarische Volkslied, und man vermutet, dass die verlorengegangenen Lieder und Gesänge der Urmagyaren ebenfalls fünfstufig waren. In der „zivilisierten Welt" mag diese Musik ziemlich ungewöhnlich geklungen haben, denn der Chronist *Ekkehard* aus St. Gallen berichtete im 10. Jh., die Ungarn würden „alle in entsetzlicher Weise zu ihren Göttern schreien".

Bartóks Durchbruch gelang mit dem Ballett „Der holzgeschnitzte Prinz" und der Oper „Herzog Blaubarts Burg". Ein Jahr später schon beendete er das Ballett „Der wunderbare Mandarin", das 1926 in Köln uraufgeführt wurde. Die Premiere führte zu heftigen Debatten zwischen Anhängern und Gegnern dieser Musik. Die Stadt-

Haydn

Staatsoper Budapest

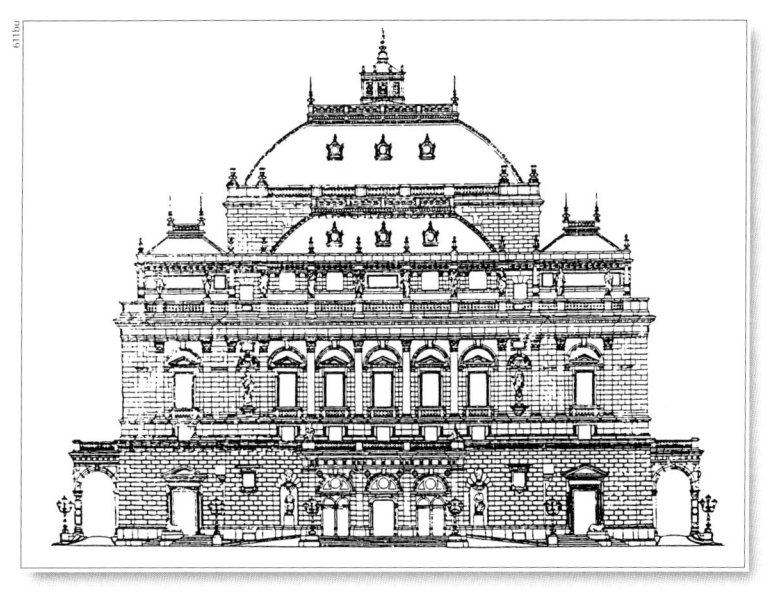

verordneten verpflichteten den Oberbürgermeister *Konrad Adenauer*, das Stück abzusetzen. Vor dem aufkommenden Faschismus erhob *Bartók*, wie auch *Kodály*, seine Stimme. Er verbot die Aufführung seiner Werke im deutschen und italienischen Radio. *Bartók*, der jüdischer Abstammung war, emigrierte 1940 in die USA, wo er 1945 starb. In den frühen 1950er Jahren waren seine Werke aus ideologischen Gründen verboten, und seine Gebeine gelangten erst 1988 nach Ungarn.

Zoltán Kodály („Wer die Dissonanz nicht kennt, weiß die Harmonie nicht zu schätzen.") wurde nicht nur durch sein Werk „Psalmus Hungaricus", das er anlässlich der 500-Jahr-Feier von Budapest komponierte, und verschiedene Singspiele berühmt, er leistete daneben Grundlegendes in der Volksmusikforschung, der Musikpädagogik und war außerdem ein genialer Chordirigent.

Auch im leichteren Fach entstanden Welterfolge. Neben *Károly Goldmarks* Oper „Die Königin von Saba" sind dies vor allem die Operetten. *Imre Kálmáns* „Csárdásfürstin" (ganz ohne Weiber geht die Chose nicht), „Gräfin Maritza" usw. avancierten fast alle zu Kassenerfolgen. *Franz Lehár* dagegen, obwohl in Ungarn aufgewachsen, war überzeugter Royalist, und seine größten Erfolge wie „Die lustige Witwe" oder „Der Graf von Luxemburg" können kaum als ungarische Operette bezeichnet werden.

In den 1920er und 30er Jahren begann die Generation der Schüler von *Hubay* und *Dohnányi* Schule zu machen. *Jenő Ormándy* (Philadelphia Symphony Orchestra), *Georg Solti* (London Symphonic Orchestra u.v.a.), *Antal Doráti* (z. B. Royal Philharmonic Orchestra), *George Széll* (Cleveland Orchestra) und *Sándor Végh* wurden Dirigenten ersten Ranges. Der Wagner-Tenor *Sándor Kónya* sang ab 1958 bei den Bayreuther Festspielen. *Wieland Wagner* bezeichnete ihn als den „Meister des Lohengrin". *György Cziffra* gilt als einer der bedeutendsten Pianisten des 20. Jahrhunderts. Für den genialen Virtuosen war Technik einfach ein „Wagen mit vier Rädern". *György Ligeti* ist einer der führenden zeitgenössischen Komponisten (u. a. „Poème Symphonique" für 100 Metronome) und *András Schiffer* einer der bedeutendsten Organisten. Zu den besten Pianisten gehören derzeit *Zoltán Kocsis* und *Dezső Ránki*. *Éva Marton* ist auf den führenden Opernbühnen bekannt. Der Roma-Violinist *Lajos Kathy Horváth* durfte fünf Jahre *Menuhin* studieren und begleitete ihn sechs Jahre als Assistent.

U-Musik

„She didn't speak much English language ... (she didn't speak much anyway). She wouldn't make love, but she could make good sandwich ..."
Jethro Tull, „Budapest"

Ungarische Unterhaltungsmusik ist schon aus sprachlichen Gründen im Ausland kaum bekannt. Die Rockband **Omega** oder **Zsuzsa Koncz** erfreuten sich in der Ex-DDR einiger Bekanntheit. Omega ist inzwischen in die Jahre gekommen, aber die jährliche LP ist noch drin. Ihr Titel „Gyöngyhajú Lány" wurde auch von den Scorpions interpretiert. Außerdem zählen die Gruppen **Edda** und die inzwischen nicht mehr aktive **Lokomotív GT** zu den populären.

Die **Hobo Blues Band** ist ein Kapitel für sich. *László Földes* (Hobo) ist die Inkarnation des ungarischen Blues, und die Konzerte sind auch ohne Sprachkenntnisse ein Erlebnis.

Die legendäre Band der Beatles-Zeit hieß hier **Illés**. Deren Musik wird heute noch gern gehört, und jeder junge Ungar kennt die Texte auswendig. Vor einigen Jahren gaben die Musiker ein Comeback-Konzert im ausverkauften Népstadion. Die Macher von Illés waren *Sándor Bródy* und *Levente Szörényi*, die später die sensationell erfolgreiche Rockoper „István, a király" (Stephan, der König) schufen und, teils solo, teils mit *Zsuzsa Koncz*, immer wieder erfolgreich waren. Ihre Titel sind eher die leisen, mit Gitarre begleiteten, wo man auf die Texte hört. Neben eigenen Texten haben sie sich auch an Gedichte von *Petőfi* oder *Attila József* herangewagt.

Natürlich haben auch Heavy Metal, Punk oder New Wave ihre Bands in Ungarn. Nur haben sie nie das große Publikum erreichen können und sind stets Insider-Tipps geblieben. (Ungarn ist ein kleines Land.) Einige davon suchten Alternativen in Richtung Subkultur, und das **„Fekete Lyuk"** (Schwarzes Loch), ein ehemaliger Club im düsteren Industrieviertel, avancierte zur ersten Adresse der etwas okkulten **Independent-Szene.** Doch die zunehmende Kommerzialisierung hat das alternative Publikum im „Fekete Lyuk" teilweise verscheucht, und selbst anerkannte Ungruppen wie Vágtázó Halottkémek (VHK), die „Rasenden Leichenbeschauer", die auf der Bühne urmagyarische Schamanenmessen zelebrieren, bringen schon Platten auf den Markt.

Zu den bekannten neueren Bands gehören Pál utcai fiúk („Jungen der Paulsgasse"), Kft („GmbH") oder Kispál és a borz („Kleinpaul und der Dachs").

Jazz ist weniger populär, und auch echte Jazzkneipen findet man kaum. Ausnahme: Die **Benkó Dixieland Band.** Die Musiker dieser Band spielen seit 1957 zusammen, sind immer noch Amateure und sehr populär. Auch international hat die Band einen gut klingenden Namen, so wurde sie 1983 „International Jazz Band of the Year" (USA), und nach einer erfolgreichen USA-Tournee bekamen sie sogar einen Dankesbrief von *Ronald Reagan*.

Chef ist *Pál Benkó*, der einen Lehrauftrag an der Technischen Universität hat, wo auch die anderen Musiker arbeiten.

Am weitesten von den ungarischen Jazz-Musikern brachte es allerdings der Klarinettist *Joe Murányi*, der in den All Stars von *Louis Armstrong* spielte. Ein gemeinsames Konzert von *Benkó Dixieland* und *Joe Murányi* gehört zu meinen schönsten Erinnerungen an Ungarn. Zu den bekannteren Namen des Jazzlebens zählen noch der Bassist *Aladár Pege* und das **Dresch-Quartett.** Seit 1998 lebt die amerikanische Jazz-Sängerin *Carol Cass* in Budapest.

Nicht unerwähnt bleiben soll auch der Arzt und bekannte Kunstpfeifer *Tamás Hacki*, obwohl es äußerst schwer fällt, ihn einzuordnen.

Film

„It's not enough to be Hungarian, you have to be talented as well!" (Es genügt nicht, Ungar zu sein, Sie müssen auch Talent haben!)

Angeblich jahrelang Aufschrift auf einem Schild in einem Filmstudio Hollywoods

In der Filmgeschichte kommt man um Ungarn nicht herum. Offenbar war die ungarische Präsenz in Hollywood so dominant, dass von Nichtungarn die Anmerkung „Wenn du einen ungarischen Freund hast, brauchst Du keinen Feind mehr" überliefert ist. In der Tat haben in Hollywood eine Anzahl ungarischer Filmemacher, Schauspieler, Kameramänner Karriere gemacht. Die bekanntesten unter ihnen sind die Produzenten *William Fox (Vilmos Friedman), Iván Törs, László Benedek* und die Regisseure *Mihály Kertész* und *Sándor Korda*, besser bekannt unter ihren englischen Namen *Michael Curtiz* und *Alexander Korda*. *Kertész* hatte schon 38 Filme in Ungarn gedreht, bevor er in den 1920er Jahren nach Amerika ging, wo er der Warner Brothers Company zu Ruhm und Geld verhalf. Seine größten Erfolge sind der Kultfilm „Casablanca" (1942), „This is the Army" und „Yankee Doodle Dandy". Sein Film „Botschafter in Moskau" löste Diskussionen in der amerikanischen Öffentlichkeit aus. In der Presse erschienen Unterschriftenlisten, die den Film entweder verlogener Propaganda bezichtigten oder Beifall zollten.

Sir Alexander Korda (er wurde für seine Verdienste geadelt) und seine zwei Brüder halfen vor allem dem britischen Film auf die Sprünge. Nach 19 Filmen in Ungarn wurde *Korda* 1931 durch „Marius", den ersten Teil der Marseiller Trilogie, bekannt. Er gründete die „London Film Ltd." und drehte z. B. „Das Privatleben Heinrichs VIII.", „Lady Hamilton" und „Rembrandt", aber auch „The 49th Parallel" (Der 49. Breitengrad, 1941) mit *Laurence Olivier* und *Vivian Leigh* in den Hauptrollen. Einen denkwürdigen Flop landete er im Vorfeld des Zweiten Weltkrieges. Im Bemühen, Englands Moral zu heben, drehte er mit eigenem Geld – er verpfändete die Police seiner Lebensversicherung – in nur fünf Wochen den Streifen „The Lion has wings" (Der Löwe hat Flügel, 1939), ein Loblied auf das britische Flugwesen. Doch die englische Bevölkerung reagierte völlig teilnahmslos. Zudem gelang es den Deutschen, illegal eine Kopie des Films in Lissabon zu beschaffen, und da bereits Luftangriffe auf London geflogen wurden, rief der Film in der Hauptstadt des feindlichen Deutschland Gelächter hervor, denn im Film scheitern die deutschen Flugzeuge an den Ballonsperren. Einer der seltenen Fälle, in dem Propaganda nach hinten losgeht.

Von den Regisseuren sind noch *László Vajda* sowie *László Benedek* zu nennen, dessen größter Wurf die Verfilmung *Millers* „Tod eines Handelsreisenden" (1951) war.

Unter den Kameramännern, die in Amerika Karriere machten, sind *Vilmos Zsigmond* und *László Kovács* zu nennen. Der Komponist *Miklós Rózsa* schrieb u. a. die Filmmusiken zu „Ben Hur", „Quo vadis" und „Der Dieb von Bagdad".

Ungarische Schauspieler waren weniger bekannt. *Johnny Weissmuller* wurde 1904 im damals zu Ungarn gehörenden Siebenbürgen geboren. *Béla Lugosi* (Pseudonym *Arisztid Olt*) brachte es als Dracula-Darsteller zu Ruhm. An dieser Stelle möchte ich noch anmerken, dass der tatsächliche **Dracula** – *Vlad Tepes*, Fürst der Wallachei – sich einige Jahre in Ungarn aufhielt, und zwar als politischer Gefangener von *König Matthias* (1443–

1490). Obwohl über diesen Abschnitt in Draculas Karriere genauso wenig bekannt ist wie über die wahren Gründe von *Matthias*, waren es wenigstens vier Jahre, die der Prototyp aller Blutsauger hinter Gittern zubrachte. Nachdem *Vlad* in Gefangenschaft zum Katholizismus übergetreten war, heiratete er eine bis heute unbekannte Dame der ungarischen Königsfamilie, war fortan ein freier Mann und durfte sogar auf den Thron der Wallachei zurückkehren. Man nimmt an, dass man ihm die Führungsrolle im Kampf gegen die Türken zutraute, doch schon zwei Jahre nach seiner Rückkehr starb er. Etwa 100 Jahre später lebte im Karpatenschloss **Csejthe** die durch grausame Rituale berüchtigt gewordene ungarische Gräfin *Elisabeth Báthory*. *Báthory* hatte im Blut ihrer 600 Opfer, allesamt junge Mädchen, gebadet bzw. davon getrunken, um ihre Schönheit zu bewahren. Sie wurde 1610 auf Anweisung *König Matthias II.* vor Gericht gestellt und zu lebenslanger Einzelhaft verurteilt. Sie starb vier Jahre später ohne Worte der Reue. Hier darf

Eingang zum Kino „Horizont"

FILM

ich anfügen, dass *Bram Stoker* die vampirischen Details in seinem Klassiker „Dracula" dem ungarischen Orientalisten *Professor Arminius Vámbéry* verdankt, welchem er in seinem Buch als *Dr. van Helsing* ein Denkmal setzte. Und schließlich, und dann komme ich wirklich wieder zum Thema, wohnte *Vámbéry* in keinem anderen als dem Orczy-Haus in der Király utca. *Peter Lorre (László Loewenstein)* spielte u.a. an der Seite von *Lugosi* sowie in „Casablanca" und im „Malteser Falken".

Tony Curtis, eigentlich *Bernard Schwarz,* ist der Sohn ungarisch-jüdischer Auswanderer, und auch *Leslie Howard* und *Paul Newman* sind ungarischer Abstammung. *Marika Rökk* und *Zsá Zsá Gábor* sind geläufige Namen. *Béla Ernyei* dürfte eher dem Fernsehzuschauern bekannt sein.

Erwähnen muss man unbedingt noch den Filmtheoretiker und -ästheten *Béla Balázs* sowie den Regisseur *Géza von Bolváry*. *Balázs* war auch Dichter und Erzähler, er arbeitete an der Zeitschrift „Nyugat" mit, und von ihm stammten die Geschichte zu „Der holzgeschnitzte Prinz" und das Libretto zur Oper „Herzog Blaubarts Burg" von *Bartók*. Nach der Niederschlagung der Räterepublik musste er emigrieren. Er arbeitete in Wien, Berlin und Moskau und verfasste die erste systematische Filmästhetik („Der sichtbare Mensch"). Er schrieb mitunter auch Drehbücher, wie zu „Madame wünscht keine Kinder" (1926, Regie *A. Korda*) oder zu dem sehr erfolgreichen „Irgendwo in Europa" (1947, Regie: *Géza von Radványi*).

Géza von Bolváry arbeitete seit dem Ende der 1920er Jahre in Berlin und machte mehrere erfolgreiche Unterhaltungsfilme wie „Zwei Herzen im Dreivierteltakt" (1930), „Kaiserwalzer" (1932), „Opernball" (1939) oder „Die Fledermaus"(1945) *Ferenc Molnárs* Roman „Die Jungen der Paulstraße" wurde mehrmals verfilmt. *Zoltán Fabris* Version wurde 1969 für einen Oscar nominiert. 1981 gewann zum ersten Mal ein rein ungarischer Film den begehrten Preis. Es war der Trickfilm „Fliege" von *Ferenc Rofusz*.

Ein Jahr später gab es schon den nächsten (bei vier Nominierungen) für *István Szabós* „Mephisto" als besten ausländischen Film. Seine Trilogie „Mephisto" (1981), „Oberst Redl" (1984) und „Hanussen I–II" (1988) mit *Klaus-Maria Brandauer* in der Hauptrolle wurde sehr erfolgreich. Nach einer Inszenierung von „Boris Godunow" an der Leipziger Oper setzt sich *Szabó* in seinem neuesten Film „Der Fall Furtwängler" wie schon in „Mephisto" mit der Rolle des Kunst in der Diktatur auseinander. Neben den ganz großen Erfolgen haben ungarische Produktionen aber auch schon früher einige Goldene Kameras (Cannes), Bären (Berlin), Leoparden (Locarno) etc. mit nach Hause gebracht.

Mir persönlich gefallen am besten zwei Filme, von denen ich weder weiß, ob sie in Deutsch zugänglich sind, noch ob sie irgendwelche Preise gewonnen haben. Der Film „A tanú" (Der Zeuge, 1969) von *Péter Bacsó* schildert ironisch die Verhältnisse der ungarischen Stalin-Ära und durfte erst

Stadttouren

Budapest entdecken

„Budapest seems to me the most beautiful city that I have so far seen in Europe."
(Budapest scheint mir die schönste Stadt zu sein, die ich bisher in Europa gesehen habe.)
T. A. Edison

Budapest. Eine Stadt, die fasziniert. Die besondere Ausstrahlung der ungarischen Hauptstadt ist sicher nicht nur der beeindruckenden landschaftlichen Lage geschuldet, sondern auch dem anscheinend unkomplizierten **Nebeneinander zahlreicher Gegensätze.** Geographisch trennt hier die Donau eine Berglandschaft im Westen vom weiten Flachland im Osten. Politisch ist und war Budapest stets so etwas wie die Ostgrenze des Westens – aber gleichzeitig auch die Westgrenze des Ostens. Viele sehen in Budapest das eigentlich Ungarische. Anderen ist die Stadt gerade wegen ihrer deutschen und jüdischen Geschichte zu wenig national. Man findet in Budapest türkische Bäder, Pariser Kaffeehäuser, eine englische Kettenbrücke, italienische Palais, eine Schweizer Zahnradbahn, ein deutsches Akademiegebäude, eine russische Metro, ein österreichisches Stadtratsgebäude, eine griechisch-orthodoxe Kirche, ein jüdisches Viertel, zwei römische Amphitheater und einen amerikanischen Friedhof – und trotzdem bringt es diese noch Stadt fertig, ein harmonisches Gesamtbild zu erzeugen.

Viele kommen des magyarischen Urgesteins wegen in die Nostalgie-Metropole Budapest – und werden Opfer von **Klischees** und höherem Kitsch, den die Anpassung an die massentouristische Erwartungshaltung hervorbringt. Wer dieser künstlichen Welt entfliehen will, tut gut daran, aus dem Dreieck Burgviertel, Heldenplatz und Innenstadt auszubrechen, denn dort besteht die Gefahr, vor lauter Sehenswürdigkeiten das Eigentliche der Stadt zu verpassen. Wer über den touristischen Tellerrand schauen will, muss sich vom Flanierboulevard Váci utca weglocken lassen, denn dort drängeln sich alle, die Budapest erleben, aber nicht kennen lernen wollen.

Mein Rat: Verlassen Sie die ausgetretenen Pfade und achten Sie auf Details! Gehen Sie doch beispielsweise einmal die Király utca (Königsgasse) im VI./VII. Bezirk entlang. Die Straße ist kaum ein paar Schritte von der Prunkstraße Andrássy út entfernt, und doch scheint man in eine andere Welt einzutauchen, in der man (noch) auf das andere Budapest trifft.

Die **Király utca** ist gleichsam ein Spiegelbild Budapests. Die Straße gehörte im 19. Jh. zu einer der belebtesten Pester Geschäftsstraßen, und so manches Gebäude bewahrt heute noch Geschichten aus ihrer bewegten Vergangenheit – so stand gleich am Anfang der Straße das einst sehr berühmte Hotel „Zum englischen König", dem die Straße ihren Namen verdankt. Der spätere englische König *Edward VII.* gab dieser Straße sogar einmal die Ehre. Nicht etwa dem Hotel,

BUDA UND DIE BURG

Das Burgviertel

●**Anreise:** Standseilbahn oder Buslinie 16 ab Clark Adam tér, Minibus (Aufschrift Vár) ab Moszkva tér

Geschichte

Weiter südlich erhebt sich der Burgberg (Várhegy) etwa 50–65 Meter über der Donau. Der Ursprung der Siedlung auf dem Burgberg ist wie bei den meisten alten Städten umstritten. Die **Römer** hatten den Berg zwar nicht bewohnt, die Siedlung soll jedoch schon zu Staatsgründer Stephans Zeiten existiert haben.

Auf jeden Fall hatten die Ungarn am linken Donauufer die Siedlung **Pest,** am rechten Ufer **Buda** und noch ein zweites Pest (Minor Pest), beide jedoch auf dem flachen Land.

Das **Dorf auf dem Burghügel** gewann erst zur Zeit *König Bélás IV.* (1235–1270) an Bedeutung, als dieser hier nach dem verheerenden Mongoleneinfall von 1241 als Schutz eine Burg errichten ließ. In dieser Zeit siedelten sich hier Ausländer an, vor allem deutsche, aber auch italienische, französische, flämische und jüdische. Der König legte dabei fest, wo die Ansiedler zu wohnen hatten, und so sind die einzelnen Straßenzüge meist von Ansiedlern einer Nationalität bewohnt worden. Während die Ungarn hauptsächlich den Nordteil des Burgviertels bewohnten, waren die Deutschen im Gebiet um die Matthiaskirche zu Hause. Die frühere Rechtspraxis und die Privilegien der Ansiedler von Buda sind in einem königlichen Freibrief verankert.

Die Siedlung bekam 1255 Marktrecht und wenig später Stadtrecht. Ab dieser Zeit gilt Buda als **ungarische Hauptstadt,** obwohl bis 1439 die Deutschen die Stadt regierten. Sie stellten zumeist den vom König ernannten Rector, und unter den 12 Ratsmitgliedern waren nur zwei Ungarn. Das Gesetzbuch der Stadt war deutschsprachig (Ofner Stadtrecht), und **die Deutschen** beherrschten auch den lukrativen Fernhandel auf der Donau. Deshalb bestanden sie auf einem deutschen Siedlungsnamen und nannten die Bergstadt „Ofen" als Übersetzung des slawischen „Pest". Die Ungarn übertrugen den alten Siedlungsnamen „Buda" auf die neue Stadt und nannten das ursprüngliche Buda zur Unterscheidung von nun an **„Óbuda"** (Altbuda).

Der Schachbrettgrundriss der Stadt und eine fast bei jedem Haus vorliegende Fassadenbreite von 18 Metern lässt auf eine **planmäßig angelegte Stadt** schließen, wobei die parallel zur Straßenachse verlaufenden Dachfirste von italienischem Einfluss zeugen. Interessant sind auch die breiten Straßen im Burgviertel, deren breiteste, die Tárnok utca, ähnlich der Breiten Straße in Magdeburg, Marktzwecken diente.

In den Toreingängen zahlreicher Häuser findet man verschiedenartige Formen von **Sitznischen.** Solche gotischen Sitznischen kommen nur in Ungarn vor. Ihr Zweck ist nach wie vor ungeklärt. Man nimmt an, dass die Diener hier warteten oder dass der Wein der Hausbesitzer hier ausgeschenkt wurde. Vielleicht dienten sie als Sitz für die Wache von Wohntürmen, auf deren Resten man die Häuser gebaut hatte.

Wer heute durch das Burgviertel schlendert, dem werden die lebhaft **bunten Fassaden** der Häuser auffallen. Das ist historisch korrekt. Im Mittelalter pflegte man Vielfarbigkeit in jeder Beziehung, und so waren auch die Häuser außen wie innen farbig, oft sogar noch mit geometrischen Mustern in verschiedenen Farben. Später kamen die Muster und intensiven Farben aus der Mode. Neben Pastelltönen wurde häufig eine ockergelbe Farbe verwendet. Diese fälschlicherweise als **Habsburg-Gelb** bezeichnete Farbe war jedoch lediglich eine natürliche und sonnenbeständige Erdfarbe.

Das zentrale Monument der Bergstadt ist die **Liebfrauenkirche (Matthiaskirche),** mit deren Errichtung 1248 begonnen wurde. Der Name Matthiaskirche, der sich erst im 19. Jh. einbürgerte, geht auf das Rabenwappen des ungarischen Königs *Matthias Corvinus* zurück, das dieser 1470 am 80 Meter hohen Südturm anbringen ließ. In Höhe der dritten Etage ist eine Kopie dieses Wappens zu sehen – das Original wird in der Kirche aufbewahrt. Die andere bedeutende Kirche des Burgviertels, **Maria-Magdalenen,** wurde im Zweiten Weltkrieg beschädigt. Heute steht nur noch deren Turm am Kapisztrán tér. Während die Matthiaskirche den deutschen Ansiedlern diente, war Maria-Magdalenen die Kirche der Ungarn. Die jüdische Gemeinde bestand seit dem 13. Jh., und die alte Synagoge befand sich im heutigen Haus Táncsics utca 26.

Die Könige der Anjou-Dynastie begannen im 14. Jh. mit dem Bau des eigentlichen **Königspalastes.** Dazu musste das Wohnviertel am Südende des Burgberges abgetragen werden. Bis dahin residierte der König nämlich im so genannten Kammerhof in der heutigen Táncsics Mihály utca, quasi mitten unter den Bürgern Budas. Der Bau begann mit einem Wohnturm, dessen Grundmauern noch heute zu sehen sind (Stephansturm). Der Umzug brachte für den König außer einem neuen Palast den Vorteil, nicht dem gesunden Selbstbewusstsein der Budaer ausgesetzt zu sein. So war es gerade der Erbauer des Südpalastes – *König Karl Robert* (1308–1342) –, der sich sieben Jahre lang nicht einmal bewaffnet Zugang zu seiner Residenz (Kammerhof) verschaffen konnte. Bis zum Ende des 14. Jh. wurden die äußeren Burgmauern und das Verteidigungswerk des Westflügels ausgebaut. *Sigismund von Luxemburg* führte im 15. Jh. den Bau mit einer Burgkapelle und einem Palast fort. Unter *Matthias*, als Buda einer der glänzendsten Renaissancehöfe Europas war, lobten viele Beschreibungen Größe, Reichtum und Prunk des Palastes, vor allem die Decke eines Saales, auf der das Himmelszelt zu sehen war. Der Prunk des Palastgebäudes war nicht zuletzt auch der Freitreppe aus rotem Marmor und den farbig glasierten Dachziegeln der Gebäude zu danken. Zudem trugen die Dächer an den Spitzen Keramikschmuck in Form von vergoldeten Kugeln. Deshalb wohl nannten die Türken dieses märchenhafte Bauwerk „Palast des goldenen Apfels".

Gibt es nur in Ungarn: Sitznischen in den Außenmauern der Einfahrten

BUDA UND DIE BURG

Der wiederhergestellte gotische Saal und das Erdgeschoss der **Schlosskapelle** können leider nicht das Bild des einstigen sagenhaften gotischen Königspalastes vermitteln. Dagegen sind die **Burgmauern** um den Palast noch heute annähernd dort, wo sie schon im frühen 15. Jh. standen und teilweise auch in der Schedelschen Weltchronik (Nürnberg, 1493) dargestellt sind. Im Süden schützen den Palast ein großes **Rondell** und der **Torturm** mit Pyramidendach. Das Rondell hat einen Durchmesser von 40 Metern und ist vermutlich von italienischen Festungsbauingenieuren geschaffen worden, denn es hieß einst *Baluardo d'Italia*. Unterhalb des Südrondells befinden sich **türkische Grabsteine**. Am Osthang des Burgberges stehen noch Reste eines eigenartigen Doppelwalles in Richtung Donau. Diese so genannte **Cortina** sicherte den Verteidigern der Burg im Notfall auch den Zugang zur Donau.

Nach der vernichtenden Niederlage der Ungarn gegen die Türken in der Schlacht bei Mohács (1526) verließen die meisten Bewohner aus Angst die Stadt. Die Türken zündeten die Stadt an, zogen sich aber zurück, denn der neue König *János Szápolyai* arrangierte sich mit ihnen. Er ließ Burganlagen und Häuser wieder aufbauen. Als im Sommer 1541 die **Türken** die Stadt nach dem Tod *Szápolyais* listig besetzten, ahnte niemand, dass sich die türkische Vorherrschaft über 150 Jahre erstrecken sollte. Die Matthiaskirche wurde innerhalb eines Tages zur Moschee umfunktioniert. Das Franziskanerkloster diente dem jeweiligen Pascha von Buda – insgesamt waren es 75 – als Wohnsitz, während der Königspalast seltsamerweise unbewohnt blieb und mehr und mehr verfiel, wie auch die Bürgerhäuser. Umso peinlicher achtete die 10.000 Spahis und Janitscharen starke Garnison allerdings auf die Stadtbefestigungen, die sie mit großem Aufwand ausbaute und die zunächst auch neun Belagerungsversuchen standhielten. Allein in Buda fand man nach der Rückeroberung 42 Janitscharen-Kasernen – und etwa zwei Dutzend Moscheen. Buda war der Schlüssel Ungarns.

Erst am 2. September 1686 gelang es schließlich den vereinten christlichen Heeren, Buda zurückzuerobern. Allerdings dauerte die Belagerung fast drei Monate, und erst nach der Sprengung des türkischen Schießpulvervorrates durch den Armenier *Johannes Diodato* gelang die Einnahme. Der Preis war die völlige **Zerstörung** des größten Gebäudes, des **Renaissancepalastes**. Dieser so genannte Friss-Palast enthielt den größten Saal des mittelalterlichen Ungarns – mit majestätische Ausmaßen von 70 mal 18 Metern Grundfläche und zwei Etagen Höhe.

Der Legende zufolge versteckten 1541 die Budaer Bürger eine **Statue der heiligen Jungfrau Maria** vor den Türken, indem sie sie einmauerten. Durch die Explosion des Schießpulverturmes soll nun die Mauer eingestürzt und die Statue zum Vorschein gekommen sein, worauf die Türken beim Anblick Marias angeblich die Verteidigung aufgegeben hätten. In der Matthiaskirche stellt eine Freske dieses „Wunder" dar, auch die Statue kann besichtigt werden. Obwohl Experten die Echtheit der Legende nicht anzweifeln, scheint die ausgestellte Statue nicht mit der eingemauerten identisch zu sein.

Die Stadt entstand im Zeichen des Barock neu, wobei der aus dem 13./14. Jh. stammende Grundriss des Straßengefüges beibehalten wurde. Auf den mittelalterlichen Mauerresten entstanden die neuen Häuser, die die ursprünglichen Fragmente aber oft nur überdeckten. So kommt es auch heute noch immer wieder zu interessanten Funden bei Bauarbeiten. Dass hinter dem **Wiederaufbau** auch handfeste Interessen des Wiener Hofes standen, beweist die Tatsache, dass zunächst keine Ungarn Buda betreten durften und man den Baugrund nur unter deutschen Ansiedlern aufzuteilen gedachte. So ist es kaum verwunderlich, dass noch bis zum Jahr 1848 im Burgviertel vornehmlich Soldaten und österreichische Beamte wohnten.

Im **Zweiten Weltkrieg** machte auf der Burg der Mussolini-Befreier *Otto Skorzeny* („das Narbengesicht") von sich reden, als er, unter dem Pseudonym *Dr. Wolff* und ausgerüstet mit einer Sondervollmacht *Hitlers*, den Seitenwechsel des Reichsverwesers *Horthy* zu verhindern hatte. Er nahm am 15. Oktober *Horthys* Sohn gefangen, und am folgenden Tag gelang ihm im Handstreich gegen eine starke Verteidigung die Einnahme

Buda und die Burg

der Burg, auf der sich damals der ungarische Regierungssitz befand. Die Aktion machte den Weg frei für die Machtübernahme der offen faschistischen Pfeilkreuzler. Gegen Ende des Krieges verschanzten sich auf der Burg Reste deutscher Truppen. Bei den Belagerungskämpfen, die auf beiden Seiten hohe Verluste forderten, wurden der Palast und das Burgviertel zerstört.

In der Nachkriegszeit wurde bis auf einige Ausnahmen jedoch alles **wieder aufgebaut** – viele der etwa 200 zerstörten Häuser im Burgviertel und praktisch der gesamte Palast.

Es ist eine seltsame Ironie der Geschichte, dass gerade die Kriegszerstörungen die Möglichkeit boten, durch Grabungen viel über die Geschichte des wertvollsten ungarischen „Denkmalkomplexes" zu erfahren und die nach der Jahrhundertwende begangenen baulichen Fehler zu beheben. Der Aufbau an sich, der noch immer andauert, ist eine große kulturelle Leistung besonders in Anbetracht der Gewissenlosigkeit, mit der in anderen Ostblockländern Kulturgut „entsorgt" wurde.

Das Burgviertel ist weniger wegen historisch oder künstlerisch sensationeller Stücke von besonderem Wert, sondern wegen der vielen Details an den barocken Palais und Wohnhäusern und der Baudenkmäler aus 800 Jahren Architektur. Das gesamte Burgviertel steht auf der von der UNESCO aufgestellten Liste des Weltkulturerbes.

Das Viertel ist mit Ausnahme der Minibusse, Anwohner, Hotelgäste und Taxis **für den Autoverkehr gesperrt.**

Szentháromság tér (Dreifaltigkeitsplatz)

Der Dreifaltigkeitsplatz ist der höchste Punkt des Burgberges (nicht die Burg!). Die **Dreifaltigkeitssäule** schuf der aus Würzburg stammende *Philipp Ungleich*. Sie erinnert an die verheerende Pest von 1691. An der Nordseite wird der Platz durch das neogotische Gebäude des ehemaligen Finanzministeriums begrenzt, den Platz aber dominiert die Matthiaskirche.

Matthiaskirche (Mátyás templom)

Die beeindruckende Matthiaskirche, eigentlich **Liebfrauenkirche,** war früher viel schlichter. Die Mongolen hatten während ihres Einfalls 1241 die erste Kirche zerstört. Unter *Béla IV.* (1235–1270) wurde an dieser Stelle eine neue dreischiffige Basilika errichtet. Diese wurde im 14. Jh. zu einer gotischen Hallenkirche umgebaut, allerdings nicht fertig gestellt. Der Nordturm blieb unvollendet. Unter *Matthias* entstanden der beeindruckende 80 Meter hohe gotische Südturm und das königliche Oratorium. *Matthias* wurde in der Kirche 1463 mit *Katalin Podiebrad* und 1470 mit *Beatrix von Aragon* getraut. Außerdem wurden hier *Karl Robert* (1308–1342), *Sigismund von Luxemburg* (1387–1437) und Jahrhunderte später die beiden letzten ungarischen Könige *Franz Joseph I.* (1867) und *Karl I.* (1916) gekrönt.

Während der **Türkenherrschaft** wurde die Inneneinrichtung der Kirche entfernt und die Kirche zur Moschee umfunktioniert. Zwei originale Bronzekandelaber aus der Renaissancezeit sind heute in der Istanbuler Moschee Hagia Sofia zu sehen. Die Rückeroberung 1686 überstand das Gebäude relativ unbeschadet. Später wurde sie im **Barockstil** wiederhergestellt, eingerichtet und oft umgebaut. Ende des 19. Jh. rekonstruierte der Architekt *Schulek* aufgrund der freigelegten Überreste die frühere gotische Kirche. Ihr heutiges Äußeres mit dem Dach aus farbig glasierten Ziegeln, den umgebauten Kapellen und der inneren Ausgestaltung sind ein Ergebnis des

viertels. Eine Gedenktafel mit lateinischer Inschrift erinnert an die Rückeroberung von den Türken durch das christliche Heer im Jahre 1686.

Am Haus **Nr. 6** findet man eine Statue des heiligen Johann Nepomuk. Im Haus Nr. 7 wohnte der Literaturmäzen *Lajos Hatvany*, bei dem *Thomas Mann* 1935/36 mehrmals zu Gast war. Die Fassade dieses Hauses schmücken Reliefs mit Motiven aus der griechisch-römischen Antike.

Das mächtige Gebäude neben dem Tor ist das **Ungarische Landesarchiv.** Gegenüber dem Wiener Tor steht die **lutherische Kirche** des Burgviertels (1895). Die Gedenktafel an der Seitenfassade erinnert an den Pfarrer *Gábor Sztehlo*, der während des Zweiten Weltkrieges Kindern das Leben rettete. Sein Andenken bewahrt auch ein 1984 im Jerusalemer Hain der Gerechten gepflanzter Ölbaum.

Tóth Árpád sétány

Die als Spazierweg beliebte **Basteipromenade** wurde im 19. Jh. angelegt. Unter der Promenade zieht sich die mit mehreren Rondellen befestigte so genannte lange Mauer des westlichen Verteidigungssystems der Burg hin. Teile davon stammen noch aus der Türkenzeit.

Den nordwestlichsten Punkt der Befestigungen bildet das eindrucksvolle **Esztergomer Rondell.** Geht man von hier aus Richtung Bécsi kapu, trifft man an der Anjou-Bastei auf das **Denkmal des Abdurrahman,** des letzten Budaer Paschas, der 1686 an dieser Stelle bei der Verteidigung der Burg mit dem Schwert in der Hand fiel. Das Denkmal wurde allerdings von den Nachfahren des ebenfalls an dieser Stelle gefallenen ungarischen Heiducken *György Szabó* finanziert, die zum Zeichen der Versöhnung neben dem unbekannten Soldaten auch seinen heldenhaft kämpfenden und damals 70-jährigen Gegner ehrten.

Vom Esztergomer Rondell in südlicher Richtung trifft man auf das **Veli-Beg-Rondell,** an dessen äußerstem Punkt das Heldendenkmal der im Ersten Weltkrieg gefallenen Soldaten des Zweiten Siebenbürger k. u. k. Husarenregiments zur Geltung kommt.

Dort, wo die verlängerte Szentháromság utca auf den Burgwall trifft, findet man eine malerische **überdachte Treppe** an der Außenwand des Burgwalles. Überhaupt kann man an den Hängen des Burgberges eine Vielzahl versteckter Treppen entdecken.

Tárnok utca (Schatzmeistergasse)

Der Straßenname erinnert an den letzten königlichen Schatzmeister *Joseph Graf Brunswick*, einen Onkel von *Josephine Brunswick* (siehe Kapitel „U-Musik"). Bis Ende des 17. Jh. war diese Straße die Marktstraße. Im nördlichen Teil befanden sich außerdem die Apotheken Budas.

Matthiaskirche

An der Stelle der heutigen Häuser **Nr. 9–13** stand früher der Budaer Palast der *Esterhazys*. Bei Ausgrabungen an dieser Stelle stieß man in den 60er Jahren des 20 Jh. auf einen bedeutenden Goldfund.

Die am Anfang des 16. Jh. entstandenen Fresken am gotischen Haus **Nr. 14** wurden aus Hunderten Originalfragmenten aufwendig rekonstruiert. Der Felsenkeller des Hauses **Nr. 16** beherbergt heute die Weinstube des **Restaurants Aranyhordo.**

In der kurzen **Balta köz,** der wahrscheinlich stimmungsvollsten Gasse in der Burg, findet man den einzigen in Buda erhaltenen Brückendurchgang.

Das Haus Nr. 18 ist eines der ehemaligen Apothekenhäuser und beherbergt heute – nicht schwer herauszufinden – das **Apothekenmuseum.** Täglich geöffnet 10.30–18 Uhr.

Dísz tér (Parade-Platz)

Am südlichen Ende des Dísz tér (Parade-Platz) endet das Wohnviertel der Budaer Burg. Der Name erinnert an die hier früher üblichen Militärparaden. Wegen seiner zentralen Lage wohnten am Platz vornehmlich Vertreter des Hochadels und kirchliche Würdenträger. Der beachtliche **Batthyány-Palast** (Nr. 3) war bis 1945 im Besitz der Familie. Das Familienwappen ist noch heute am Torbogen zu sehen.

Das neobarocke Haus **Nr. 6** ersetzte erst 1930 seinen Vorgänger und dient heute als Botschaftsgebäude. Das Gebäude **Nr. 15** besitzt in den Saalgängen des ersten Stocks 250 Quadratmeter große Wandmalereien.

Das in Richtung Matthiaskirche zu sehende **Denkmal** wurde für die im Mai 1849 während der Rückeroberung der Burg gefallenen **Honvéd-Soldaten** errichtet. Auf dem Postament ist die Inschrift „Für ein freies Vaterland" zu lesen, während auf der Fahne der Textzug „Freiheit oder Tod" steht.

Das bei der Auffahrt zur Burg auf dem Dísz tér stehende **Denkmal** zeigt einen die Klinge seines Schwertes prüfenden Husaren aus dem 18. Jh. Von hier aus sieht man noch ein drittes Denkmal, das sich am Westrand der Burg, auf dem Weißenburger Rondell, befindet. **„Ritter und Herold"** erinnert an die unbekannten Bildhauer des mittelalterlichen Ungarn und an den Erfolg der Archäologen. Das Werk stellt vergrößert eines der schönsten Stücke des Skulpturenfundes von 1974 dar.

Das **Café Korona** am Dísz tér hat im Sommer mitunter deutschsprachige Programme – ansonsten kann ich es nicht wirklich empfehlen.

Am Südrand des großen Platzes kann man noch die Überreste des im Krieg beschädigten **ehemaligen Gebäudes** des **Verteidigungsministeriums** sehen.

Etwas weiter südlich, entlang der Szent György utca, findet man Bauzäune. Das Gelände, auf dem sich bis zum Jahre 1945 das **Regierungsviertel** befand, soll wieder zu diesem Zweck aufgebaut werden. Es soll dann sogar einen fotogenen Wachwechsel vor dem Haupteingang als Attraktion für Touristen geben.

Die Gebäude an der Szinház utca sind bereits wieder aufgebaut. Hier

nahme im Jahr 896. Das gesamte Gebäude ruht auf einer zwei Meter dicken Betonplatte, da sonst der angeschwemmte Boden dem Druck nicht standhalten würde. Innen: 29 Treppenaufgänge von insgesamt zwei Kilometern, 10 Höfe, 27 Tore, 691 Räume und 41 Kilogramm verarbeitetes Gold. 96 Treppenstufen führen zum Schrein mit den ungarischen Krönungsinsignien, darunter die Stephanskrone.

Das ganze Gebäude ist symmetrisch angelegt, denn der alte ungarische Landtag hatte zwei Kammern. Der **Kuppelsaal** ist mit den Wappen der alten Komitate geschmückt. Außen befinden sich **88 Statuen** bedeutender Ungarn. Der Schriftsteller *Gyula Illyés* merkte an, dass das Gebäude wie eine Kreuzung zwischen einer gotischen Kathedrale und einem türkischen Bad aussehe.

Das seinerzeit **weltgrößte Parlament** wirkt etwas zu gewaltig angesichts der Größe des Landes. Als es gebaut wurde, war Ungarn aber auch erheblich größer.

Der **rote Stern** (anderthalb Tonnen schwer) wurde an einem stürmischen Tag Anfang 1990 mit Hilfe eines Hubschraubers entfernt und demontiert. **Gruppenbesichtigungen** sind möglich. Noch heute wird dabei das Einschussloch jener Kugel gezeigt, die bei einem Attentat im Jahre 1912 nur knapp den damaligen Ministerpräsidenten *Graf István Tiszai* verfehlte.

Vor dem Parlament befindet sich der **Kossuth tér.** Die vier **Statuen** stellen *Lajos Kossuth, Ferenc Rákóczi II.* (Reiterstandbild), *Mihály Károlyi* (Nordflügel) und *Attila József* (südlich des Gebäudes) dar. Gegenüber dem Parlament steht der einstige Justizpalast, das heutige **Völkerkundemuseum,** mit einer mehr als sieben Meter hohen Triga auf dem Dach (siehe Kapitel „Museen und Galerien").

In diesem Teil der Stadt befinden sich die Schalthebel und Denkstuben Ungarns: Ministerien, Ämter und Organisationen. Nördlich des Parlaments am Donauufer nahe der Margaretenbrücke ist das so genannte **„Weiße Haus"** in die Umwelt gerammt worden. In diesem Klotz befand sich der ehemalige Hauptsitz der ungarischen Kommunisten. Jeden Dienstag tagte darin das Politbüro, das entscheidende Gremium in der Machtstruktur kommunistischer Parteien und Staaten. Heute befinden sich in dem Gebäude die Büros der Parlamentarier.

Szabadság tér

Etwas weiter südlich befindet sich der Szabadság tér, dessen herausragendes Gebäude, der ehemalige **Börsenpalast,** das heutige Gebäude des Fernsehens ist. Als das Gebäude 1905 fertig gestellt wurde, bot es den Börsenmitgliedern mit 3860 m² Fläche immerhin die größte Kapazität aller euro-

Das älteste Bauwerk in Pest: die innerstädtische Pfarrkirche

päischen Börsen. Gegenüber befinden sich auch die **Nationalbank** und die amerikanische Botschaft, in die 1956 *Kardinal Mindszenty* flüchtete und die er erst 15 Jahre später verlassen durfte.

Gleich neben der Nationalbank befindet sich mit der **Postsparkasse** ein interessanter Lechner-Bau mit einem der schönsten Dächer Budapests. Etwas abseits, am Ende der Aulich utca erinnert ein **ewiges Licht** an die Stelle, wo nach der Niederschlagung der Revolution von 1848 deren erster Ministerpräsident *Lajos Batthyány* erschossen wurde.

In der Nádor utca befinden sich zahlreiche Bankgebäude, manche mit architektonisch ungewöhnlichen Details wie etwa die reichen **Mahagoni-Schnitzereien** am Portal und die Fensterrahmen des Hauses Nr. 6. Ganz in der Nähe in der Aulich utca 3 findet man das sehenswerte Kachelbild einer Frauengestalt.

Drei Restaurants in dieser Gegend möchte ich unbedingt erwähnen. Das **Restaurant Tüköry** (Hold utca 15) ist eine Institution mit dem Standardspektrum ungarischer Küche und zu moderaten Preisen. Ein Geheimtipp zum Mittagessen unter der Woche (11.30–14 Uhr) ist das **Lehrrestaurant** der Hochschule für Handel und Gastgewerbe in der Alkotmány utca 9–11 Uhr. Im Kellergeschoss suche man das Schild „Tanétterem" (Lehrrestaurant). Dort wird unter den prüfenden Blicken der Lehrer gekocht und serviert, wobei auf jeden Gast etwa drei bis vier kellnernde Studenten kommen. Das Essen ist ausgezeichnet und extrem billig. Der dritte Tipp ist das gehobene **Restaurant Szindbád** (Marko utca 33), dessen Name auf eine Romanfigur des Hobbygourmets *Gyula Krudy* zurückgeht. Auf dem Zsolnay-Geschirr werden Spezialitäten wie Klausenburger Fogasch oder Knochenmark mit Toast serviert. Wer Glück hat, kann hier auch schon mal den Staatspräsidenten treffen. Außerdem zu erwähnen: kubanische Zigarren!

Roosevelt tér

Der nächste markante Punkt im Stadtbild Budapests, der Roosevelt tér, liegt dort, wo die Kettenbrücke Pest mit Buda verbindet. Im Osten wird der Platz vom **Gresham-Palast** begrenzt. Dieser goldige Jugendstilprunkbau einer renommierten englischen Versicherungsgesellschaft war lange Zeit ein Wohnhaus, bevor er von der Hotelkette „Four Seasons" übernommen wurde.

Der Platz galt früher als der schönste in Ungarn, doch leider ist vom einstigen **Diana-Bad** oder dem **Hotel Europa** genauso wenig zu sehen wie vom prunkvollen **Lloyd-Palast** (heute Atrium Hyatt) oder dem **Stein-Haus** (Forum Hotel), seinerzeit Lieblingshaus standesbewusster Selbstmörder.

In der Mitte des Platzes war vor der Krönung *Franz Josephs* ein kleiner **Hügel** mit Erde aus allen ungarischen Landesteilen aufgetragen worden. Auf diesen Hügel ritt der Kaiser (auf weißem Pferd) anlässlich der Krönungsfeierlichkeiten, um seine Pflichten zu geloben. Der Hügel wurde später aus an-

Die wertvolle Bibliothek der Akademie bewahrt etwa eine halbe Million Werke auf und kann besichtigt werden. Die Akademie darf laut Satzung insgesamt höchstens 200 Mitglieder haben, die jünger als 75 sind. Die älteren werden zwar nicht nach Hause geschickt, aber für sie dürfen neue Mitglieder nachrücken. Der Mathematiker *Paul Erdős* erklärte uns einmal auf einer Vorlesung, dass er nicht so recht wisse, ob er jetzt lebe oder schon tot sei, denn da er nun älter als 75 sei, sei er einerseits zwar Akademiemitglied, andererseits aber auch wieder nicht.

Vörösmarty tér

Auf dem Donaukorso zwischen Roosevelt tér und Elisabethbrücke kann man ein wenig flanieren und das Burg-Brücken-Fluss-Touristen-Schwarztauscher-Ensemble bewundern.

Erst am Vigadó tér lohnt sich wieder ein Blick auf die Fassaden. Die **Pester Redoute (Vigadó)** ist eine Konzerthochburg und architektonisch ein nicht ganz unumstrittenes Glanzlicht der frühen ungarischen Romantik. Drinnen findet man außer dem Konzertsaal noch eine gemütliche Bierstube und eine Galerie.

In südlicher Richtung folgt das Hotel Marriott. Da dieses nicht der Rede wert ist, geht man lieber ins Stadtinnere und gelangt nach wenigen Schritten auf den **Vörösmarty tér** (früher: Spazierplatz), wo das berühmte **Café Gerbeaud** (siehe Kapitel „Cafés") einlädt, wo sich eine Station der ältesten kontinentalen U-Bahn befindet, wo früher die reichsten der griechischen Händler Budapests wohnten.

Das 1812 eröffnete **Deutsche Theater** stand an der Stelle des heutigen Neubaus und war mit 3500 Plätzen bemerkenswert groß. Allerdings stand es unter keinem guten Stern. Nicht weniger als dreimal brannte das jeweilige Gebäude ab.

Nicht viel besser erging es allerdings den Gebäuden des Ungarischen **Nationaltheaters.** Das erste wurde abgerissen (Brandschutz), das zweite musste dem Metrobau weichen, das dritte sollte am Erzsébet entstehen; der Plan wurde jedoch während der Erdarbeiten aufgegeben. Danach war eine Zeit lang der Heldenplatz im Gespräch, momentan ist das Grundstück du jour jedoch im südlichen Teil der Stadt unmittelbar am Donauufer.

Bemerkenswert am Vörösmarty tér ist auch jenes Gebäude, in dem sich jetzt das **Luxus-Kaufhaus** befindet. Ein vermögender Bürger hinterließ der Stadt einen riesigen Geldbetrag mit der Weisung, Wohnungen für gebildeten Menschen zu bauen, die aufgrund äußerer Umstände verarmt sind. Hier haben wir ein solches Haus vor uns.

Váci utca

Die am Vörösmarty tér beginnende Glitzerstraße mit ihren Edelboutiquen galt jahrelang als Schaufenster des

Das Hungária-Mosaik von Miksa Róth am Szervita tér

Westens im Osten, und obwohl hier gemeinhin für Ungarn oder Touristen aus den „Bruderstaaten" unbezahlbare Preise verlangt wurden, stand ständig eine lange Schlange vor dem ersten Adidasgeschäft diesseits bzw. jenseits des Eisernen Vorhangs. Diese Straße ist außerdem so etwas wie der Laufsteg der selbsternannten High Society. Wer einen sündhaft teuren Pelz oder Ähnliches zu zeigen hat: Hier darf man tragen – und auftragen, aber bitte möglichst dick. Manchmal kann es dabei etwas eng zugehen, und dann kommt es schon mal vor, dass sich sogar die Straßenhändler gegenseitig auf die Füße treten.

Sehenswert ist die mit Zsolnay-Keramik verkleidete Fassade des **Hauses Nr. 11,** eines Lechner Baus von 1888. Interessant ist die Kupferblechverkleidung am Haus Nr. 14. Weniger majestätisch ist das **Café Muskátli** im Inneren, während man im **Café Anna** (Nr. 7) auch schon mal die Bekanntschaft aufstrebender Damen machen kann (siehe Kapitel „Cafés"). Im Festsaal des **Hauses Nr. 9** gab einst der 11-jährige *Franz Liszt* ein Konzert. Heute beherbergt es ein Theater.

Dort wo die Váci utca von der Auffahrt zur Erzsébet-Brücke (Szabad sajtó út) unterbrochen wird, steht man zwischen einem der symmetrischen **Klothilden-Türme** und dem **Glöckelsberg-Palast,** in dem die Philosophische Fakultät der Naturwissenschaftlichen Universität untergebracht ist. Die Váci utca setzt sich dann deutlich weniger touristisch bis zur Großen Markthalle fort.

Märzius 15. tér

Geht man zur Donau, dann kommt man neben dem Brückenkopf der Elisabethbrücke auf den Március 15. tér mit der **Innerstädtischen Pfarrkirche,** dem ältesten Pester Bauwerk. Die Kirche wurde bereits 1046 gebaut, beim Mongoleneinfall 1241 aber zerstört und später im gotischen Stil wiederaufgebaut. Während der Türkenbesetzung war sie zur Moschee umfunktioniert worden, und in der Wand des Chors (vierte Sitzreihe rechts) findet man ein sehr seltenes Mihrab (islamische Gebetsnische), südostwärts nach Mekka ausgerichtet.

Die Kirche steht an der Stelle, wo vor fast 2000 Jahren die Römer den Wachturm ihres Castrums **Contra Aquincum** errichtet hatten. Neben der Kirche kann man freigelegte Reste der Römerbauten besichtigen.

Im Vergleich dazu ist das 150-jährige und damit älteste Pester **Restaurant** mit dem verpflichtenden Namen **Százéves** (Hundertjähriges) in der Pesti Barnabás utca 2 zwar noch recht jung, aber nach wie vor und trotz Tourismus eine gute Adresse für gehobene Ansprüche.

Ein paar Schritte weiter befindet sich das **Petőfi-Denkmal,** welches traditionell ein wichtiger Versammlungsplatz oppositioneller Kräfte ist (siehe Kapitel „Veranstaltungskalender"). Ähnlichkeiten mit dem großen Dichter sind pikanterweise rein zufällig, da der Bildhauer die Gesichtszüge seines Vaters verewigt hat. Ganz in der Nähe steht auch die innen prunkvoll eingerichtete

denn hier treffen sich die drei Metrolinien, und am benachbarten Erzsébet tér fahren die Überlandbusse ab. Der Deák tér ist der ideale Treff- und Ausgangspunkt für weitere Aktionen.

Die evangelische Kirche beherbergt auch ein Museum. Das vielleicht interessantestes Stück darin ist das Originaltestament *Martin Luthers*. Anfang des 19. Jh. ersteigerte es ein ungarischer Kunstmäzen in Helmstedt und übereignete es der evangelischen Kirche. Petőfi war einst Schüler der evangelischen Schule.

In der Unterführung befindet sich das **U-Bahn-Museum.** Im Buch- und Schallplattengeschäft des einstigen DDR-Zentrums residiert jetzt „Porsche Hungary".

Die riesige Baugrube auf dem benachbarten Erzsébet tér soll nun als Park gestaltet werden, nachdem hier eigentlich das neue Nationaltheater entstehen sollte, das jetzt im Süden der Stadt steht.

Bajcsy-Zsilinszky út

Nach Norden führt vom Deák tér aus die Bajcsy-Zsilinszky út (früher: Kaiser-Wilhelm-Straße), die am Westbahnhof mit dem Großen Ring zusammentrifft.

Das wichtigste Bauwerk an dieser Straße ist die **St.-Stephans-Kirche.** Im Volksmund heißt diese Kirche nur „**Basilika",** obwohl sie als Saalkirche mit Kuppel architektonisch eigentlich keine ist. Die schon sprichwörtliche Langsamkeit der sich über fast 60 Jahre hinziehenden und drei Baumeister aufreibenden Bauarbeiten wurde durch ständige Unpässlichkeiten begleitet. Die größte war am 21. Januar 1868 der Einsturz der gerade erst fertig gestellten Kuppel, der glücklicherweise keine Menschenleben kostete. Immerhin gingen aber mehrere Hundert Scheiben in der Umgebung zu Bruch. (Als man kurz nach diesem Ereignis verdächtige Risse am Turm der Kirche am Deák tér feststellte, wurde dieser einfach abgerissen.) Der Grundriss der Basilika hat die Form eines griechischen Kreuzes.

Mit einer Kuppelhöhe von 96 Metern ist sie die **höchste Kirche der Stadt** und genauso hoch wie das Parlament. Das Fassungsvermögen von 8500 Menschen macht sie außerdem zum größten Sakralbau der Hauptstadt.

Die **Angster-Orgel** (1905) mit ihren 6000 Pfeifen (fünf Millimeter bis elf Meter) soll den schönsten Klang aller ungarischen Orgeln haben. Konzerte finden montags um 19 Uhr statt und sind einen Besuch wert.

Die **Stephansglocke** wurde von deutschen Spendern aus tiefer Dankbarkeit für die großen Verdienste Ungarns um die osteuropäischen Liberalisierungsbewegungen gestiftet und am 20. August 1990 eingeweiht.

Die mumifizierte **„Heilige Rechte Hand" König Stephans** kann in der Kapelle links vom Haupteingang besichtigt werden (Mo–Fr 9–17 Uhr, Sa 13–17 Uhr). Man wirft 20 Forint ein, und für gestoppte 118 Sekunden wird der Schrein mit dem Heiligtum beleuchtet. Die Hand wurde im Jahre 1083 unversehrt aufgefunden (45 Jah-

Modernes Wohnen:
Typisch für die neue Architektur sind die geschwungenen Dächer

re nach dem Tod des Königs), gelangte 1771 nach Buda und wurde 1944 wie auch die Krönungsinsignien nach Westen gebracht, jedoch – im Gegensatz zu den letzteren (siehe Kapitel „Die Stephanskrone") – schon kurz nach Kriegsende zurückgegeben.

Die Basilika befand sich jahrzehntelang in Staatsbesitz und wurde erst im Jahre 2001 der katholischen Kirche übereignet.

Andrássy út

●**Anfahrt:** Zum Anfang am besten ab Deák tér mit einer beliebigen Metrolinie; zum Ende siehe Stichwort „Heldenplatz"

Unweit der Basilika beginnt an der Bajcsy-Zsilinszky út die eindrucksvollste Radialstraße der Stadt, die Andrássy út. Diese 2,3 Kilometer lange schnurgerade Vorzeigestraße führt bis zum Heldenplatz.

Die Straße führte zunächst den schlichten Namen Sugár út (Radialstraße), dann **Andrássy út**, nach dem letzten Krieg eine Weile Sztálin út (Stalinstraße). Nach *Stalins* Tod wurde sie in Ifjúság útja (Straße der Jugend) umgetauft. Da aber die Jugend 1956 nicht ganz die kommunistischen Erwartungen erfüllte, hieß die Straße bald darauf Népköztársaság útja (Straße der Volksrepublik). Die Wende von 1989 wiederum machte eine neue neue Namensänderung unumgänglich. Ganz Eifrige schlugen den treffenden Namen „Straße des ungarischen Opportunismus" vor, doch letztendlich heißt sie nun Andrássy út – Geschichte wiederholt sich.

Graf Gyula Andrássy hatte ein aufregendes Leben. So war er wegen seiner staatsfeindlichen und aufrührerischen Taten nach der Niederschlagung der 1848er Revolution zum Tode verurteilt worden. Am 22. September 1850, als das Urteil vollstreckt werden sollte, fehlte nur *Andrássy* selbst. Er hatte es vorgezogen zu flüchten. In Ermangelung eines Delinquenten knüpfte daraufhin der Henker ein Ölgemälde *Andrássys* auf. Mit dem Ausgleich von 1867 änderten sich die Verhältnisse radikal. Der Ex-Staatsfeind vollzog nicht nur die Krönung, sondern wurde ungarischer Ministerpräsident und danach Außenminister der Habsburger Monarchie und ein Freund *Bismarcks*. Die geplante deutschsprachige Universität in Budapest (Festetics-Palais, VIII. Pollak Mihály tér) wird seinen Namen tragen.

Im Zuge der Stadtsanierung wurde die **gestylte Prestigestraße** mit vielen Bäumen, zum Teil mit Vorgärten und offenen Höfen angelegt und fast in einem Zuge erbaut. Sie ist bis zum Oktogon 35 Meter und danach bis zum Heldenplatz sogar 45 Meter breit. Genau unter ihr verläuft die **erste Untergrundbahn** (eigentlich Unterpflasterbahn) des europäischen Festlandes. Älter ist nur die Londoner U-Bahn. Die seit der Milleniumsfeier (1896) verkehrenden Wagen (*Kaiser Franz Joseph* persönlich weihte die Strecke mit einer Fahrt ein) waren bis 1973 im Einsatz. Im Metromuseum in der Station am Deák tér ist noch einer dieser Oldtimer zu sehen.

Am Beginn der Straße gibt es ein gut besuchtes **Antiquariat** und im ersten Stock des Hauses Nr. 3 das **Postmuseum** beispielsweise mit dem Telefon *Kaiser Franz Josephs I.* (10–18 Uhr).

In der nahen **Bohémtanya** (Paulay Ede utca 6) kann man zumindest versuchen, einen Platz im stadtbekannten Schmuddelrestaurant zu bekommen.

Das wichtigste Bauwerk bis zum Oktogon ist aber jenes mit der Hausnummer 22, die **Staatsoper** (Magyar Állami Operaház). Das Haus bietet knapp 1300 Personen Platz, hat drei Ränge und durfte, so kenne ich jedenfalls die Geschichte, auf kaiserlichen Wunsch hin nicht größer sein als das Wiener Opernhaus. Die Ungarn „rächten" sich mit einem umso prunkvolleren Interieur. Ein Wink, der auch *Franz Joseph* nicht entgangen sein soll.

Die Statuen an der Fassade stellen von links nach rechts *Monteverdi, Scarlatti, Gluck, Mozart, Beethoven, Rossini, Donizetti, Glinka, Wagner, Verdi, Gounod, Bizet, Mussorgski, Tschaikowski, Moniuszko* und *Smetana* dar. Erster Generalintendant des Hauses war *Ferenc Erkel*, der mit „Bánk Bán" und „Hunyadi László" die ungarische Nationaloper begründete. 1844 schrieb er die bis heute gültige Nationalhymne (Text: *Ferenc Kölcsey*).

Besichtigungen der Oper finden täglich um 15 Uhr und 16 Uhr statt (Treffpunkt linke Sphinx).

Neben der Staatsoper ist im Gebäude Nr. 24 das **Goethe-Institut** untergebracht (das „passend" benannte Café Eckermann liegt im Erdgeschoss).

Im **Palais Drechsler** (Nr. 25) schräg gegenüber ist die Staatliche Ballettschule zu Hause – ein Lechner-Bau im französischen Renaissancestil. Früher befand sich unter den Arkaden das bekannte Café Reitter.

Bleibt man auf der rechten Straßenseite, gelangt man an das Haus Nr. 29, wo sich die stilvolle **Künstlerkonditorei** (Müvész Cukrászda) befindet.

Dies ist nicht zufällig, man steht hier nämlich auf Künstlergebiet. Die nächste Querstraße Richtung Heldenplatz ist die **Nagymező utca,** die wegen ihrer vielen Theater „Pester Broadway" genannt wird. Man findet hier das Operettentheater *(Fővárosi Operettszínház)* mit den Fußabdrücken ungarischer Schauspieler davor und die Literarische Bühne *(Irodalmi Színpad).* In den Seitenstraßen liegen die Lustige Bühne *(Vidám Színpad),* das Thália-Theater, die Mikroskop-Bühne, die Miklós-Radnóti-Literatur-Bühne, das János-Arany-Theater und das Staatliche Puppentheater Das exklusive **Restaurant Barokk** in der Mozsár utca 12 bietet Barockatmosphäre angefangen bei der Musik bis zu den Gerichten nach zwei- bis dreihundert Jahre alten schmackhaften Originalrezepten.

Doch zurück zur Andrássy út. Im ansonsten heruntergekommenen Hof des Hauses Nr. 29 findet man noch die Reste eines für die Höfe gehobenerer Pester Häuser typischen Brunnens. Das Haus Nr. 39 beherbergt ein **Jugendstil-Modehaus** (Divatcsarnok). Sehenswert der hintere Saal zwischen der ersten und zweiten Etage. An den Fresken haben *Károly Lotz* und *Árpád Feszty* gemalt (siehe Kapitel „Bildende Kunst"). Bevor man auf die Kreuzung mit dem Großen Ring, das **Oktogon,** gelangt, empfehle ich noch einen Blick an die Decke in den Toreinfahrten der Häuser Nr. 43 und 47. Im Haus Nr. 45 befand sich früher das japanische Kaffeehaus, eines der großen Cafés der ungarischen Hauptstadt.

Auf der rechten Seite des Oktogon steht die Nachbildung des Florentiner Palazzo Strozzi, in dessen Erdgeschoss sich ein prunkvoller Trausaal befindet. Schräg gegenüber ist der weltgrößte Burger King entstanden.

Nach dem Oktogon wird die Straße noch breiter und mit den doppelten Baumreihen auch noch grüner. Das Gebäude mit der Hausnummer 60 war einst Zeuge grausamer Vorgänge. Hier befand sich nicht nur der Sitz von *Horthys* Geheimpolizei, sondern auch die Zentrale der ungarischen Nazipartei sowie später das **Hauptquartier der** berüchtigten stalinistischen ungarischen **Staatssicherheit** (ÁVH). Im Gebäude befindet sich die Gedenkstätte „Haus des Terrors". Eine Gedenktafel erinnert daran, dass hier u. a. *Kardinal Mindszenty* gefangen gehalten wurde.

Das Gebäude Nr. 65 beherbergte einst das älteste **Mädchengymnasium** der Stadt. Daneben steht die alte Musikakademie (Nr. 67), in der zeitweilig *Franz Liszt* wohnte und in der heute das **Franz-Liszt-Gedenkmuseum** seinen Sitz hat (Mo-Fr 10-18 Uhr, Sa 9-17 Uhr).

In den Gebäuden Nr. 69-71 ist die **Hochschule für Bildende Kunst** untergebracht, wobei im Haus Nr. 69 auch noch das **Staatliche Puppentheater** (Állami Bábszínház) seine Bühne hat. Die eindrucksvolle Fassade dieser Häuser sieht man sich am besten von der anderen Straßenseite aus an. Außerdem kann man sich dort in der ehrwürdigen **Lukács-Konditorei** einige Leckerbissen gönnen.

Der nächste bemerkenswerte Platz ist das **Kodály körönd,** ein interessantes Rondell, das nach dem damals im Haus Nr. 87 lebenden Komponisten benannt wurde. Die Häuser auf der linken vorderen Seite des Platzes haben eine ähnlich majestätische Fassade wie das Haus Nr. 71.

„Man pilgert zur Quelle der Kunst" heißt dieses Wandgemälde in der Musikakademie

Nach dem Kodály körönd ändert die Straße erneut ihren Charakter. Hier stehen vorwiegend ein- bis zweistöckige Villen. In den Nebenstraßen hat eine Reihe von Botschaften ihren Sitz.

Größeres entstand mit dem Haus Nr. 98, dem ehemaligen **Palais Pallavicini.** Auf der anderen Seite ist nicht nur die Inneneinrichtung der **Apotheke** im Haus Nr. 99 interessant, sondern auch die **Gedenktafel** neben dem Eingang. In einer Zeit, in der alles aus dem Stadtbild verschwindet, was irgendwie „sowjetisch" ist, erinnert die 1990 angebrachte Tafel an die übergelaufenen sowjetischen Soldaten während des Freiheitskampfes von 1956. Auf der anderen Seite ist die Apotheke im Haus Nr. 94 ebenfalls sehenswert.

Das Gebäude Nr. 101, das **Haus der Ungarischen Presse,** sieht aus, als wäre es aus vier verschiedenen Häusern zusammengebastelt worden. Hier residiert der Journalistenverband, und das **Restaurant Ezüsttoll** (12–24 Uhr) buhlt mit der Aufschrift „ ... európai szinvonal" (europäisches Niveau) um Gäste zum klimatisierten Diner. Wer hineingeht, dem fallen sofort die exotischen Skulpturen im Nachbargarten auf. Im Haus Nr. 103 befindet sich nämlich das **Ostasiatische Museum** „Ferenc Hopp" (Keletázsiai Muzeum, geöffnet 10–18 Uhr). Nicht weit von hier, in der Városligeti fasor 12, befindet sich das **Museum für Chinesische Kunst** (Kína Múzeum) mit Plastiken, Porzellan und Kunsthandwerk.

Im geschmacklosen Bau mit der Hausnummer 117 sitzt ausgerechnet der Verband der ungarischen Erfinder.

Die Andrássy út trifft vor dem Heldenplatz auf die **Dózsa György út,** auf der an nationalen Gedenk- und Feiertagen sowie zu besonderen Anlässen Demonstrationen stattfanden. Hier winkte auch jährlich am 1. Mai die Partei-Elite den demonstrierenden Massen zu. Für die DDR-Studenten, mich inbegriffen, war Teilnahme im Blauhemd Pflicht. Da man für die Tribüne keine Verwendung mehr hatte, wurde sie abgerissen. Das bei den Ereignissen von 1956 gestürzte Stalin-Denkmal stand ebenfalls hier. Im Gebäude der jugoslawischen Botschaft (Dózsa

Ungarn gekachelt: Hungaria-Motiv

Stadtwäldchen (Városliget)

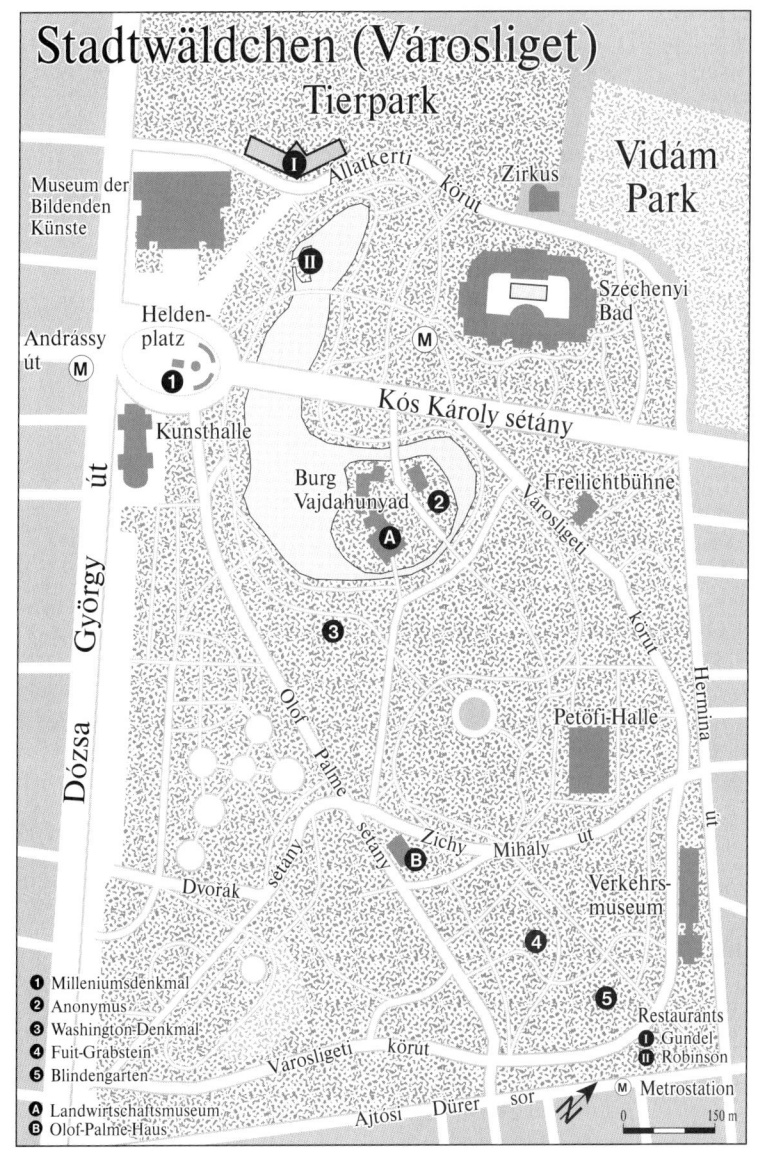

- ❶ Milleniumsdenkmal
- ❷ Anonymus
- ❸ Washington-Denkmal
- ❹ Fuit-Grabstein
- ❺ Blindengarten
- Ⓐ Landwirtschaftsmuseum
- Ⓑ Olof-Palme-Haus

Restaurants
- Ⅰ Gundel
- Ⅱ Robinson

Ⓜ Metrostation

0 — 150 m

das Eis hier Tradition. Neben drei Eiskunstlauf-Weltmeisterschaften (1929, 1935 und 1939) und einer Europameisterschaft im Jahre 1955 war die Eisfläche Schauplatz großer Eisfeste und -bälle. Zu einem reiste sogar *Johann Strauß* aus Wien an.

In dem kleinen See liegt eine Insel mit einem eigenartig zerklüfteten Bauwerk. Auch dieser Gebäudekomplex ist anlässlich der Milleniumsfeier entstanden. Um an die historischen Epochen des 1000-jährigen Ungarn zu erinnern, wurde der Bau im Stil der Romanik, der Gotik, des Barock und der Frührenaissance ausgeführt. Eigentlich sollte alles nur ein Provisorium sein, aber nun steht es heute noch. Die Fassade und der Burgturm sind eine Nachbildung der wildromantischen siebenbürgischen **Burg Vajdahunyad** (Hunedoara, Rumänien), wo einst das ungarische Herrschergeschlecht der *Hunyadis* wohnte. Ein gotisches Burgtor mit einem Fallgitter (unbeweglich) führt in den Hof. Zur Linken steht eine romanische Gebäudegruppe. Die Kapelle mit dem sehenswerten Tor ist nach Motiven der aus dem 13. Jh. stammenden Benediktiner-Abteikirche in Ják (Westungarn), des schönsten romanischen Baudenkmal Ungarns, errichtet worden.

In der Burg ist das **Landwirtschaftliche Museum** untergebracht. Hier kann man unter anderem das Skelett des Rennpferdes „Kincsem" besichtigen, das von 1874 bis 1887 lebte alle seine 54 Rennen gewann.

Gegenüber findet man das 1903 aufgestellte **Anonymus-Denkmal.** So nennt man den unbekannt gebliebenen königlichen Hofschreiber aus dem 13. Jh., der die erste Chronik der Ungarn verfasste.

In den Südteil des Stadtwäldchens kann man vom Heldenplatz aus an der Kunsthalle vorbei gelangen. Beim Zusammentreffen der Uferpromenade mit der kleinen Inselbrücke steht ein **Denkmal George Washingtons,** das von in den USA lebenden Ungarn gestiftet wurde und 1906 zum gleichen Zeitpunkt errichtet worden ist wie ein Denkmal *Lajos Kossuths* in Cleveland.

Weiter in östlicher Richtung steht die **Petőfi-Halle,** das größte Jugendzentrum der Stadt. Zwischen der Városligeti körút und der das Stadtwäldchen im Osten begrenzenden Hermina út befindet sich das **Verkehrsmuseum** (siehe Kapitel „Museen und Galerien"), daneben liegt ein **Blindengarten,** dessen Sehenswürdigkeiten ertastet werden können.

Ganz in der Nähe kann man einen interessanten **Grabstein** mit der lateinischen Inschrift „FUIT" (gewesen) finden. Ein anonym bleiben wollender Rechtsanwalt hatte der Stadt eine beträchtliche Summe Geld vermacht und 1806 darum gebeten, so beerdigt zu werden. Inzwischen weiß man, dass der Mann der Verteidiger der zum Tode verurteilten ungarischen Jakobiner war. Von Mai bis Oktober finden im Stadtwäldchen jeden Sonntagmorgen Musikveranstaltungen mit Orchestern des Landes statt.

Für Mutige: Achterbahn in Holzbauweise im Vidámpark

vom Ostbahnhof der Kerepesi-Friedhof befindet, gab es früher das geflügelte Wort in Budapest, das Leben sei wie die Kerepesi út – am Anfang Theater, in der Mitte Krankenhaus und am Ende Friedhof.

Großer Ring (Nagykörút)

●**Anfahrt:** Straßenbahnlinien 4 oder 6; blaue Metro bis Ferenc körút oder Nyugati tér; rote Metro bis Blaha Lujza tér; gelbe Metro bis Oktogon.

Der über vier Kilometer lange und 45 Meter breite Große Ring entstand im Baufieber der Wende vom 19. zum 20. Jh. und verläuft über einem zugeschütteten Nebenarm der Donau. Ursprünglich wollte man den Wasserlauf schiffbar machen und Brücken darüber bauen, entschied sich dann jedoch anders.

Der Ring verbindet halbkreisförmig die Petőfibrücke im Süden mit der Margaretenbrücke im Norden und trifft dabei auf die großen Radialstraßen, wobei der Ring jeweils ganz unterschiedlichen Charakter aufweist. Hauptsächlich ist er eine Ladenstraße mit zahllosen kleinen Boutiquen.

Ferenc körút

Der Abschnitt von der Petőfibrücke bis zur Üllői út ist nur wenig interessant und heißt **Ferenc körút.** Die **Üllői út** ist die Ausfallstraße zum Flughafen und außerdem in Richtung Ostungarn. Einige hundert Meter weit stadtauswärts befinden sich die **Semmelweis-Universität** sowie ein **Botanischer Garten.**

Nicht weit von dieser Kreuzung steht linker Hand das **Kunstgewerbemuseum,** welches mit seiner farbigen Pyrogranitfassade und den reichen Verzierungen zum Budapester Jugendstil-Standard gehört (siehe Kapitel „Museen und Galerien").

An der rechten Ecke der Kreuzung erhebt sich der massige Block der ehemaligen **Kiliánkaserne,** heute ein Wohngebäude. Zur Zeit der Habsburger war das Bauwerk als Maria-Theresia-Kaserne berühmt-berüchtigt. 1956 befand sich darin das Hauptquartier des Verteidigungsministers *Pál Maléter.* Hier gab es die schwersten Kämpfe, nirgends verglühten so viele sowjetische Panzer wie vor dieser Kaserne und dem gegenüberliegenden Kino Corvin. An manchen Hinterhäusern sieht man noch Einschüsse und fragt sich, ob es der Zweite Weltkrieg oder der Aufstand war. Heute erinnert eine Gedenktafel an die Ereignisse von 1956.

József körút

So heißt der Ringabschnitt nach der Üllői út. Auf der linken Seite zweigt die Pál utca ab, die durch *Ferenc Molnárs* Roman „Die Jungen der Paulstraße" bekannt wurde. In der József körút 27 sitzt die einzige **Rabbinerschule** der ehemaligen Ostblockstaaten.

Rákóczi tér

Am Rákóczi tér ist der Straßenstrich Budapests. Allerdings ist hier auch eine schöne **Markthalle,** die vor einiger Zeit abgebrannt war und erst vor einigen Jahren wieder eröffnet wurde.

Erzsébet körút

Nicht weit von hier trifft die Straße auf die Rákóczi út. Der Blaha Lujza tér bildet den Mittelpunkt des Rings. Der folgende Abschnitt des Rings heißt Erzsébet körút. An der nächsten Ecke rechts ist im Erdgeschoss des **New-York-Palastes** das berühmte gleichnamige Café (siehe Kapitel „Cafés").

Teréz körút

Ab der Kreuzung mit der Király utca heißt der Ring Teréz körút.

Die nächste große Kreuzung ist das Oktogon. Eine Seitenstraße davor liegt links etwas versteckt der Liszt tér mit der **Musikakademie** (Zeneakadémia), deren Gründer und erster Direktor *Franz Liszt* war. Die Musikakademie ist das musikalische Zentrum Ungarns, und alles, was in Ungarn Rang und Namen hat oder hatte, ist irgendwie mit dieser Einrichtung verbunden. Fast täglich finden Konzerte statt. Die Gedenktafel für den Dirigenten *Solti* hat *Prinz Charles* eingeweiht.

Ganz in der Nähe kann man in der Hársfa utca (Nr. 47) das **Briefmarkenmuseum** besichtigen.

Über das Oktogon war schon im Abschnitt über die Andrássy út die Rede. Im Café des **Hotel Béke** (Nr. 43), bekommt man nicht nur Zsolnayer Porzellan vorgesetzt, sondern darauf auch noch ausgezeichnete Spezialitäten wie etwa den göttlichen Diplomatenpudding.

Am Nyugati tér, dem nächsten großen Platz, steht die aufregend-feingliedrige Konstruktion des von der Firma Eiffel & Cie. geplanten **Westbahnhofs**, der unter Denkmalschutz steht. Von hier fuhr 1846 die erste Eisenbahn Ungarns die 35 Kilometer lange Strecke nach Vác, und auch der berühmte Orient-Express machte hier Station. Einmal bremste ein einfahrender Zug nicht rechtzeitig, durchstieß die Glasfront, riss fünf Menschen in den Tod und kam erst mitten auf der Straße zu stehen. Bis heute ist die Logik der Bahnhöfe eigenwillig. Der Westbahnhof steht im Nordosten, der Südbahnhof im Westen und der Ostbahnhof – ausnahmsweise – im Osten.

Neben dem Bahnhofsgebäude findet man im ehemaligen Bahnhofsrestaurant das einzige innenarchitektonisch sehenswerte **McDonald's** der Stadt. Daneben ist eine durchgehend geöffnete Post.

Gegenüber bildet die braune Glaswand des **Skála Metro Kaufhauses** einen modernen Kontrapunkt zur Frontseite des Bahnhofs.

Szent István körút

Der nächste Abschnitt des Rings heißt Szent István körút. Das interessanteste Gebäude ist hier das kuppelgekrönte **Lustspieltheater** (Vígszínház; Nr. 14). Die von hier südwärts abzweigenden Querstraßen führen in die **Leopoldstadt,** das Regierungs- und Amtsviertel, wo man am Szabadság tér die Pester Rundgänge wieder beschließen kann. Fußballbegeisterte sollten sich das Logo des Modegeschäfts im Gebäude Nr. 12 genau anschauen. Ein springender Panter mit einem Fußball in den Krallen. Das Geschäft gehört dem Torwart der legen-

DIE DONAU, IHRE BRÜCKEN UND INSELN

ger Park im Herzen der Hauptstadt erhalten geblieben. Es gibt hier nur eine Straße, die von einer Brücke zur anderen führt und nur von den hier verkehrenden Mikrobussen und Taxis benutzt werden darf. Deshalb ist die Insel ein beliebter Joggingplatz.

An der Inselspitze nahe der Margaretenbrücke befindet sich der große **Springbrunnen,** in dessen Nähe ein Denkmal an die Vereinigung von Buda, Óbuda und Pest erinnert. Zum 100. Jahrestag des Ereignisses wurde es 1973 enthüllt.

Die romanische **Szent-Mihály-Kapelle** (12. Jh.) hat durch Restaurierungsarbeiten ihre ursprüngliche Form wiedererhalten. Aus dem 13. Jh. stammen die Ruinen der von den Türken zerstörten Kirche und des **Klosters der Dominikanerinnen.**

Einige Schritte nördlich der Klosterruinen steht die Kapelle des mittelalterlichen **Prämonstratenserklosters.** Im Turm der Kapelle hängt die älteste Glocke des Landes. Sie wurde im 15. Jh. gegossen und ist vor einigen Jahrzehnten unversehrt unter den Wurzeln eines vom Sturm gefällten Baumes zum Vorschein gekommen.

Beliebt ist das riesige **Palatinus-Freibad,** zu dem auch ein Wellenbad und drei Heilwasserbecken gehören (siehe Kapitel „Bäder").

Sehenswert davor der **Rosengarten** mit seinen 200 Arten und der **japanische Garten** am Nordzipfel der Insel. Auf der Freilichtbühne finden im Sommer vielfältige Kulturveranstaltungen statt. Im **Alfréd-Hajós-Schwimmbad** trainiert die ungarische Schwimmelite. Hier finden auch Wettkämpfe statt.

Außerdem findet man auf der Insel noch zwei Spitzenhotels, ein Tennisstadion, ein Freilichtkino und einen **Skulpturenpark,** der nach Ansicht mancher schon zu viel des Guten ist.

AUSFLÜGE IN DIE UMGEBUNG

Ausflüge in die Umgebung

126bu Foto: fs

127bu Foto: fs

Überblick

Außer den Budaer Bergen (siehe Kapitel „Buda und die Burg") sind vor allem Ausflüge nach Norden, etwa über Szentendre, Visegrád und das Donauknie nach **Esztergom** zu empfehlen. Man kann diese Strecke auch per Ausflugsschiff bewältigen (Mai–Okt. Abfahrt um 15 und 17.30 Uhr; Sa–So auch um 11 und 20 Uhr, Anlegestelle Vigadó tér bzw. 15 Minuten später Bem József tér).

Mit dem Auto ist die Rückfahrt durch das **Pilis-Gebirge** reizvoll. Der Dobogókő (700 m) liegt fast auf dem Weg und bietet eine gute Aussicht. Wer Hunger hat, sollte unbedingt die Kopár Csárda an der Landstraße 10 bei Piliscsaba (etwa 23 Kilometer vor Budapest) besuchen (11–22 Uhr). Bemerkenswert ist die Ruine der aus dem frühen 13. Jh. stammenden und nach französischem Vorbild gebauten Basilika in **Zsámbék.**

Südlich von Budapest gibt es weniger Sehenswertes. Das **Savoy-Barockschloss** in Ráckeve, 1702 von *Johann Lukas Hildebrand* gebaut, ist eines der schönsten Ungarns.

Interessant, aber kaum besucht ist der an der Fernverkehrsstraße 70 zwischen Budapest und **Diósd** gelegene

Das Donauknie
in der Gegend von Visegrád

Park, in dem kommunistische Denkmäler und Skulpturen aus dem ganzen Land zusammengetragen wurden (geöffnet täglich von 10 Uhr bis Sonnenuntergang, Tel. 2277446, Internet: www.szoborpark.hu).

In **Érd** ist ein hübsches Minarett aus der zweiten Hälfte des 16. Jh. erhalten geblieben.

Richtung Norden

Szentendre

19 Kilometer nördlich von Budapest, 19.000 Einwohner. Erreichbar über die Autostraße 11, mit der Vorortbahn HÉV, mit dem Bus ab Erzsébet tér oder dem Ausflugsschiff von der Anlegestelle Vigadó tér.

Obwohl der Ort inzwischen immer mehr touristische Klischees bedient, ist er doch (außerhalb der Saison) ein verträumtes Barockstädtchen mit schönen Gässchen, das seinen Charakter von den vor den Türken hierher geflüchteten Serben erhielt. **Orthodoxe Barockkirchen,** wie man sie hier findet, wurden außer in Ungarn fast nirgendwo gebaut. Sehenswert sind das **Museum** der Keramikerin *Margit Kovács* (Fő tér 6) und die **Galerie** mit Werken der Bewohner der Künstlerkolonie in Szentendre (Fő tér 2–5).

Im nahe gelegenen Tal ist ein **Freilichtmuseum** *(Skansen)* in der Art altungarischer Dörfer zu sehen. Die Autofähre *(Komp)* zur Insel findet man kurz vor dem Ortsausgang im Norden Szentendres. Gut ungarisch kann man im Rosinante Fogadó in **Szigetmonostor** essen (Tel. 06-26-722000).

Wer über Budakalász fährt, findet dort in der Budai út 83 ein nettes Lokal mit Weinstube, das von der ungarndeutschen Schieszl-Familie betrieben wird (14–22 Uhr außer Mittwoch, Tel. 06-70-3878205).

Visegrád

Alte **Königsburg** der ungarischen Herrscher. Im 14. Jh. wurde hier die Stephanskrone aufbewahrt. Die Blütezeit erlebte die Burg während *Matthias'* Herrschaft. Der Palast wurde während der türkischen Belagerung beschädigt. Nach dem Freiheitskrieg unter *Ferenc Rákóczi II.* veranlasste der Wiener Hofkriegsrat die Zerstörung aller Burgen des Landes, um zukünftige Erhebungen zu erschweren. Die Burg Visegrád wurde 1702 gesprengt. Die Überreste sind freigelegt und teilweise rekonstruiert worden. Prachtstück ist der Herkulesbrunnen aus rotem Marmor mit dem Wappen des Königs *Matthias*. Fantastisches Panorama mit Blick auf Teile der Donaukatastrophe Bős-Nagymaros.

In der Nähe der Burg kann man von April bis Oktober (10–17 Uhr) **Sommerbob** fahren.

Esztergom (Gran)

Geburtsort des hl. Stephan (um 975), alte Krönungsstadt und Königsresidenz, in der auch *Kaiser Barbarossa*

RICHTUNG NORDEN

Der Dom von Vác

weilte. Später Grenzfestung der Türken. Beeindruckend der **Dom**, zugleich die größte und prachtvollste Kirche Ungarns. Anlässlich der Einweihung 1856 dirigierte *Liszt* seine für diesen Anlass geschriebene „Graner Festmesse". In der Schatzkammer des Domes sind unermesslich wertvolle Kostbarkeiten zu sehen. Auf dem Kuppelrand des Domes kann man umherspazieren.

Die **Maria-Veléria-Brücke** zwischen Ungarn und der Slowakei wurde 1944 von der Deutschen Wehrmacht gesprengt und erst 2001 mit Hilfe von EU-Geldern wieder aufgebaut.

Vác

Auf der linken Donauseite ist etwa 30 Kilometer von Budapest das **Barockstädtchen** Vác interessant. Viel weniger Touristen als in Szentendre, aber dafür ein beeindruckender **Dom**, ein Triumphbogen (1764 anlässlich des Besuchs von *Maria Theresia* gebaut).

Die mit sechs sakralen Steinskulpturen geschmückte **Brücke am Gombás-Bach** (Richtung Budapest) ist ein barockes Kunstdenkmal; sie war am 10. April 1849 der Schauplatz eines der entscheidenden Gefechte des Revolutionskrieges, als sich die ungarische Armee zum belagerten Komárom durchschlug. Ein Denkmal in der Nähe erinnert daran.

Sonnenblumenfeld in der Großen Tiefebene

Richtung Südosten

Südöstlich von Budapest beginnt schon die **Große Tiefebene,** und vor Debrecen beginnt die Hortobágy, „die Seele Ungarns" Proto Puszta, Teil des Weltkulturerbes. Der Mittelpunkt der Puszta ist wiederum der Ort Hortobágy selbst, und der Mittelpunkt des Ortes die neunbögige Steinbrücke. Ein Motiv, das sich kaum ein Ungarnbuch verkneifen kann, obwohl ich eher enttäuscht war, als ich die Orginalbrücke das erste Mal vor mir sah (siehe Kapitel „Typisch ungarisch!").

Debrecen ist eine Stadt, die ein englischer Reisender 1774 so charakterisierte: „Es erscheint völlig unverständlich, welchem Umstand Debrecen seine Gründung verdankt, was 30.000 Menschen veranlasst hat, sich an einem Ort niederzulassen, wo es weder einen Fluss noch eine Quelle, weder Holz noch Baumaterial gibt."

Der östlich von Debrecen gelegene Ort **Hajdúszoboszló** ist vor allem für sein Thermal- und Heilbad bekannt.

Richtung Nordosten

Sehenswert ist das einstige **königliche Schloss** in „Gödöllő", in dem sich *Kaiserin Sissi* bei ihrem Ungarnbesuch mit

Vorliebe aufhielt. *Otto von Habsburg* feierte auf dem Schloss seine Goldene Hochzeit mit *Regina von Sachsen-Meiningen*. Im nahen Veresegyház (Külső patak utca) wird ein **Bärenasyl** für vernachlässigte Film- und Zirkusbären betrieben.

Nordöstlich von Budapest liegt im Cserhát-Gebirge das malerische Dorf **Hollókő**, in dem viele originale Bauernhäuser der Palócen erhalten sind und das zum Weltkulturerbe der UNESCO zählt.

Im **Mátra-Gebirge**, östlich des Cserhát, findet man den höchsten Berg des Landes, den Kékes (1015 m). Interessant sind einige Thermalbäder in dieser Gegend.

Dahinter liegt **Eger (Erlau)**, eine Stadt, die unbedingt einen Besuch wert ist. 1552 verteidigten Burghauptmann *István Dobó* und seine Männer (und auch Frauen) 38 Tage lang erfolgreich die Burg gegen den Ansturm von 150.000 türkischen Soldaten. Der Papst zelebrierte auf die Siegesnachricht ein Te Deum, und die eroberten Fahnen wurden in Wien gezeigt. Die Samtfahne des Paschas *Ali* müsste sich noch heute unter den Siegestrophäen der Habsburger befinden. Von der Verteidigung handelt *Géza Gardonyis* Buch „Sterne von Eger". Die Burg wurde dann 1596 doch von den Türken eingenommen; diese zogen erst 1687 wieder ab. 1702 ließen die Habsburger auch diese Burg schleifen. Das 35 Meter hohe, 14-eckige Minarett ist das nördlichste in Europa. Die Glocke der Basilika (die alte wurde, wie viele andere, im Jahre 1944 zu Kriegszwecken eingeschmolzen) ist die zweitgrößte Ungarns. Sie wurde von der Passauer Perner-Gießerei angefertigt.

Vergessen Sie bitte das in der Nähe gelegene Tal **Szépasszonyvölgy** nicht! (Siehe Kapitel „Ungarische Weine – mehr als nur Tokajer")

Vor allem im Winter ist die bei **Egerszalók** gelegene, ganz untouristische Thermalquelle ein willkommenes Badeerlebnis.

In östlicher Richtung folgen das **Bükk-Gebirge** und die Industriestadt Miskolc. Der Istállós-kő (958 Meter) ist der höchste Berg des Bükk. Die Stre-

„Frauen von Eger" (1867) auf einem heroischen Ölbild von Bertalan Székely

Mann von Eger bei der Weinlese (sk)

cke zwischen Répáshuta und Bükkszentkereszt ist am eindrucksvollsten.

Im Bükk findet man die wichtigsten Höhlen Ungarns im Nationalpark des Aggteleker Karstes an der Grenze zur Slowakei. Die zum Weltkulturerbe gehörende **Baradla-Tropfsteinhöhle** ist 24 Kilometer lang, wobei sieben davon unter dem Gebiet der Slowakei verlaufen (Domica). Die Verbindung wurde erst Anfang der 1930er Jahre entdeckt. In der Höhle steht sogar ein Grenzstein. Allerdings darf man auch mit Reisepass nicht auf slowakisches Gebiet. Die Höhlenfunde beweisen, dass Menschen schon in grauer Vorzeit darin lebten. Heute werden im größten Saal Konzerte gegeben. Die verschiedenen Höhlentouren sind 1,5 bis sieben Kilometer lang und dauern 1–5 Stunden, wobei vier Eingänge auf ungarischem Gebiet liegen. Der größte Stalagmit ist 17 Meter hoch! Die Höhle kann besichtigt werden Apr.–Okt. 8–18 Uhr, sonst 8–16 Uhr.

In Aggtelek gibt es einen Campingplatz, Ferienhäuser und das Cseppkő-Hotel.

Die in der Nähe gelegene zehn Kilometer lange **Béke-Höhle** wird auch zu Heilzwecken genutzt.

In **Miskolc** sind eigentlich nur die Ikonenwand der griechisch-orthodoxen Kirche, die massive Burg Diósgyőr und das Höhlenbad in Miskolctapolca zu nennen.

Östlich von Miskolc ist vor allem das Tokajer Gebiet südlich des Zempléner Gebirges interessant.

Richtung Süden

In Südungarn sollte man sich zuerst **Pécs (Fünfkirchen)** und Umgebung ansehen. Man fährt normalerweise über Dunaújváros (das einstige Sztálinváros), Dunaföldvár und **Paks.** In Paks steht das einzige Atomkraftwerk des Landes. 1879 wurde in Paks ein gewisser *Ignaz Trebitsch* geboren, der zu einem der legendärsten Spione des 20. Jahrhunderts werden sollte. *Trebitsch* arbeitete für ein halbes Dutzend Geheimdienste und brachte es beispielsweise fertig, als Abgeordneter in das britische Parlament zu gelangen. In Deutschland war er Pressesprecher des Kapp-Putsches. Seine Spur verliert sich 1943 in Shanghai, wo er als buddhistischer Mönch „Tschao Kung" tätig war. Das Thema *Trebitsch* war so brisant, dass das britische Auswärtige Amt erst 1993 sein Dossier der Öffentlichkeit zugänglich gemacht hat.

Die Gegend um **Pécs** und **Szekszárd** ist ein Zentrum der deutschen Minderheit in Ungarn. Vor kurzem wurde das Lenau-Haus in Pécs eröffnet, und in Szekszárd besteht seit 1987 die Deutsche Bühne, ein ständiges deutschsprachiges Theater. Pécs ist sehr sehenswert, hat viele Museen (incl. Vasarely) und bedeutende türkische Baudenkmäler. Unter der Stadt befindet sich ein verzweigtes Kellersystem mit etwa 1800 Räumen, darunter frühchristliche Katakomben mit römischen Wandmalereien.

Pécs und Szekszárd sind außerdem bekannte Weingegenden. Bei **Gemenc,** nicht weit von Szekszárd, liegt das größte Wildreservat Ungarns (mit Schmalspurbahn).

In der weiteren Umgebung liegen **Mohács,** wo 1526 die entscheidende Schlacht gegen die Türken verloren wurde, sowie die großen Burgen in **Szigetvár** und **Siklós.** Die Siklóser Burg ist die am besten erhalten gebliebene Ungarns.

In Südungarn lohnt sich auch die **Szegeder Gegend.** Die Stadt ist im Juli/August vor allem wegen der Freilichtfestspiele auf dem Domplatz interessant. Auf etwa halbem Wege von Kecskemét kann man einen Abstecher in die Bugac-Puszta machen.

Sehenswert ist auch der Ort **Ópusztaszer** mit dem Feszty-Monumentalgemälde „Einzug der Magyaren" (siehe Kapitel „Bildende Kunst") und dem Árpád-Denkmal. Dass gerade hier an die Zeit der Landnahme erinnert wird, hängt mit einer bis heute weder bewiesenen noch widerlegten und deshalb als Legende fortdauernden Behauptung des Anonymus im fünften Kapitel der „Gesta Hungarorum" (um 1200) zusammen, der zufolge die Fürsten der sieben Land nehmenden ungarischen Stämme in Szer (dem heutigen Ópusztaszer) ihren Führer *Álmos* wählten und dies – nach heidnischem Brauch – durch einen Blutsbund besiegelten.

Richtung Westen

In Westungarn ist natürlich zuerst die Balatongegend zu nennen. Sehenswert ist aber auch die Grenzgegend zu Österreich mit den Städten **Sopron, Szombathely** oder **Kőszeg,** den Schlössern in **Fertőd** und **Nagycenk** oder den bedeutendsten romanischen Bauten Ungarns in **Ják.** Der **Fertő-/Neusiedlersee,** mit 309 m² größter Salzwassersee Europas, zählt seit 2001 zur geschützten Kulturlandschaft.

Auf halbem Wege zum Balaton liegt am leicht salzhaltigen **Velence-See** ein beliebtes Ausflugs- und Erholungsgebiet. Der See ist zu einem Drittel mit dichtem Schilf bedeckt und nirgends tiefer als zwei Meter.

RICHTUNG WESTEN

Etwas weiter in Richtung Balaton liegt **Székesfehérvár** (Stuhlweißenburg), das ungarische Aachen. Hier gibt es ein Freilichtmuseum mit Fundamenten einer romanischen Basilika und den Grabkapellen ungarischer Könige sowie ein Lapidarium mit dem Sarkophag des Staatsgründers *Stephan*. Sehenswert sind außerdem die **Rokoko-Kunstwerke** in der Kirche des Heiligen Johannes von Nepomuk. Über die wenige Kilometer entfernte Autobahnabfahrt Tác erreicht man die römische Ausgrabungsstätte Gorsium.

Der **Balaton** hat viel mehr zu bieten, als man hier behandeln könnte. Das Norduferist vornehmer, und vor allem der Badeort Balatonfüred, die Halbinsel Tihany („ny" sprich wie „gn" in Cognac) und die Weingegend um **Badacsony** sind interessant.

Nicht weit vom Westufer des Balatons findet man in Héviz den größten **Thermalsee** Europas. Das ungewöhnlich blaue Wasser des 47.500 m² großen Sees wird durch die unterirdische Quelle im 28-Stunden-Rhythmus vollständig erneuert. Die Temperatur beträgt im Sommer 33–34 °C und im Winter 26–28 °C. Am Westzipfel des Balaton liegt auch das Natur- und Vogelschutzgebiet um den **Kis-Balaton** (kleiner Balaton), ein kleiner See. Nicht weit entfernt befindet sich das Thermalbad in Zalakaros.

Nördlich des Balatons sind die Altstadt von **Veszprém** und der Ort **Sümeg** mit einer imposanten Burg zu nennen. Im Deckengemälde der Sümeger Pfarrkirche ist eigenartigerweise ein ehemaliger UNO-Generalsekretär zu sehen. Das 1300-Seelen-Dorf **Magyarpolány** bei Ajka ist sogar **Weltkulturerbe.** Grund: Im unteren Dorfteil ist ein ganzer Straßenzug mit 42 ungarischen Bauernhäusern von der Wende vom 19. zum 20. Jh. erhalten geblieben.

Einen Besuch wert ist ebenfalls das **Kál-Becken**, jenes Hochland um die Gemeinden Salföld Kőváóőrs und Köveskál, in dessen mediterranem Klima Feigen und Mandeln gedeihen. Die Felsbrocken bei Salföld und Hegyestű formen eine bemerkenswerte Landschaft.

Ländliche Idylle, 50 Kilometer von Budapest entfernt: Donaulandschaft

ANHANG

Anhang

094bu Foto: fs

095bu Foto: fs

Karten- und Literaturhinweise

Karten

- Sehr zu empfehlen ist der Ungarische Autoatlas (nur in Ungarn erhältlich: **Magyarország Autóatlasza,** Verlag Cartographia, weil er auch Stadtpläne und Hotellisten enthält.
- Zu empfehlen ist auch die Ungarnkarte von Kümmerly & Frey und die Karte von IBUSZ **Autofahren in Ungarn** (vor der Reise kostenlos bei den IBUSZ-Vertretungen zu beziehen).
- Für Wanderungen oder Radtouren bietet sich das flächendeckende Kartenwerk (bestehend aus 51 Einzelkarten) von Cartographia an: Die Karten heißen stets **Turistatérképe** oder **Kis Turistatérképe.** Vorort sind sie auch einzeln erhältlich.
- Flusswanderern sind die Karten desselben Verlages anzuraten, die **Vizisporttérképe** heißen.
- Wegen der Umbenennung zahlreicher Straßen und der verzerrten Darstellung von wichtigen Objekten auf älteren Karten sollte man zumindest in Budapest eine neue Karte kaufen.

Reiseführer

- Der Name bürgt wie immer für Qualität: **Geo-Sonderheft Budapest.**
- *Droste, Wilhelm:* **Budapest. Ein literarisches Porträt.** Insel, Frankfurt am Main, 1998. Ein etwas anderer Budapest-Führer. Kulturhistorischer Spaziergang durch die Stadt anhand von Quellen der deutschsprachigen und ungarischen Literatur.
- Mit der Reihe „**Unser Budapest**" hat das Oberbürgermeisteramt Budapests etwa ein Dutzend handliche Büchlein zu speziellen Budapester Themen (z. B. Höhlen, Pressos, Brücken, Hausornamente, Innenhöfe ...) herausgegeben. Erhältlich in den Buchgeschäften der Innenstadt.

Weiterführende Literatur

- *Paetzke, H.:* **Andersdenkende in Ungarn.** Suhrkamp 1986.
- *Enzensberger, Magnus*: **Ach Europa.** Suhrkamp 1987 (eine tiefsinnige und vielschichtige Betrachtung über das Land Ungarn).
- *Dercsényi, D.:* **Kunstführer durch Ungarn.** Corvina 1984.
- *Hermann, I.:* **Probleme der sozialistischen Kultur,** Corvina 1984. Gedanken und Thesen des Kulturgeschichtlers und Philosophen.
- *Droste, W. und Scherrer, S.* (Hrsg.): **Ungarn.** Ein Textbuch mit Berichten unterschiedlicher Autoren, informativ und sprachlich sehr gekonnt.
- *Kristo, Gy.:* **Die Arpadendynastie.** Corvina 1993. Ausführliche Geschichte Ungarns von 895 bis 1301.
- *Dalos, György:* **Ungarn – vom Roten Stern zur Stephanskrone,** Suhrkamp, 1997. Lese- und Geschichtsbuch über Ungarn von den 1950er Jahren bis zur Gegenwart vom Leiter des Ungarischen Kulturinstituts in Berlin.
- *Haber, Peter:* **Jüdisches Städtebild – Budapest,** Jüdischer Verlag, 1999. Erzählungen über das jüdische Leben im Budapest im 19. und 20. Jahrhundert.
- *Almásy, Ladislaus:* **Schwimmer in der Wüste,** dtv, 1998. Aktuellstes Werk in

Deutsch von und über den wahren „Englischen Patienten", *László Almásy*.
- *Kollin, Ferenc:* **Grüße aus dem alten Budapest,** Corvina, 1983. Texte und Bilder aus der Glanzzeit der ungarischen Metropole.
- *Gann, Christoph, Wallenberg, Raoul:* **So viele Menschen retten wie möglich.** C.H. Beck, 1999. Budapest 1944. *Wallenberg* rettete über 100.000 ungarische Juden vor dem sicheren Tod. Ausführliche Beschreibung einer der außergewöhnlichsten Heldentaten des 20. Jahrhunderts.
- Ungarische Literatur auf Deutsch bietet die **Kulturzeitschrift „Három Holló"** (Drei Raben), zu beziehen im Café Eckermann, Goethe Institut, VI. Andrássy út 24.
- *Esterhazy, Peter:* **Harmonia Caelestis.** Berlin Verlag, 2001. Die Geschichte der Aristokratendynastie Esterhazy, von einem Mitgleid selbiger als epochaler Roman verfasst.

Ungarische Sprache
- *Simig, Pia*: **Ungarisch – Wort für Wort,** REISE KNOW-HOW VERLAG (gut handhabbarer Sprachführer, der den schnellen Einstieg in die Konversation ermöglicht, auch mit Audio-CD. Buch und AusspracheTrainer kombiniert die CD-Rom **Kauderwelsch digital** für den heimischen PC.

Küche
- *Katona, Jósef:* **Ungarischer Weinführer.** Corvina 1986.
- **Gundel's Hungarian Cookbook,** Corvina 1986. Kochbuch des Papstes ungarischer Küche.
- *Sailer, M.:* **Der Tokajer.** Michael Sailer Verlag 1992. Alles über den Tokajer und seine Geschichte.
- **Ungarische Spezialitäten,** Könemann 1999. Hervorragend recherchiert und bebildert.

Bildband
- **Letetek.** Großartiger Bildband über die Geschichte der ungarischen Fotografie; eine ganz eigene Kulturgeschichte; in Antiquariaten danach suchen.

Belletristik
- Ein guter Fundus für alle Wissensgebiete sind die Publikationen des *Corvina*-Verlages. Am besten, man fordert ein Verlagsverzeichnis: über *Kultúra,* H-1389 Budapest 62, Postfach 149.
- Wer sich ein bisschen in die ungarische Literatur einlesen will, erhält mit der Erzählungssammlung **Die letzte Zigarre im arabischen Schimmel** (Leipzig und Budapest, 1988) einen vielseitigen Einstieg.
- **Budapester Cocktail** ist ein Buch über die Kunst, Literatur und den Humor, über die Gabe der Hauptstädter, immer noch das Positive zu sehen. Das Buch ist auch eine literarische Stadtgeschichte, einmal anders (Corvina 1990).
- Für speziell Interessierte ist das **Handbuch der ungarischen Literatur** (Corvina, 1977) eine gute Hilfe.
- *István Barts* **„Ungarn – Land und Leute, ein kleines Konversationslexikon der ungarischen Alltagskultur"** (Corvina, 2000) vermittelt eine subjektive Perspektive.

Alle Reiseführer von Reise

Reisehandbücher
Urlaubshandbücher
Reisesachbücher
Rad & Bike

Afrika, Bike-Abenteuer
Afrika, Durch, 2 Bde.
Agadir, Marrak./Südmarok.
Ägypten individuell
Ägypten Niltal
Alaska & Kanada
Algarve
Algerische Sahara
Amrum
Amsterdam
Andalusien
Apulien
Äqua-Tour
Argentinien, Uru., Para.
Athen
Äthiopien
Auf nach Asien!
Australien, Osten/Zentr.
Auvergne, Cevennen

Bahrain
Bali und Lombok
Bali, die Trauminsel
Bangkok
Barcelona
Berlin
Borkum
Botswana
Brasilien
Brasilien kompakt
Bretagne
Budapest
Bulgarien
Burgund

Cabo Verde
Canada & Kanada
Chile, Osterinseln
China Manual
Chinas Norden
Chinas Osten
Cornwall
Costa Blanca
Costa Brava
Costa de la Luz
Costa del Sol

Costa Dorada
Costa Rica
Cuba

Dalmatien
Dänemarks Nordseek.
Disneyland Resort Paris
Dominik. Republik
Dubai, Emirat

Ecuador, Galapagos
El Hierro
Elsass, Vogesen
England – Süden
Erste Hilfe unterwegs
Europa BikeBuch

Fahrrad-Weltführer
Fehmarn
Florida
Föhr
Friaul, Venetien
Fuerteventura

Gardasee
Golf v. Neapel, Kampan.
Gomera
Gotland
Gran Canaria
Großbritannien
Guatemala

Hamburg
Hawaii
Hollands Nordseeins.
Holsteinische Schweiz
Honduras
Hongkong, Macau, Kant.

Ibiza, Formentera
Indien Norden, Süden
Iran
Irland
Island
Israel, pälästinens.
   Gebiete, Ostsinai

Istrien, Velebit

Jemen
Jordanien
Juist

Kairo, Luxor, Assuan
Kalabrien, Basilikata
Kalifornien, USA SW
Kambodscha
Kamerun
Kanada Alaska, USA
   Ost, NO, West
Kap-Provinz (Südafr.)
Kapverdische Inseln
Kenia
Kerala
Korfu, Ionische Inseln
Korsika
Krakau
Kreta
Kreuzfahrtführer

Ladakh, Zanskar
Langeoog
Lanzarote
La Palma
Laos
Lateinamerika BikeB.
Libyen
Ligurien
Litauen
Loire, Das Tal der
London

Madagaskar
Madeira
Madrid
Malaysia, Singapur,
   Brunei
Mallorca
Mallorca, Leben/Arbeiten
Mallorca, Wandern auf
Malta
Marokko
Mauritius/La Réunion
Mecklenb./Brandenb.:
   Wasserwandern
Mecklenburg-
   Vorp. Binnenland
Mexiko
Mexiko kompakt
Mongolei
Motorradreisen

München
Myanmar

Namibia
Nepal
Neuseeland BikeBuch
New York City
Norderney
Nordfriesische Inseln
Nordseeküste NDS
Nordseeküste SLH
Nordseeinseln, Dt.
Nordspanien
Normandie

Oman
Ostfriesische Inseln
Ostseeküste MVP
Ostseeküste SLH
Outdoor-Praxis

Panama
Panamericana,
   Rad-Abenteuer
Paris
Peru, Bolivien
Peru kompakt
Phuket
Polens Norden
Prag
Provence
Pyrenäen

Qatar

Rajasthan
Rhodos
Rom
Rügen, Hiddensee

Sächsische Schweiz
Salzburg
San Francisco
Sansibar
Sardinien
Schottland
Schwarzwald – Nord
Schwarzwald – Süd
Schweiz, Liechtenstein
Senegal, Gambia
Singapur
Sizilien
Skandinavien – Norden
Slowenien, Triest

Know-How auf einen Blick

Spaniens Mittelmeerk.
Spiekeroog
Sri Lanka
St. Lucia, St. Vin., Gren.
Südafrika
Südnorwegen, Lofoten
Südwestfrankreich
Sydney
Sylt
Syrien

Taiwan
Tansania, Sansibar
Teneriffa
Thailand
Thailand – Tauch- und Strandführer
Thailands Süden
Thüringer Wald
Tokyo
Toscana
Transsib
Trinidad und Tobago
Tschechien
Tunesien
Tunesiens Küste
Türkei, Hotelführer

Uganda, Ruanda
Umbrien
USA/Canada
USA, Gastschüler
USA, NO, S, SW, W
USA – Südwesten, Natur u. Wandern
USA SW, Kalifornien, Baja California
Usedom

Venedig
Venezuela
Ver. Arab. Emirate
Vietnam

Wales
Warschau

Westafrika – Sahel
Westafrika – Küste
Wien
Wo es keinen Arzt gibt

Yukatan

Zypern

Edition RKH

Abenteuer Anden
Burma – Land der Pagoden
Durchgedreht
Finca auf Mallorca
Geschichten/Mallorca
Goldene Insel
Mallorca, Leib u. Seele
Mallorquinische Reise
Please wait to be seated!
Salzkarawane, Die
Südwärts Lateinamerika
Taiga Tour
Traumstr. Panamerikana
Unlimited Mileage

Praxis

(Auswahl, vollständiges Programm siehe Homepage.)

Aktiv Algarve
Aktiv Andalusien
Aktiv Dalmatien
Aktiv frz. Atlantikküste
Aktiv Gardasee
Aktiv Gran Canaria
Aktiv Istrien
Aktiv Katalonien
Aktiv Marokko
Aktiv Polen
Aktiv Slowenien
Als Frau allein unterwegs
Australien: Reisen/Jobben
Australien: Outback/Bush
Auto durch Südamerika

Ayurveda erleben
Bordbuch Südeuropa
Clever buchen/fliegen
Clever kuren
Drogen in Reiseländern
Fernreisen, Fahrzeug
Fliegen ohne Angst
Fun u. Sport im Schnee
Geolog. Erscheinungen
Gesund. Dtl. Heilthermen
GPS f. Auto, Motorrad
GPS Outdoor
Inline-Skaten Bodensee
Inline Skating
Islam erleben
Kanu-Handbuch
Konfuzianismus erleben
Kreuzfahrt-Handbuch
Küstensegeln
Maya-Kultur erleben
Mountain Biking
Mushing/Hundeschlitten
Orientierung mit Kompass und GPS
Paragliding-Handbuch
Reisefotografie
Reisefotografie digital
Respektvoll reisen
Richtig Kartenlesen
Safari-Handbuch Afrika
Selbstdiagnose unterwegs
Shoppingguide USA
Sicherheit/Bärengeb.
Spaniens Fiestas
Sprachen lernen
Tango in Buenos Aires
Transsib – Moskau-Peking
Trekking-Handbuch
Trekking/Amerika
Trekking/Asien Afrika
Tropenreisen
Unterkunft/Mietwagen
Verreisen mit Hund
Wandern im Watt
Was kriecht u. krabbelt in den Tropen

Wein-Reiseführer Italien
Wein-Reiseführer Toskana
Wildnis-Ausrüst., Küche
Wohnmobil-Ausrüstung
Wohnmobil-Reisen
Wüstenfahren

KulturSchock

Ägypten
Argentinien
Australien
Brasilien
China, VR/Taiwan
Cuba
Familenmanagement
Finnland
Golf-Emirate, Oman
Indien
Iran
Islam
Japan
Jemen
Kambodscha
Kaukasus
Laos
Leben in fremd. Kulturen
Marokko
Mexiko
Pakistan
Polen
Russland
Spanien
Thailand
Türkei
USA
Vietnam

Wo man unsere Reiseliteratur bekommt:
Jede Buchhandlung Deutschlands, der Schweiz, Österreichs und der Benelux-Staaten kann unsere Bücher beziehen. Wer sie dort nicht findet, kann alle Bücher über unsere **Internet-Shops** bestellen.
Auf den Homepages gibt es **Informationen** zu allen Titeln:

www.reise-know-how.de oder www.reisebuch.de

HILFE!

Dieses Reisehandbuch ist gespickt mit unzähligen Adressen, Preisen, Tipps und Infos. Nur vor Ort kann überprüft werden, was noch stimmt, was sich verändert hat, ob Preise gestiegen oder gefallen sind, ob ein Hotel, ein Restaurant immer noch empfehlenswert ist oder nicht mehr, ob ein Ziel noch oder jetzt erreichbar ist, ob es eine lohnende Alternative gibt usw.

Unsere Autoren sind zwar stetig unterwegs und versuchen, alle zwei Jahre eine komplette Aktualisierung zu erstellen, aber auf die Mithilfe von Reisenden können sie nicht verzichten.

Darum: Schreiben Sie uns, was sich geändert hat, was besser sein könnte, was gestrichen bzw. ergänzt werden soll. Nur so bleibt dieses Buch immer aktuell und zuverlässig. Wenn sich die Infos direkt auf das Buch beziehen, würde die Seitenangabe uns die Arbeit sehr erleichtern. Gut verwertbare Informationen belohnt der Verlag mit einem Sprechführer Ihrer Wahl aus der über 170 Bände umfassenden Reihe „Kauderwelsch".

Bitte schreiben Sie an:
REISE KNOW-HOW Verlag Peter Rump GmbH, Postfach 140666, D-33626 Bielefeld, oder per E-Mail an: info@reise-know-how.de
Danke!

Kauderwelsch-Sprechführer

Die Sprechführer der Kauderwelsch-Reihe orientieren sich am typischen Reisealltag und vermitteln auf anregende Weise das nötige Rüstzeug, um ohne lästige Büffelei schnell mit dem Sprechen beginnen zu können, wenn auch vielleicht nicht immer druckreif. Besonders hilfreich ist hierbei die Wort-für-Wort-Übersetzung, die es ermöglicht, mit einem Blick die Struktur und „Denkweise" der jeweiligen Sprache zu durchschauen.
Über 170 Bände lieferbar,
z. B. Band 31: Ungarisch – Wort für Wort
ISBN 3-89416-053-5

Zu jedem Band ist auch begleitendes Tonmaterial erhältlich.

REISE KNOW-HOW Verlag, Bielefeld

Register

Administration 96
Ady, Endre 193
Akademie der
 Wissenschaften 245
Alkoholverbot 14
Almási, László 185
Amphitheater 215
Analphabeten 145
Andrássy, Gyula 257
Andrássy út 256
Andreas I. 106
Andreas II. 106
Angeln 38
Anjou 107
Anonymus-Denkmal 264
Anreise 12
Antall, Jósef 124, 131 f.
Antikomintern-Pakt 116
Antiquariate, 61, 253, 257
Antisemitismus 144
Apotheken 53, 55
Apothekenmuseum 51, 230
Aprilscherz 23
Aquincum 50, 214
Arany, János 192
Architektur 97, 220
Armut 135, 145
Árpád, Großfürst 104
Árpádbrücke 276
Ärzte 55
Aszú 174
Atombombe 187
Attila der Hunne 103
Attila-Schatz 50
Aufstand von 1956 120 f.
Ausgrabungsstätten,
 römische 50
Auskunft 13
Auslandskranken-
 versicherung 55
Autobahnnetz 14
Autobusse 88
Autoeinbruch 15
Autofahren 14
Awaren 104

Baba, Gül 216
Babysitter 16
Badacsony 287
Badacsonyi Kéknyelű 176
Badacsonyi Szürkebarát 176
Badekultur 177
Bäder 16, 177
Bäder, Schließfächer 17
Bajcsy-Zsilinszky út 255
Balaton 287
Balázs, Béla 206
Balta köz 230
Banken 43, 244
Baradla-Tropfsteinhöhle 285
Bären 284
Barock 215, 220
Bars 74
Bartók, Bela 200
Bartók-Archiv 227
Basilika 255
Basteipromenade 229
Báthori-Höhle 240
Báthory, Elisabeth 205
Batthyány tér 233
Batthyány, Lajos 113
Batthyány-Palast 230
Batu Khan 102, 106
Bauernaufstand 108
Bauhaus 197
Bécsi kapu tér 227
Behinderte 20
Behindertenvereinigung 20
Beilagen 165
Béke-Höhle 285
Béla III. 106, 154, 221
Béla IV. 106
Bem, József 113
Benimmregeln 160
Bercsényi, Miklós 154
Berge 237
Betyaren 156
Bevölkerung 96
Bibel 191
Bibliotheca Corviniana 190
Bier 23, 38, 168
Bierstuben 38
Bilderrahmen 62
Bildhauerei 197

Billard 38
Bioläden 62
Blaha Lujza tér 266
Blindengarten 264
Blues 70
Blutwiese 235
Bodenverteilung 118
Bogenschießen 39
Bolváry, Géza von 206
Bonsais 62
Bordelle 24
Borozó 168
Börse 135
Botanischer Garten 39, 262
Bowling 39
Brahms, Johannes 199
Bräuche 21, 22
Briefe 56
Brücken 15, 269
Bücher 61, 253
Buchmesse 195
Buda 214
Budaer Berge 237
Budai hegyek 237
Budapest, allgemein 96
Budapest, Stadttouren 210
Budavári palota 231
Bugac-Puszta 286
Bükk-Gebirge 284
Bükkszentkereszt 285
Burgberg 214
Burglabyrinth 225
Burgpalast 231
Burgtheater 231
Burg Vajdahunyad 264
Burgviertel 217
Bus 88

Café Gerbeaud 247
Cafés 23, 27
Camping 80 f.
Capistrano, Johannes 226
Capsaicin 151
Casino 55, 77
Castrum Aquincum 215
CDs 61
Champagne, Alexis 138
Christianisierung 105

Register

Chronicon Budense 190
Chruschtschow, Nikita 120
Clark Ádám tér 234
Clubs 70
Contra Aquincum 248
Cortina 219
Corvinen 191
Csárda 150
Csárdás 150
Csepel 276
Csikós 155
Csontváry, Tivadar 195
Csopaki Olaszrizling 176
Curtis, Tony 206
Curtiz, Michael 204
Cziffra, György 202

Danubius-Brunnen 255
DDR-Flüchtlinge 124
Deák tér 254
Deák, Ferenc 115
Debrecen 283
Debrői Hárslevelű 176
Déry, Tibor 193
Desserts 166
Deutsches Theater 247
Diana-Bad 244
Diebstahl 15, 44 f.
Diósd 280
Diplomatische
  Vertretungen 28
Dirigenten 202
Diskotheken 73
Dísz tér 230
Dobogókő 280
Donau 269
Donaubrücken 269
Donauinseln 276
Doppelmonarchie 115
Dózsa, György 108
Dózsa György út 260
Drachenfliegen 40
Dracula 204
Dreifaltigkeitsgasse 223
Dreifaltigkeitsplatz 220
Dreifaltigkeitssäule 220
Dreimächtepakt 117
Dreiteilung (Geschichte) 109

Durchschnittseinkommen 135
Dürer, Albrecht 198

Eger 284
Egri Bikavér 175
Egyetem tér 251
Eichmann, Adolf 118, 142
Einkaufen 57
Einkommen 135
Einladungen 21
Einreisedokumente 14
Eis 38
Eisenbahn 41
Eislaufen 40
Elektrizität 55
Elisabethbrücke 274
Elisabethstadt 213, 254
Elite 140
E-Musik 198
Engel, Gelbe 16
Entdeckungen 183
Enzyklopädie 191
Eötvös, Loránd 183
Érd 281
Erfindungen 183
Erkel-Theater 266
Erlau 284
Erste Hilfe 55
Erzsébet híd 274
Erzsébet körút 268
Essen 29, 151, 163
Esszencia 174
Esztergom 280, 281
Esztergomer Rondell 229
Eszterházy, Péter 195
EU-Mitgliedschaft 125

Fahne 154
Fahrkarten 13, 87
Fahrrad 41 f.
Fallschirmspringen 40
Fasching 23
Faschismus 116, 220
Fassaden, Häuser 217
Fastfood 30, 37
Fata Morgana 150
Faust-Keller 222
Feiertage 38, 82 f.

Ferenc-hegyi barlang 240
Ferenciek tere 249
Ferenc körút 267
Ferienhäuser 81
Fermi, Enrico 136
Fernbusse 13
Ferngespräche 56
Fernsehen 46
Fertőd 286
Fertősee 286
Feste 82
Feszty, Árpád 197
Feuerwehr 55
FIDESZ 124, 130 f.
Figyelmessi, Fülöp 154
Film 75, 203
Filmtheater 265
Finnisch 156
Fischerbastei 221
Fischgerichte 165
Fitness-Studio 40
FKK 20
Flagge 154
Fledermäuse 239
Fleischgerichte 165
Fliegen 40
Flüge 13
Fluggesellschaften 45
Flughafen 13
Flugverbindung 12
Flüsse 96
Folklore-Lokale 35
Folkloremusik 30
Fordítás 174
Forint 133
Fortuna utca 227
Fotografie 198
Franz Joseph I. 113
Franziskanerkirche 249
Freiheitsbrücke 273
Freiheitsdenkmal 237
Freikörperkultur 20
Freilichtmuseum 281
Freiluftbäder 20
Freizeit 38
Fremdenverkehrsämter 13
Frieden von Karlowitz 111
Fundbüros 43

REGISTER

Fünfkirchen 285
Furmint 176
Fußball 40, 148, 180

Gábor, Zsá Zsá 206
Galerien 46
Gänseleber 165
Gastgewerbemuseum 227
Gaststätten 168
Gedichte 189
Geflügel 165
Geld 43, 133
Geldautomaten 44
Geldtausch 135
Gellért 236
Gellért-Bad 18
Gellértberg 235
Gellérthegy 235
Geographie 96, 210
Gerichte 152, 163
Geschäfte 57
Geschichte 101, 217, 241
Geschwindigkeits-
  kontrolle 14
Gesta Hungarorum 190
Gesundheit 55
Getränke 167
Géza 105
Glas 61
Glöckelsberg-Palast 248
Goethe-Institut 258
Goldene Bulle 106
Golf 40
Gotik 97
Gottesdienste 44
Gran 281
Graurind 150
Gresham-Palast 244
Gröncz, Árpád 131
Gül Baba 216
Gulasch 152, 164
„Gulaschkommunismus" 120
Gundel, Károly 163
Gurtpflicht 14

Habsburger 109, 111
Hadik, András 154
Hajdúszoboszló 283

Halászlé 152
Handeln 57
Handschuhe 62
Hármashatár-hegy 238 f.
Haseninsel 276
Hauptstraße 14
Haus des Terrors 258
Haustiere 67
Hauszmann, Alajos 100
Haydn, Joseph 200
Haynau, Baron 113
Hegyestű 287
Heiducken 155
Heine, Heinrich 139
Heinrich der Zänker 105
Heldenplatz 261
Hemden 62
Herbstfestival 86
Herkulesvilla 215
Herrengasse 225
Hess András tér 222
Hétlyuk-Höhle 240
HÉV 89
Hevesy, György 186
Hild, József 100
Historisches Museum 50, 231
Höchstgeschwindigkeit 14
Höflichkeit 160
Höhlen 41, 239, 285
Hollókő 284
Holocaust 142
Holzplattenfleisch 165
Holzspielzeug 62
Homosexuelle 75
Horthy von Nagybánya,
  Nikolaus 115
Hortobágy 149
Hősök tere 261
Hotel Astoria 253
Hotel Continental 254
Hotelcafés 28
Hotels 77
Houdini, Harry 137
Humor 140
Hunde 150
Hungaria-Bad 254
Hunnen 103
Hupen 14

Husaren 154
Hűvösvölgyí 239

IBUSZ-Vertretungen 45
Imre-Bad 18
Imre-Varga-Ausstellung 215
Inflation 134
Information 13, 44
Inseln 269
Internet-Cafés 45
Irinyi, János 184
Israel 144
Istállós-kő 284

Jagd 41, 61
Ják 286
János-hegy 238
Jazygen 156
Jazz 69, 203
Jetski 41
Jókai, Mór (Maurus) 192
Joseph II. 112
József körút 267
József, Attila 193
Judenverfolgung 118, 142
Judentum 142, 213, 227
Jugendherbergen 81
Jugendhotels 81
Jugendzentrum 264
Juhfark 176

Kádár, János 125
Kadarka 176
Kaffee 169
Kaffeehäuser 23, 27
Kál-Becken 287
Kálmán 190
Kálmán, Imre 201
Kálvin tér 252
Kapisztrán tér 226
Kapitalismus 141
Kara Mustafa 111
Karinthy, Frigyes 192
Karl I. 115, 116
Karl IV. 116
Károly körút 254
Károlyi Mihály utca 250
Kartenvorverkauf 77

Anhang

Register

Kassetten 61
Kastanien 166
Kaufhäuser 247, 266
Kecskeméti utca 251
Kegeln 41
Keramik 47, 153
Kerepesi-Friedhof 100
Kertész, Imre 187, 194
Kertész, Mihály 204
Kesselgulasch 164
Kettenbrücke 271
Kiliánkaserne 267
Kinetizismus 197
Kino 75
Király-Bad 18
Király utca 210
Király, Karch 182
Kis-Balaton 287
Kis-körút 251
Klassik (Musik) 198
Kleidung 62
Klima 92, 97
Klothilden-Paläste 250
Klothilden-Türme 248
Knödel 166
Knöpfe 62
Kodály körönd 259
Kodály, Zoltán 201
Kolozsvári, György u. Marton 197
Komitate 96
Kommunismus 118
Komondor 150
Konditorei Ruszwurm 223
Königspalast 218
Konrád, György 195
Konsolidierung 120
Konzerte 69
Korda, Alexander (Sandór) 204
Kosenamen 160
Kossuth, Lajos 114
Kossuth tér 243
Kostolany, André 135
Kőszeg 286
Kosztolányi, Dezső 192
Kováts, Michael de 155
Köveskál 287

Krankenhäuser 55, 266
Krautgerichte 165
Kreditkarten 44
Kreuzzug 106
Kriegsgefangenschaft 118
Kriminalität 45
Krone 126
Küche, ungarische 163
Kultur 46, 69
Kumanen 156
Kun, Béla 115
Kunst 195
Kunstgewerbe 62
Kunstgewerbemuseum 47, 267
Kunsthalle 261
Kunsthistorisches Museum Wien 50
Künstlerkonditorei 26
Kunstwochen 86
Kurutzen 155

Lajos I. 107
Lajos II. 109
Lajta, Béla 100
Lánchíd 271
Landeskunde 96
Landkarten 61
Landtagsgasse 225
Landwirtschaftliches Museum 264
Langobarden 104
Lángos 152
Last-Minute 12
Laza 168
Lebensmittel 61
Lechner, Ödön 99
Lehár, Franz 201
Lehel 105
Lehnwörter, deutsche 162
Lenin 115
Leopoldstadt 268
Lesen 41
Letscho 152
Liebfrauenkirche 217, 220
Ligeti, György 202
Ligeti, Miklós 197
Liszt, Franz 199

Literarisches Museum Petőfi 250
Literatur 188
Literaturgeschichte 190
Lorre, Peter 206
Lotz, Károly 196
Ludwig-Sammlung 50
Luftverschmutzung 15
Lugosi, Béla 204
Lukács, György 194
Lukács-Bad 17
Lustspieltheater 268
Lyrik 189

Madách, Imre 192
Mädcheninsel 276
Magyar, Begriff 162
Magyaren 136
Magyarpolány 287
Maifeiertag 22
Majális 22
Makovecz, Imre 101
Malerei 49, 195
Malév-Büros 13
Mann, Thomas 136, 192
Mányoki, Ádám 196
Marc Aurel 102
Március 15. tér 248
Margaretenbrücke 272
Margareteninsel 276
Margithíd 272
Maria-Magdalenen-Kirche 217
Maria-Veléria-Brücke 282
Märkte 57, 252, 267
Máslás 174
Mathematik 186
Mátra-Gebirge 284
Matthias I. 108, 190
Matthiaskeller 249
Matthiaskirche 220
Matthiasmuseum 221
Mátyás-hegyi-Höhle 239
Mátyás-Quelle 240
MDF 129
Medien 46
Medizinische Versorgung 55
Melancholie 139
Menschen 136

REGISTER

Mentalität 136
Metro 88
Mietwagen 90
Militärhistorisches Institut 226
Milleniumsdenkmal 261
Minarett 281
Minderheiten 145
Minderheitenpolitik 132
Mineralwasser 168
Minibusse 88
Miskolc 284, 285
Miss-Hungary-Wahlen 148
Mitfahrzentralen 91
Mobilfunknetz 56
Mobiltelefon 15
Mohács 286
Moholy-Nagy, László 197
Molnár, Ferenc 192
Molnár-János-Quellenhöhle 240
Monarchie 115
Monatslohn 135
Mongolen 106
Moped 14
Motorrad 14
Mudi 150
Munkácsy, Mihály von 196
Museen 46
Museum für Chinesische Kunst 260
Museum für Medizingeschichte 235
Museum für Theatergeschichte 235
Musicals 77
Musik 30, 150, 198
 klassische 198
 moderne 202
Musikakademie 268
Musikhistorisches Museum 227
Musikinstrumente 150
Musikseminare 63
Múzeum körút 252

Nachkriegsbrücken 274
Nachtisch 166
Nachtklubs 74
Nachtservice 53
Nagy, Imre 100, 119, 121
Nagycenk 286
Nagykörút 267
Nagymező utca 258
Najadenbrunnen 250
Name d. Stadt 103
Namenstag 22
Nationalbank 244
Nationalfeiertag 22
Nationalgalerie 50
Nationalismus 132
Nationalitätenrestaurants 30
Nationalmuseum 47, 252
Nationaltheater 247
Nato 125
Naturschutzgebiet 237
Nemes Nagy, Ágnes 194
Netzspannung 55
Neusiedlersee 286
Nikolaus 22
Nobelpreis 186
Nockerln 166
Normannen 104
Nostalgiefahrten 41
Notarzt 55
Noten 61
Notrufe 55
Null-Kilometerstein 234
Nyugat 192

Obstschnäpse 170
Öffentliche Verkehrsmittel 15, 87
Öffnungszeiten 44, 57
Oktogon 258
Olympische Spiele 148
Op Art 197
Oper 69, 198, 201
Operette 201
Ópusztaszer 286
Orgel 221, 255
Országház utca 225
Ostasiatisches Museum 260

Ostbahnhof 266
Ostermontag 22

Paks 285
Palais Drechsler 258
Palais Pallavicini 260
Palatinus-Freibad 277
Palatschinken 164
Palócen 156
Pálvölgyi-Höhle 239
Pannen 16
Pannonisches Becken 96
Papiere 12, 14
Paprika 151, 165
Parade-Platz 230
Párizsi udvar 249
Parken 15, 16
Parlament 50, 241
Parteien 130
Paulinerkloster 235
Pécs 285
Pécsi Cirfandli 176
Pengő 134
Pensionen 79
Pentatonik 200
Pest 241
Pester Redoute 247
Petermann biró utca 227
Petőfi híd 274
Petőfi-Brücke 274
Petőfi-Denkmal 248
Petőfi-Halle 264
Petőfi, Sándor 47, 146, 191
Pető-Institut 20
Petschenegen 102, 156
Pfeilkreuzler 118
Pferdefuhrwerke 14
Pferderennen 41
Pflaumenknödel 166
Phonetik 157
Pianisten 202
Pilis-Gebirge 280
Pioniereisenbahn 87
Piroschka 149
Planetarium 77
Planwirtschaft 119
Pluralbildung (Sprache) 157
Politik 125

Anhang

REGISTER

Politiker 132
Polizei 55
Polterabend 22
Pontonbrücke 269
Popmusik 202
Porzellan 61, 153
Post 56
Postleitzahlen 56
Postmuseum 257
Poststalinismus 118
Posttarife 56
Prager Frühlings 120
Preise, Restaurant 32
Pressburger Landtag 111
Primas 31, 150
Privatzimmer 81
Prostitution 24
Puli 150
Pulitzer-Preis 187
Pumi 150
Puszta 149

Quarkfleckerln 166
Quarkknödel 166
Quellen 177, 240

Rabbiner 144, 267
Rác-Bad 18
Radfahren 41
Radio 46
Rajk, László 119
Rákóczi tér 267
Rákóczi út 265
Rákóczi, Ferenc 111
Rákosi, Mátyás 118
Räterepublik 115
Rathausgasse 250
Raubzüge 104
Rauschgifthandel 45
Rechtsverkehr 14
Reformzeit 112
Reichsinsignien 126
Reinigungen 82
Reiseanbieter, ungarische 13
Reisebüros 44 f.
Reisedokumente 12
Reisezeit 92
Reiten 42, 61

Religion 44, 96, 105
Répáshuta 285
Republik 124
Restaurant Alabárdos 225
Restaurant Aranyásó 252
Restaurant Aranyhordo 230
Restaurant Barokk 258
Restaurant Fortuna 223
Restaurant Százéves 248
Restaurant Szent Jupát 235
Restaurant Szindbád 244
Restaurant Tabáni Kakas 234
Restaurant Tüköry 244
Restaurant Vörös Ördög 225
Restaurants 29, 31, 74
Revolution 113
Ring, Großer 267
Ring, Kleiner 251
Ritualbad, jüdisches 254
Rochuskapelle 266
Rockkonzerte 76
Roma 145
Römer 97, 102, 215
Roosevelt tér 244
Rosenhügel 216
Rotweine 174
Rubik, Ernö 183
Rudas-Bad 19
Rumänien 132
Runen-ABC 190
Ruszwurm, Konditorei 223

Salami 152
Salate 165
Salföld 287
Salföld Kőváóörs 287
Sándor-Palast 231
Sankt-Annen-Kirche 233
Sas-hegy 237
Savoy-Barockschloss 280
Schach 181
Schallplatten 61
Schatzmeistergasse 229
Schiffe 13, 90
Schimpfwörter 159
Schlacht bei Mohács 109
Schlosskapelle 219
Schmuck 62

Schnaps 62, 170
Schneider 62
Schokazen 156
Schomlauer Nockerln 166
Schuhe 62, 155
Schwarze Fahnen 23
Schweineschlachten 22
Schweinshaxe 165
Schwimmhalle 20
Schwulentreffs 75
Segelfliegen 40
Segeln 42
Seilbahn 231, 234
Sekt 170
Selbstmörderbrücke 273
Selbstmordstatistik 123
Seles, Monica 182
Semmelweis, Ignác 183
Semmelweis-Krankenhaus 266
Semmelweis-Universität 267
Senesh, Hannah 143
Seress, Rezső 34
Servitenkirche 250
Sessellift 87
Shopping 57
Sicherheit 15
Sigismund
   von Luxemburg 107
Siklós 286
Siklósi Olaszrizling 176
Silvester 23, 87, 160
Sissi 113, 115
Sitznischen 217
Skandale 146
Skorzeny, Otto 219
Skulpturen 50, 197
Slowakei 132
SMS 56
Sommerbob 281
Sonnenstunden 92
Sopron 286
Soproner Festwochen 84
Sopszka 166
Soro, György 135
Souvenirs 57, 62
Spezialitäten 61, 152, 163
Spielzeug 62
Spitzenrestaurants 30

REGISTER

Sport 38, 180
Sprache 63, 156
Squash 43
Staatsgründung 105
Staatsoper 257
Staatswappen 129
Stadtanlage 217
Stadtplan 45
Stadttor 227
Stadttouren 209
Stadtwäldchen 262
Stalinismus 118
Staller, Ilona 148
Standesamt 225
Standseilbahn 87, 234
Stasi 133
Steinzeit 102
Stephan, Staatsgründer 106
Stephanskirche 255
Stephanskrone 126
Stereotype 137
Stern, William G. 135
Straßenbahnen 88
Strom 55
Strudel 166
Studium 62
Style Hongrois 99
Suba 155
Suleiman II. 109
Sümeg 287
Suppe 164
Surfen 42
Sváb-hegy 238
Synagogen 142, 254
Szabadság híd 273
Szabadság tér 243
Szabó, István 206
Szálasi, Ferenc 118
Szamorodner 173
Szápolyai, János 109
SzDSz 130
Széchenyi, István 113, 270
Széchenyi-Bad 19, 262
Széchenyi-hegy 238
Szegede 286
Szegeder Festspielwochen 85
Székesfehérvár 287
Székler 155

Széklergulasch 165
Szekszárd 286
Szekszárder Bikavér 176
Szemlöhegyi-Höhle 239
Szent György tér 231
Szent István körút 268
Szentendre 281
Szent-Györgyi, Albert 186
Szentháromság tér 220
Szentháromság utca 223
Szent-Mihály-Kapelle 277
Szépasszonyvölgy 176, 284
Szervita tér 250
Szigetmonostor 281
Szigetvár 286
Szilárd, Leó 187
Szombathely 286
Szűr 155
Szűrős, Mátyás 124

Tabán 234
Tamás, Gáspár Miklós 132
Táncsics Mihály utca 227
Tandemspringen 40
Tanken 15
Tankstellen 15
Tanz 150
Tanzhäuser 75
Tanzschule 24
Tárnok utca 229
Tarogatós 150
Tätowierungen 62
Taxis 91
Tee 170
Telefon 56
Telefonkarten 56
Telefonzellen 56
Teller, Ede 184
Tennis 43
Teréz körút 268
Theater 70
Thermalbäder 16, 177, 283, 284, 287
Thermalsee 287
Thököly, Imre 111
Tiefebene 283
Tiere 67
Tokajer 152, 170

Tokány 165
Torten 166
Tóth Árpád sétány 229
Touristenämter 13, 44
Tracht 155
Trampen 91
Transdanubien 104
Trebitsch, Ignaz 285
Trinken 29, 160, 167
Trinkgeld 31, 67
Trolleybusse 89
Tschako 155
Tschango 155
Türbe 216
Türken 107, 109, 219, 284
Turul 153, 231

U-Bahn-Museum 255
Uhrzeit 92
Üllői út 267
Umweltschutz 67
Unfall 16
Ungarisch 63, 156
Ungarisches Landesarchiv 229
Ungarn, Charakterisierung 136
Ungarn, Klischees 149
Unger-Haus 252
Unicum 170
Universität 62, 107
Universitätsbibliothek 251
Universitätsklubs 73
Universitätsplatz 251
UNO 120
Unterhaltung 69
Unterhaltungsmusik 202
Unterkunft 77
Úri utca 225
USAP 129

Vác 282
Váci utca 247
Vadász, György 101
Vajdahunyad 262
Vajk 106
Varga, Imre 197
Városház utca 250
Városliget 262
Vasarely, Victor 196

Anhang

REGISTER

Vasarely-Museum 215
Vegetarische Küche 35
Velence-See 286
Veli-Beg-Rondell 229
Veranstaltungskalender 82
Verbunkos 150
Veresegyház 284
Verhaltenstipps 21
Verkehr 15
Verkehrsmittel 87
Verkehrsregeln 14
Versicherung 16, 55
Versicherungskarte, grüne 14
Vertreibung 119
Vertretungen, ungarische 28
Vespasian 103
Veszprém 287
Vidámpark 262
Vigadó 247
Vignetten 14
Visegrád 281
Visum 12
Víziváros 233
Vokabeln 64
Vokalharmonie 157
Völker, finnougrische 102
Völker, ugrische 102
Völkerkundemuseum 49, 243
Völkerwanderung 102
Volkslied 200
Volksrepublik 119
Volksstämme 155
Volkstracht 155

Vorgeschichte 101
Vornamen 160
Vorortbahn 89
Vörösmarty tér 247
Vorspeisen 164
Vorwahlen 57

Wahlen 124, 129
Währung 133
Wallenberg, Raoul 143
Wappen 154
Warenhäuser 57
Warschauer Vertrag 120
Waschsalon 82
Wasser 168
Wasserorgel 50
Wassersport 42
Wasserstadt 233
Wasserwandern 42
Wechselautomaten 44
Wechselkurse 44
Weihnachten 23
Weihnachtsbaum 22
Weihnachtsmann 22
Wein 62, 152, 167, 168, 170, 286
Weinkauf 177
Weinstuben 37
Weißes Haus 243
Weißweine 176
Weltausstellung 147
Weltkrieg, Erster 115
Weltkrieg, Zweiter 116

Weltkulturerbe 173, 287
Werkstätten 16
Wertgegenstände 15
Westbahnhof 268
Wetter 92
Wiener-Tor-Platz 227
Wildgerichte 165
Wildpark 239
Wildreservat 286
Wissenschaft 183
Woronesh, Schlacht bei 117

Ybl, Miklós 100

Zahlen 67
Zahnärzte 55
Zahnkliniken 55
Zahnradbahn 87, 239
Zeitangaben 65
Zeitungen 46, 191
Zichy-Schloss 215
Zigeuner 145
Zigeunermusik 150
Zinn 62
Zirkus 262
Zitadelle 236
Zoll 92
Zoo 262
Zsámbék 280
Zug 12
Zündhölzer 184
Zwangsgermanisierung 112
Zweig, Stefan 107

Der Autor

Frank Strzyzewski (geb. 1965) hat deutsche, polnische, ungarndeutsche und sorbische Vorfahren. Geboren und aufgewachsen ist er in Chemnitz, was ihn nicht daran hinderte, über Budapest zu schreiben, das er mittlerweile besser kennt als seine Heimatstadt. Der Grund: Er ist mit Budapest verbunden durch eine ungarische Ehefrau, fünf Jahre Studium, drei Jahre Arbeit sowie zahlreiche Freunde.

Das vorliegende Buch ist das Ergebnis seines „fieberhaften" Interesses an dieser Stadt.

Kartenverzeichnis

Budapest-Innenstadt . . . . .Umschlag-Innenklappe hinten
Budapest (Metrolinien
   und Straßenbahnen). . . . . Umschlag-Innenkarte vorn
Budapest
   Übersichtskarte. 211
Burghügel (Várhegy) . . . . Umschlagklappe hinten (außen)
Margareteninsel
   (Margitsziget) . . . . Umschlagklappe vorn (außen)
Stadtwäldchen
   (Városliget) 263
Ungarn-Überblickskarte 12

Budapest Innenstadt
(hintere Umschlagklappe innen)

† Kirche
⊠ Markthalle
Ⓜ Metrostation
🅿 Parkplatz
⚓ Schiffsanlegestelle

wichtige Gebäude
❶ Westbahnhof
❷ Parlament
❸ Palazzo Strozzi
❹ Postsparkasse
❺ ehemaliger Börsenpalast
❻ Akademie der Wissenschaften
❼ Gresham-Palast
❽ Basilika
❾ Synagoge
❿ Innerstädtische Pfarrkirche
⓫ Zitadelle
⓬ Universität für Wirtschaftswissenschaften

Museen
Ⓐ Völkerkundemuseum
Ⓑ Nationalgalerie
Ⓒ Budapester Historisches Museum
Ⓓ Medizingeschichtliches Museum
Ⓔ Jüdisches Landesmuseum
Ⓕ Nationalmuseum
Ⓖ Bibelmuseum
Ⓗ Kunstgewerbemuseum

Hotels
① Béke-Radisson
② Royal
③ Atrium Hyatt
④ Inter-Continental
⑤ Kempinski
⑥ Emke
⑦ Nemzeti
⑧ Marriott
⑨ Taverna
⑩ Astoria
⑪ Orion
⑫ Gellért

Musikbühnen
ⓐ Lustspieltheater
ⓑ Operettentheater
ⓒ Budaer Redoute
ⓓ Staatsoper
ⓔ Musikakademie
ⓕ Pester Redoute
ⓖ Donau-Palast

Cafés
❶ Lukács
❷ Angelika
❸ Müvész
❹ New York
❺ Gerbeaud

Thermalbäder
Ⅰ Király
Ⅱ Rác
Ⅲ Rudas
Ⅳ Gellért

Burghügel (Várhegy)
(hintere Umschlagklappe außen)

❶ Magdalenenturm
❷ Altes Landtagsgebäude
❸ Matthiaskirche
❹ Fischerbastei
❺ András-Hadik-Denkmal
❻ Altes Rathaus
❼ Eingang zur Burghöhle
❽ Burgtheater
❾ 0-km Stein
❿ Turul
⓫ Széchenyi-Bibliothek

Ⓐ Militärhistorisches Museum
Ⓑ Museum für Telefontechnik
Ⓒ Jüdisches Gebetshaus
Ⓓ Gastgewerbemuseum
Ⓔ Musikhistorisches Museum
Ⓕ Apothekenmuseum
Ⓖ Nationalgalerie
Ⓗ Budapester Historisches Museum
Ⓙ Medizingeschichtliches Museum

Restaurants und Cafés
❶ Országházpince
❷ Alabardos
❸ Fortuna
❹ Litea
❺ Konditorei Ruszwurm
❻ Café Korona
❼ Café Pierrot
❽ Király